Walter W. Braun

Zu Fuß dem Südwesten hautnah

111 Tipps und mehr -
ein etwas anderer Wanderführer

Bibliografische Information der Deutschen Nationalbibliothek:
Die Deutsche Nationalbibliothek verzeichnet diese Publikation in der
Deutschen Nationalbibliografie; detaillierte bibliografische Daten sind
im Internet über http://dnb.dnb.de abrufbar.

Illustration: **Vorname Name oder Institution**
Übersetzung: **Vorname Name oder Institution**
weitere Mitwirkende: **Vorname Name oder Institution**

Herstellung und Verlag: BoD – Books on Demand, Norderstedt

ISBN: 978- 3-7386-2881-4

Inhaltsverzeichnis

Die Pfalz ist ein beliebtes Wandergebiet

Wanderungen im hügeligen Kraichgau

Touren in den Tälern von Acher und Rench

Touren im Schwäbischen bei Freudenstadt

Wanderungen im Kinzigtal

Längs und quer über den Kaiserstuhl

Alpines Gelände im Südschwarzwald

Mit Freunden im Elsass - „Avec des amis sur le tour"

Wanderungen auf der Schwäbische Alb

Vorwort

Das Buch soll kein Reiseführer im eigentlichen Sinne sein, sondern eine Quelle an Tipps und Hintergrundinformationen; soll Lust machen dem einen oder anderen Hinweise zu folgen und ein landschaftliches Paradies, den Südwesten in Deutschland und das angrenzende Elsass zu besuchen und zu erwandern.

Bei meinen vielen Wanderungen in Jahrzehnten blieben mir kaum ein Weg und eine Sehenswürdigkeit verborgen. Dabei habe ich alle Wege der von mir geführten Wanderungen zuvor abgelaufen, um beim Streckenverlauf absolut sicher zu sein, da heißt, nicht wenige der beschriebenen Touren bin ich mindestens zweimal gelaufen.

Das hat einen ganz einfachen, aber triftigen Grund. Sich bei der Führungen mit einer Gruppe mit 20 und mehr Personen zu verlaufen oder an einer Kreuzung zu vertun ist unangenehm und bringt nicht selten verbale Schläge, hörbares Murren, zumindest aber Sticheleien ein und wenn der Weg eh schon lang war, dann schmerzt jeder unnötige zusätzliche Kilometer umso mehr.

Außerdem, der Wanderführer ist immer am schlechten Wetter schuld; sei es zu kalt, es regnet oder ist zu heiß. Es empfiehlt sich also, einen guten Draht zu Petrus zu suchen!

Ein großer Anteil meiner Tipps in diesem Buch wurden von mir als Wanderführer organisiert und durchgeführt, einschließlich Wahl geeigneter Lokale für den Abschluss. Bei anderen habe ich teilgenommen und mich daran erfreut, wenn meist befreundete Wanderführerinnen und Wanderführer die Organisation übernommen haben.

Nicht wenige Routen bin ich alleine gelaufen, ohne mich zu langweilen. Im Gegenteil, ich finde es zwischendurch ganz angenehm, nur den eigenen Gedanken nachzuhängen oder einfach den Kopf frei zu bekommen. So blieb mehr Zeit, in Ruhe noch aufmerksamer die Natur zu beobachten und ohne Hektik zu fotografieren. Inzwischen befinden sich tausende Bilder in meinem digitalen Ordner. Es galt auch Details am Weg näher zu studieren und sich jeweiligen mit der Geschichte des Weges; der Region zu befassen.

Bei „111 Tipps und mehr" sind kein zeitaufwendiges Kartenstudium, professionelle Kartenkenntnisse oder GPS-Einsatz nötig, wenngleich es auch nicht schadet das eine oder andere im Rucksack zu haben. Im Südwesten sind alle Wege in den letzten zwanzig Jahren vorbildlich und lückenlos mit einem übersichtlichen Markierungssystem versehen worden. Die Wegweiser sind ausführlich und die Kilometerangaben durchweg exakt. Gleiches kann man auch bei gängigen Wegen in der Pfalz und den Vogesen sagen.

Im Schwarzwald orientiert man sich vorwiegend bei Fernwanderwegen an der roten Raute, wie beim Westweg von Pforzheim nach Basel. Die regionalen Wanderwege sind mit der blauen Raute gekennzeichnet und örtliche Rundwege mit der gelben Raute.

Hat man sich einmal vertan und findet kein Zeichen mehr, dann ist es ratsam, lieber rechtzeitig wieder soweit zurückzulaufen, bis wieder ein Zeichen auftaucht und dann sorgfältig nach dem nächsten Hinweis Ausschau zu halten. Meistens wurde eines zuvor an einer diffusen Stelle übersehen.

Dann gibt es Premium - und Themenwege, wie den Ortenauer Weinpfad, die Murgleiter und andere. Sie haben eigene Wegzeichen und dazu ausführliche Streckenführungen finden sich im Internet. Sie sind meist als PDF-Datei downloadbar oder kostenlos als Flyer mit Karten im örtlichen Bürgerbüro erhältlich.

Es kommt mir in diesem Buch nicht so sehr darauf an, die einzelnen Wege mit exakten Kilometerangaben und Höhendifferenzen im Detail zu beschreiben und zu überfrachten. Dafür finden sich präzise Angaben und Wegbeschreibungen im Internet. Kartenmaterial und Wegführung kann zu den gewünschten Touren meistens kostenlos als PDF-Datei ausgedruckt werden.

Zu vielen erwähnten Wegen, Sehenswürdigkeiten und lohnenswerten Lokalitäten zur Einkehr habe ich einen Link der Website angefügt.

Viele Informationen zu Themenwege, Pilgerwege und Fernwanderwegen finden sich unter: **http://www.wanderkompass.de**

Natürlich gibt es auch **Google** und andere - ich nehme **ixquick, die diskrete Suchmaschine** – die weiter helfen.

Darüber hinaus gibt es kostenlose Apps für Smartphones, wie „Schwarzwald herzerfrischend echt" mit Tipps und Karten. Dazu einfach einmal im App-Store stöbern.

Kenner sagen, wir leben hier im Zentrum des Südwestens: „In einer der abwechslungsreichsten Regionen der Welt." Ist das übertrieben?

In der Tat gibt es in vielen Gebieten der Welt wundervolle Regionen mit einmaligen Sehenswürdigkeiten und einer grandioser, ja manchmal atemberaubender Landschaft. Wir haben aber hier konzentriert auf rund 200 Kilometer von Basel bis Heidelberg erstens die fruchtbare, klimatisch begünstigte Ebene mit dem europäischen Strom, dem Rhein und einer ungeheuren Naturvielfalt, dann zweitens den Schwarzwald auf der einen Seite und auf der anderen die Vogesen, mit unvergleichlichen Bergen in mittlerer Höhenlage. Drittens ist es die Vorbergzone, in der sich Wein und Kastanien abwechseln. Selbst Mandel- und Feigenbäume bringen jährlich Früchte. Wer also Zweifel an der obigen Aussage hat, dem rate ich einmal die gesamte Badische Weinstraße zu befahren - möglichst entspannt mit dem Fahrrad.

Das Gegenstück findet sich auf der französischen Seite, die Route-des-Vins-d'Alsace - der Elsässischen Weinstraße - die malerische Fachwerkstädtchen, Riquewihr, Obernai und andere, tangiert.

Wir finden auf beiden Seiten des Rheins nicht wenige Restaurants mit Michelin-Sternen dekorierten Küchen, aber auch exzellente Landgasthöfe, Besenwirtschaften oder Ferme Auberge, die mit außergewöhnlich guter, regionaler Küche und exquisiten Spezialitäten aufwarten.

Muss ich noch mehr nennen?

Tatsache ist, dass diese Vielfalt auf so einem relativ begrenzten Raum wirklich in der Welt einmalig ist und seinesgleichen sucht. Wer es nicht glaubt, darf sich gerne überzeugen lassen.

"Wenige Landschaften der Welt wurden so vielfältig gepriesen wie das vom Schwarzwald und den Vogesen so schön und mächtig eingerahmte Gebiet am Oberrhein. Obwohl drei Länder am Strom zusammentreffen, wirkt ihre Sprache, die alemannische Mundart, über die Ufer des Rheins, über die Höhen der Gebirge und tief ins Land der Eidgenossen

und der Franzosen. Auch ist die geologische Verwandtschaft so wenig zu übersehen, wie der Gleichklang der Sprache unüberhörbar ist", schreibt Konrad Kintscher in seinem Reiseführer:

"Das Land am Oberrhein".

Mir liegt viel daran, dem Interessierten einen Anreiz für mögliche Unternehmungen anzubieten, in unterschiedlicher Weglänge, in allen Schwierigkeitsgraden und für jeden Geschmack etwas.
Ich wünsche dabei der Wanderin, dem Wanderer Erholung pur - oder Entschleunigung - wie es heute neudeutsch heißt.
Wichtig war und ist mir zudem, die eine oder andere Hintergrundinformation zu vermitteln, sei es zur Kultur oder der Historie. *Solches ist dann jeweils in kursiver Schrift hervorgehoben.*

Walter W. Braun

August 2015

Wanderungen in und um Bühl

1

Über den Sternenberg nach Neuweier

Mehrfach führte ich kleinere oder größere Gruppen durch das Rebland, die malerische Vorbergzone der Zwetschgenstadt Bühl. Wir betreten berühmte Weinlagen und wandern in einer gesegneten Obstlandschaft, womit die Stadt überregional bekannt ist. Denken wir nur an die Bühler Zwetschgen; eine aromatische, beliebte Pflaumensorte. Treffpunkt und Start für diese Tour ist bei der ARAL-Tankstelle ideal, am nördlichen Ortseingang von Bühl.

Nach 100 Meter stadteinwärts zweigt links eine Straße ab und wir sehen nach hundert Meter die Klosteranlage Maria Hilf auf der linken Seite, danach noch einmal links gehen. Dieser Weg mündet halbrechts direkt in den Affentaler Weg, anfangs eines Hohlwegs ähnlich.

Das Kloster bietet übrigens Übernachtungsgästen preiswerte Zimmer mit Frühstück; wird also auch als Hotel vermarktet.

Nach rund 1 Kilometer leicht aufwärts sehen wir links den Carl-Netter-Turm, von dem wir eine schöne Sicht über Bühl haben, im Norden und Osten in die Vorbergzone und das Rebland sehen, im Süden in Halbhöhe den Jägersteig und die Burgruine Windeck. Der kurze Abstecher von etwa 100 Meter ist somit sehr lohnenswert und sollte unbedingt sein.

Der Turm wurde 1902 von den Brüdern Adolph und Carl Leopold Netter, die ein florierendes Stahlhandelsunternehmen betrieben, gestiftet. Übrigens sind sie auch Stifter des Bühler Stadtgartens, der 1906 geschaffen wurde.

Wieder auf dem eigentlichen Weg zurück, geht es halblinks weiter und auf einem bequemen Wirtschaftsweg durch die Reben. Dann überqueren wir die Verbindungsstraße von Eisental nach Altschweier.

Hier blühen auf der linken Straßenseite - in Richtung Altschweier gesehen - jedes Frühjahr Mandelbäume im schönsten Rosa. Das gibt es also nicht nur an der Bergstraße, nein auch hier und anderen sonnigen Plätzen in Bühl! Dazu finden sich an vielen in Bühl Stellen stattliche Feigenbäume, die in den Monaten Juni bis in den Oktober reife Früchte tragen. Das ist mit ein Beweis für das mediterrane Klima.

Auf der gegenüber liegenden Straßenseite, halten wir uns erst geradeaus, parallel zur erwähnten Verbindungsstraße, dann rechts, nach hundert Meter ein Schwenk nach links und schon liegt die weite, ansteigende Vorbergzone vor uns - mit Blick in Richtung Bühlertal, Baden-Baden oder auf der anderen Seite zum Klotzberg. Oberhalb beginnen die Kastanienwälder, die der Schartenberg überragt.

Besonders schön ist die Zeit im Herbst, wenn die Laubfärbung der Kastanien und Weinberge eingesetzt hat, sich Rot- und Brauntöne abwechseln und die Natur ein Bild völliger Harmonie bietet.

Dazu finden wir im Wald reife Kastanien, auch „Maronen" genannt. Geröstet oder im heißen Wasser gekocht und die Schale abgezogen, schmecken sie köstlich. Ein Glas neuer Wein, ein Riesling oder Spätburgunder runden den kulinarischen Genuss ab.

Links, leicht unterhalb sehen wir den Bühler Ortsteil Eisental und oberhalb, weithin sichtbar, ein Platz mit Buddel-Denkmal für den Affentaler Wein. Die Bühler Flagge, die badische und die der Winzergenossenschaft flattern im Wind. Ein mächtiger Granitstein symbolisiert die Buddelform, Markenzeichen der Affentaler Winzergenossenschaft.

Hier am Sternenberg wachsen die begehrten Lagen Affentaler Weine. Es sind vor allem exzellente Riesling - und Spätburgundersorten. Sie werden weltweit vermarktet. Dabei ist auch die Flasche mit einem Affenmotiv im Relief besonders gefragt.

Der Name „Affental" entstammt jedoch nicht vom Affen – wenn auch das bedruckte Relief auf der Flasche ein erfolgreiches Marketingmerkmal ist – sondern eher der Anlehnung an das „Ave Maria". Seit dem Jahr 1250 bauten die Zisterzienserinnen vom Kloster „Baden-Baden-Lichtenthal" hier Wein an und das Gebiet wurde als „Ave Tal" bezeichnet.

Nächste Station und Rastmöglichkeit ist der Grillplatz Zum heißen Stein mit einer Schutzhütte. Aus dem Brunnen fließt begehrtes Quellwasser. Direkt oberhalb der Hütte geht der befestigte Weg nach links und bringt uns zur Marienkapelle, die etwas versteckt im nächsten Tal auf gläubige Besucher wartet.

Auch hier fließt ein besonderes Wasser aus dem Brunnen und manchmal trifft man Personen an, die Kanistern füllen und das weiche Wasser für Tee verwenden - auch wenn Schilder mahnen: „Kein Trinkwasser". Das bedeutet nur, dass es nicht regelmäßig gemäß der Lebensmittelverordnung kontrolliert wird.

Links der Kapelle ist ein kurzer Serpentinenpfad aufwärts zu laufen, zur oberhalb weiter nach links verlaufenden Straße. In Sichtweite ist schon der Baden-Badener Ortsteil Neuweier. Auffallend sind einerseits das bildschöne Schloss Neuweier und zudem darüber die steil aufragenden Terrassenlagen, auf denen prämierte Weine gedeihen. Diese Steillagen werden über einen speziellen Aufzug erreicht, wie man es von der Mosel kennt.

Ein Besuch im Dorf und Einkehr in einem Café oder Restaurant sind durchaus zu empfehlen.

Meist überqueren wir aber schon kurz vor dem Ort die Verbindungsstraße von Eisental nach Neuweier und gehen auf der anderen Seite abwärts in westlicher Richtung, bis ein großes Kreuz an einer Weggabelung steht.

Solche Kleindenkmäler finden sich häufig in den Weinbergen der Region und zeugen von der tief verwurzelten Religiosität der Bevölkerung.

Unser Weg geht halblinks weiter und rund zweihundert Meter abwärts, dann wieder hoch zum nördlichen Ortsrand von Eisental.

Jetzt biegen wir rechts ab und kommen gemächlich leicht abwärts, bis wir unterhalb zwischen den Häusern hindurch zur Talstraße stoßen. Dort links oberhalb nach der blauen Raute suchen und auf der anderen Talseite müssen wir noch einmal kurz etwas steiler aufwärts.

Oberhalb dem Areal der Affentaler Winzergenossenschaft steht ein steinerner Aussichtspunkt; ein Denkmal für Kriegsopfer. Noch einmal bietet sich ein Blick in die Ebene, zu den Schwarzwaldhöhen und über die Stadt. Im Rückblick schauen wir stolz auf den zurückgelegten Weg. Die Gesamtstrecke ist rund 12 Kilometer lang und hat nur mäßige Steigungen.

Zum gemütlichen Abschluss kehrten wir oft im Restaurant Auerhahn in Bühl-Eisental ein. Leider wird das schmucke und schön restaurierte Haus gegenwärtig nicht mehr bewirtschaftet. Zu hoffen ist, dass sich wieder ein Pächter für das Haus findet. Es gibt aber auch sonst Ausweichmöglichkeiten im Bühler Rebland oder direkt in der Stadt. Die Gude Stub wäre zu nennen oder das Wirtshaus Schwanen, das Braustüb'l Hanauer und andere.

Wer noch nicht genug gesehen hat, kann ja zum Restaurant Jägersteig fahren oder das Restaurant der Burgruine Windeck besuchen, oder kehrt am Johannesplatz in der Stadtmitte ein; Möglichkeiten gibt es genug.

http://www.buehl.de

https://www.affentaler.de

Das Buddel-Denkmal „Affentaler Wein" am Sternenberg

2

Durch berühmte Weinlagen bei Bühl

Eine andere mögliche Variante führte ich kombiniert mit anschließender Kellerbesichtigung und Weinprobe in der Winzerkellerei der Affentaler Winzergenossenschaft.

Leider lag am Wandertag Nebel über Bühl, nachdem es zuvor viele Tage sonnig, ja ausgesprochen schön war. Das war und ist aber kein Hindernisgrund. Unsere geplanten Wanderungen finden bei jedem Wetter statt und bei dem heutigen, reichhaltigen Angebot an geeigneter Outdoor-Kleidung muss sicher niemand dabei leiden.

Begonnen wurde diese Tour beim Gelände der Winzergenossenschaft und von da aus ist es nur etwa einen Kilometer zum oberhalb sichtbaren Carl-Netter-Aussichtsturm – siehe 1.

Hier wurden wir mit einer kleinen Sektrunde überrascht. Überhaupt hat nicht selten bei den von mir geführten Wanderungen irgendjemand der Teilnehmer einen Flachmann mit Williams oder Zwetschgenwasser dabei. Das hilft wenn nötig zum Aufwärmen, wenn die Wanderstrecke nicht eh schon dafür sorgt und es lockert merklich Stimmung und Zunge. Wandern von A nach B ist das eine, Geselligkeit und Spaß das andere und beides soll sich optimal ergänzen, dann stimmt das Vorhaben.

Gemächlich wanderten wir durch die bunt gefärbten Bühler Weinberge an Eisental vorbei, hoch zum Buddel-Denkmal - siehe 1- und durch die sonnenverwöhnten Weinlagen am Sternenberg.

Eine erste Pause legten wir am Grillplatz Zum heißen Stein ein. Nach einer Stärkung orientierten wir uns am Wegweiser des Ortenauer Weinpfad. Die Marienkapelle ist nach rund zweihundert Meter rechts am Weg und dann sind es noch etwa einen Kilometer in den Ort Neuweier, der zur Stadt Baden-Badener zählt.

Hier trennte sich vorläufig die Wandergruppe, denn nicht alle wollten weiter. Die Aktiveren hängten mit mir noch zwei Kilometer an und wir wanderten derweil nach Querung des Ortes bergauf, weiter in Richtung Varnhalt. Die Rundstrecke mit etwa 12 Kilometer wäre sonst zu kurz geraten. Auf den flachen Wegen durch die Weinberge sieht man von oben sehr schön auf das Schloss Neuweier mit seinen Steillagen, in denen prämierte Weine reifen. Direkt unterhalb in westlicher Richtung blickt man auf Steinbach, einem weiteren Baden-Badener Stadtteil. Es ist eine der bedeutenden Rebland-Gemeinden der Region. Überdies befindet sich die weithin bekannte Südbadische Sportschule im Ort.

Während unserer Zugabe erholten sich derweil die anderen im Landhotel Zur Traube und hinterher schwärmten sie vom feinen Maronensüppchen, das ihnen serviert und aufgetischt wurde.

Wieder komplett ging es nun auf Wirtschaftswegen durch die Weinberge und einer parallelen Route zum Affentaler Winzerkeller zurück.

Hier erwartete uns ein Vorstandsmitglied zu einer spannenden, informativen Kellerführung. Der Hauptteil der Ernte war schon eingebracht und gärte in den riesigen Edelstahltanks. Er zeigte uns den Keller für speziellen Barriquefass-Ausbau, wo besondere Schätze reifen, ebenso den Schatzkeller, im dem ausgewählte Weine der letzten Jahre und Jahrzehnte fachgerecht gelagert werden.

Hinterher gab es eine gut präsentierte Sekt- und Weinprobe mit berühmten Spezialitäten aus dem eigenen Haus. Dazu wurden Wurst, Speck und Käse serviert.

Die Weinprobe mit Imbiss ist preiswert und individuell buchbar. Informationen dazu finden sich auf der Homepage der Winzergenossenschaft.

Übrigens waren neun Teilnehmer aus dem Elsass dabei, die sicher einen nachhaltig, guten Eindruck von der Bühler Landschaft und ihrer Vorbergzone mit nach Hause nehmen durften. Die Affentaler Weine schmeckten ihnen vorzüglich und ein gewisser Vorrat wurde gleich eingekauft und mitgenommen.

http://www.weinparadies-ortenau.de/ortenauer-weinpfad
http://www.landhoteltraube.com
http://www.bad-bad.de/stadtt/neuwei.htm
https://www.affentaler.de

3

Über den Schartenberg

Eine gerne von mir – mit Wandergruppen oder alleine – gegangene, mittelmäßig anstrengende Strecke verläuft über den Schartenberg. Es ist der Hausberg von Altschweier und Eisental, liegt oberhalb der Bühler Stadtteile, eingebettet zwischen Burgruine Windeck im Süden und der Yburg im Norden, oberhalb von Neuweier.

Ausgangspunkt ist zweckmäßigerweise der Bahnhof in Bühl. Schon der Weg durch die Eisenbahnstraße, vorbei am Bühler Rathaus und der markanten Kirche Peter und Paul, lässt etwas vom Städtchen erkennen, wenn auch nicht mehr viel vom historischen Bühl zu finden ist.

Zu vieles ist in den letzten Jahren der Modernisierung zum Opfer gefallen, auch wenn neue Gebäude, wie das Bürgerhaus Neuer Markt oder die Mediathek für die Architektur prämiert wurden und durchaus sehenswert sind.

Beim Rathaus queren wir die Hauptstraße und gehen die Fußgängerzone in der Schwanengasse zum Johannesplatz. An deren Ende biegen wir nach links in die Gartenstraße und 100 Meter weiter beim Textilgeschäft Hügel nach rechts. Auf diesem Weg kommen wir an der großen Klosteranlage Maria Hilf vorbei und sind schon im Affentaler Weg.

Unterwegs ist ein kurzer Abstecher zum schon erwähnten Carl-Netter-Aussichtsturm - siehe 1 - möglich.

Wir passieren die weitläufigen Obstplantagen von Altschweier und kommen in die Rebflächen der Vorbergzone. Nördlich ist die Yburg zu erkennen und links davon der Fremersberg mit Sender und Aussichtsplattform.

Die Sendungen des SWR in Baden-Baden werden von den Studios zum Turm und von da zum sogenannten „Stern" bei Frankfurt übertragen und dann innerhalb der ARD bundesweit ausgestrahlt.

Wieder zurück auf dem eigentlichen Weg kommen wir zur Verbindungsstraße Altschweier - Eisental, die wir überqueren. Man kann zum oberhalb sichtbaren Affentaler Weindenkmal gehen oder auch einen

Weg unterhalb nehmen und dem Wegweiser zum Grillplatz Zum heißen Stein folgen.

Hundert Meter steht zudem ein Aussichtspavillon, der uns einen schönen Ausblick auf die Dörfer in die Rheinebene ermöglicht, bevor wir in
den Wald eintauchen. Es sind die Weinorte Eisental, das zu Bühl gehört, dann Steinbach, Neuweier und Varnhalt, die Stadtteile von Baden-Baden sind.

Bei schönem Wetter ist in nördlicher Richtung die badische Metropole
Karlsruhe auszumachen und schemenhaft die Ausläufer des Pfälzer
Waldes. Im Westen blicken wir ins Elsass und zu den Vogesen.

Der Weg zum Schartenberg ist gut beschildert und bietet mehrere Abzweigungen, teils steil, teils gemächlich. Vom Bahnhof sind es knapp
über 400 Höhenmeter, bis wir oben sind.

Auf dem höchsten Punkt des Schartenbergs, 528 Metern, steht eine
hölzerne Aussichtsplattform, die der Schwarzwaldverein einst errichten ließ. Oben hat man die Aussicht und im Inneren kann man wind-
und regengeschützt rasten, wenn es nötig ist. Von dieser Anhöhe bietet sich eine gute Sicht ins weitverzweigte Bühlertal. Auffallend ist die
erhöht vom Talgrund stehende Kirche; viele Bühlertäler sehen sie
stattdessen unterhalb.

Weiter oben ist die Freizeitarena Mehliskopf, links davon Gebäude der
Bühler Höhe, zu denen das Schlosshotel Bühlerhöhe, die Grundig-Klinik
und Plättig gehören. Schwenkt man im Blick nach halbrechts, überragt
die Hornisgrinde mit einem über 200 Meter hohen Sendeturm des
SWR das Hochplateau. Die Hornisgrinde ist die höchste Erhebung im
Mittleren - und Nordschwarzwald. Neben dem Fernsehturm drehten
sich bisher drei Windrädern. Demnächst sollen sie durch ein wesentlich größeres, leistungsstärkeres ersetzt werden.

Nach dem Verweilen kann man halb links halten und Richtung Bildeiche absteigen. Dort verläuft links der Straße ein schmaler Pfad, den wir
nehmen um zu der weiter unten kommenden Siedlung Wintereck zu
laufen. Dort gibt es wieder mehrere Wahlmöglichkeiten an Wegen zurück nach Bühl.

Schön und abwechslungsreich ist es, die Straße zu queren und rechts
auf dem gegenüberliegenden Hang einem der Wege durch die Wein-

berge in Richtung Pavillon zu folgen. Einen Hinweis dazu findet sich auf den Wegweisern.

Der Blick vom Pavillon auf Bühl und Bühlertal ist eine kurze Verschnaufpause wert und unterhalb sieht man auch schon den Stadtteil Altschweier.

Von diesem Platz aus bieten sich mehrere Varianten ins Tal und man sollte dabei auch die Infotafeln nicht übersehen, die etwas zu den Lagen und über die einzelnen Weinsorten aussagen.

Mein Tipp: Einfach den Beschilderungen folgen und immer wieder eine Pause einlegen und die Ausblicke genießen.

Mit einem kleinen Umweg kommen wir zu La Salette, einer kleinen, gepflegten Anlage für stille Andachten. Die Hinweisschilder, die uns zeigen wo sie ist, sind nicht zu übersehen.

Eine andere Variante ist, vom Schartenberg unterhalb der Aussichtsplattform nach rechts zu halten und erst dem schmalen Pfad nach unten zu folgen. Er mündet in einen breiteren Waldweg, den wir einige hundert Meter abwärts gehen und dabei auf das Hinweisschild zur Abzweigung nach Altschweier achten. Nicht weit unterhalb ist zudem etwas versteckt im Wald der „Hexenbrunnen". Womit der Namen in Verbindung zu bringen ist, konnte ich bis heute nicht in Erfahrung bringen. *Mit den Bühler „Schartenberghexen" - einem rührigen Fastnachtsverein - soll es nichts zu tun haben und mit der Hexenverfolgung im 16. und 17. Jahrhundert auch nicht, der in der Region 141 Personen zum Opfer fielen.*

Ist die Waldgrenze erreicht, gibt es wieder mehrere Wege nach Altschweier zu kommen. Im Blickfeld haben wir auf der anderen Talseite den Klotzberg, mit einer Streusiedlung weit oberhalb der Stadt und in gleicher Höhe weiter südlich sieht man die Burgruine Windeck. Im Tal halblinks, direkt unterhalb dominiert das Verwaltungsgebäude der Firma Bosch.

Im Vordergrund fällt die Kirche von St. Gallus in Altschweier auf und etwas ferner der Zwiebelturm der Kappeler Kirche in Kappelwindeck. Etwas weiter weg, halbrechts ist der filigrane Turm von St. Peter und Paul in der Bühler Innenstadt auszumachen. Bei klarer Sicht ist zudem die Silhouette des Straßburger Münsters gut zu erkennen.

Wir halten vom Waldrand aus am besten die Richtung zum vorerwähnten Pavillon und gehen einen der Wirtschaftswege ins Tal.

Beim Gang durch Altschweier passieren wir die Besenwirtschaft Durst rechts der Straße. Zweimal im Jahr ist sie über Wochen ab 17.00 Uhr geöffnet. Bei etwas Glück findet man zur Einkehr ein freies Plätzchen, meistens muss man aber länger anstehen, bis ein Platz frei wird.

Die Weglänge beträgt zwischen 12 und 15 Kilometer, je nach gewählter Variante. Da es aber so viel zu sehen und zu entdecken gibt, lässt sich daraus gut eine Tagestour machen. Man sollte sich also wirklich viel Zeit nehmen.

Erholung bietet sich hinterher bei schönem Wetter am belebten Johannesplatz in Bühl. Bei einem der beiden Italiener gibt es eine riesige Auswahl an Eis oder in einem der beiden Bierlokale darf es ein kühles, alkoholfreies Weizenbier sein.

Vielleicht interessiert sich auch jemand für die Homage an die „Bühler Zwetschge" in der 1987 von Heino Breilmann geschaffenen Skulptur des „Quetschebur" - ein Zwetschgenbauer, der einen Korb mit Bühler Zwetschgen auf dem Kopf trägt und den Platz ziert.

In der Nachbarschaft steht ferner eine Gedenktafel in Erinnerung an die Synagoge, die einst hier stand und am Morgen nach der Pogromnacht 1938 der Brandstiftung zum Opfer fiel. Heute ist an deren Platz das Eiscafés Italia.

http://www.buehl.de/pb/microsites-buehl,Lde/Tourismus+Buehl/Wandervorschlaege.html

3.1

Große Schartenberg-Runde

Eine anspruchsvollere Variante bietet sich von Bühl über den Schartenberg - wie in 3 beschrieben.

Vom Kamm wo die Aussichtsplattform steht, gehen wir aber stattdessen in Richtung Norden und zuerst auf Waldpfaden, dann teils steil, hinab nach Neuweier.

In Neuweier befindet sich ein kleines, verwunschenes Schloss mit eigenem Weingut. Die Steillagen für den Anbau werden, wie häufig an der Mosel anzutreffen, über einen Aufzug erreicht. Die Küche ist mit einem Michelin-Stern dekoriert. Das Haus baut preisgekrönte Spitzenweine aus. Dazu wurden vor Jahren die Steillagen wieder aktiviert und seither mühevoll gepflegt, um mit hohem Aufwand herausragende Selektionen zu erzeugen.

Wir überqueren die Talstraße mitten im Ort und kommen nach den letzten Häusern zur die Fatima-Kapelle am Waldrand, an der wir kurz verschnaufen können. In der Fortsetzung am Westhang hinauf auf schmalen Pfaden im Wald kommen wir zur Burgruine Yburg, auf 539 Meter.

Sie ist das Wahrzeichen des Baden-Badener Reblandes und ein beliebtes Ausflugsziel. Hier ist – wenn es der Zeitplan zulässt – eine Rast zu empfehlen und auch sonst lohnt immer ein Besuch, zumal man mit dem Auto von Neuweier direkt zur Ruine fahren kann.

Im Innenhof finden regelmäßig musikalische und literarische Veranstaltungen statt und die Burggaststätte bietet Bewirtung in angenehmem Ambiente. Nebenbei kann man von der Aussichtsterrasse die über dem Vogesenkamm rotleuchtend, strahlend untergehende Sonne bewundern.

Mindestens der Turm sollte bestiegen werden, um von da einen Blick ins Rheintal und die Randzonen des Schwarzwaldes zu werfen.

Weiter halten wir uns nun in östlicher Richtung und kommen zum Zimmerplatz und später zum Platz Bildeiche. Eine Schutzhütte lädt dort noch einmal zu einer Trink- und Esspause ein, bevor wir halbrechts aufwärts gehen, bis ein unscheinbarer Abzweig ins Tal abzweigt.

Wir können aber auch links der Straße den schmalen Pfad abwärts gehen und kommen zu den ersten Häusern im Zinken Wintereck. Queren dort auf die andere Talseite und auf einem der befestigten Wirtschaftswege im Weinberg erreichen wir in wenigen Minuten den schon erwähnten Pavillon oberhalb von Altschweier.

Von hier haben wir wieder die Qual der Wahl, immer das Ziel im Blick, welchen Weg wir abwärts nehmen wollen, um in den Bühler Ortsteil und in die Stadtmitte zu gelangen.

Durch das Hänferdorf, dem ältesten Bühler Stadtteil, kommen wir schließlich zurück zum Ausgangspunkt zurück.

Ein Einkehrschwung ist im Hotel Engel oder im Gasthaus Yburg in Altschweier möglich. Beide Häuser bieten eine reichhaltige Speisekarte und regionale Spezialitäten. Nach 28 Kilometer haben wir das verdient.

http://www.schwarzwald-informationen.de/schartenberg-rundweg-neuweier.html

http://schloss-neuweier.de

http://www.yburg.net

http://www.engel-buehlertal.de

4

Leichte Wanderung von Neuweier zur Yburg

Diese Tour ist im Herbst oder in der Winterzeit ideal, wenn die Wege im Wald nass und glitschig sind oder Schnee liegt.

Losgehen können wir in der Ortsmitte von Neuweier und folgen dem Wegweiser Richtung Varnhalt. Es geht zuerst aufwärts zum Pavillon, von dem wir einen freien Blick auf den Ort Steinbach und ins Rheintal haben. Wir befinden uns oberhalb im Weinberg und sehen unter uns das Neuweierer Schloss und seine mit Reben bewachsenen Steillagen. Unterhalb des auffallenden Wochenendhäuschens, das alleine mitten in den Reben steht, gibt es mehrere Wege in nördlicher Richtung nach Varnhalt, einem weiteren Baden-Badener Ortsteil im Rebland.

Wir erreichen die ersten Häuser und sehen rechts am Ende der Straße eine privat errichtete und betriebene Miniatur-Eisenbahnanlage im Schwarzwald-Motiv. Die Anlage zeigt viel Liebe zum Detail und ist es wert kurz Halt zu machen, vielleicht auch einen Euro zu opfern und damit alles ins Laufen zu bringen.

Wir queren anschließend den Ort und kommen etwas weiter oberhalb zur Josephs-Kapelle. In nördlicher Richtung erhebt sich der Fremersberg mit seinem Sendeturm.

Den Weg nun zur Gabelung gehen und dann rechts halten, dabei dem Wegweiser zur Burgruine Yburg auf der Teerstraße folgen. Wir kommen am bekannten Weingut Gut Nägelsförst vorbei, das wir rechts sehen.

Nach kurzer Weglänge steht eine Schutzhütte an der Wegkreuzung. Eigentlich müssten wir hier rechts abbiegend und daran leicht aufwärts. Wer will kann aber noch einen kurzen Abstecher nach links machen und erreicht auf relativ ebenem Weg den idyllisch gelegenen Petersee oder Waldenecksee. Dabei handelt sich um einen Bergsee in einem stillgelegten Steinbruch.

Wieder zurück bei der Hütte und dem eigentlichen Weg kommen wir oberhalb zur Verbindungsstraße, die rechts nach Neuweier führt und links hinauf zur Ruine. Doch diese Straße müssen wir nicht laufen, denn es gibt einen Pfad im Wald und der kürzt ab. Er ist zwar ein wenig steil, aber nicht allzu weit und schnell sind wir auch schon in der Yburg auf 539 Meter.

Hier ist die verdiente Pause und Einkehr möglich und es lohnt sich, den Turm zu besteigen. Empfehlenswert ist es, an einem heißen Sommertag oder lauen Abend im Hof unter schattenspendenden, uralten Lindenbäumen zu sitzen oder auf der Aussichtsterrasse dem Sonnenuntergang zuzusehen, wenn über dem Vogesenkamm die Sonne im Westen langsam und glutrot verschwindet.

Zum Abstieg kann man dem ausgeschilderten Pfad folgen und kommt abwärts durch den Wald zum „Trimm-Dich-Pfad", dann auf Querwegen durch die Weinberge, die wir nach Neuweier laufen.

Ein anderer Weg ginge vom Parkplatz der Ruine in östlicher Richtung, abwärts durch den Wald und direkt nach Neuweier.

Die Rundstrecke hat keine 10 Kilometer und ist somit gut als Halbtagesspaziergang zu machen - selbst mit Kindern.

http://www.baden-baden.de/tourist-information/rebland-umland
http://schloss-neuweier.de
http://www.yburg.net

Blick auf Eisental, das Rebland und im Hintergrund die Yburg

Weite Wege gehen durch die Weinberge oberhalb von Steinbach

5

Über den Engelsbergsteig zum Schwanenwasen

Schön, aber für Ungeübte auch eine kleine Herausforderung ist anfangs der Weg über den kurzen, knackigen und erst 2014 angelegten Engelsbergsteig in Bühlertal.

Los es beim Touristenzentrum oder Haus des Gastes, das demnächst als Portal zum Nationalpark Nordschwarzwald genützt wird. Das Haus steht am Dorfanfang, oberhalb des Schwimmbades.

Wir gehen etwas die Dorfstraße aufwärts und finden links eine guten Wegweiser, der uns den weiteren Weg zeigt.

Der Engelsbergfelsen mit seiner alten Terrassenbewirtschaftung wurde im Rahmen einer Diplomarbeit aufwendig von der Überwucherung befreit und teilweise wieder für den Weinbau aktiviert. Dabei wurde der kurze Steig zwischen den Trockenmauern hindurch angelegt. Informative Tafeln erklären die einst mühevolle Bewirtschaftung der kleinen Parzellen in der Steillage und die Besonderheit im Stockanbau der Reben.

Nachdem der Steig überwunden ist und vielleicht schon ein paar Tropfen Schweiß flossen, entschädigt der Blick - wie von einem Balkon - auf das verzweigte Bühlertal und das Tal hinaus auf Altschweier und Bühl.

Weiter geht der Weg durch Reben und Wiesen aufwärts. Links kommt die Lourdes Grotte, umgeben von mächtigen Rhododendronbüschen.

Noch ein kurzes Stück ist zu gehen und wir sind bei der am Waldrand stehenden Emil-Kern-Hütte. Sie lädt kurz zur Rast und Aussicht ein. Dabei weitet sich der Blick hinaus ins Tal und in die Rheinebene, aber auch auf der anderen Seite zur Hornisgrinde, der mit 1'163 Meter höchsten Erhebung im Mittleren Schwarzwald.

Nach einer Rast gehen wir zuerst noch den flachen Weg am Waldrand entlang, bis wieder ein schmaler Pfad abbiegt. Unser nächstes Ziel ist das Schoferdenkmal; dem ehemaligen Landtagsabgeordneten und Prälaten Dr. Josef Schofer gewidmet.

Wir passieren das Gewann Büchelbach und kommen zu den weit oberhalb vom Ort angesiedelten Häuserni. Gemächlich aber gleichmäßig steigt der Weg an, die Sandgrube kommt, der Beerstein, 620 Meter, dann der Völlerstein, 656 Meter und zuletzt der Dachsbaufelsen, bis es wieder etwas abwärts geht und wir bei der Waldschänke Schwanenwasen angekommen sind.

Von hier haben wir die Möglichkeit dem Schild zum Waldgasthaus Kohlwiese, unterhalb der Bühlerhöhe zu folgen und dann auf den Briefträgerweg nach Bühlertal zu nehmen.

Oder wir gehen direkt das Hirschbachtal hinunter. Dieser Weg bietet weitgehend Schatten im Wald, bis rechts das Übungsgelände der BMX-Fahrer auftaucht. Jetzt einfach dem Weg folgen, bis wir im Ort sind und talwärts den Ausgangspunkt Haus des Gastes erreichen.

Je nach gewählter Variante und möglichen Abkürzungen sind es etwas mehr wie 15 Kilometer und einige hundert Meter Steigungen.

Nach dieser Wanderung haben wir uns eine Stärkung verdient. Die Einkehr ist im Café Schnurr möglich, im Restaurant-Hotel Rebstock oder im Gasthaus Grüner Baum.

http://www.bergfex.de/sommer/buehlertal-schwarzwald/touren/wandern
http://www.waldschaenke-schwanenwasen.de
http://rebstock-buehlertal.de
http://gruener-baum-buehlertal.de

6

Auf dem Briefträgerweg zur Kohlbergwiese

Zu diesem Trip starten wir beim „Schindelpeter" am bergseitigen Ortsausgang von Bühlertal. Hierher findet man Parkplätze für das Auto oder man erreicht den Platz mit Bus aus Bühl.

Noch kurz der Sandstraße folgen, bis rechts am Wegrand ein Hinweisschild zu den Gertelbach-Wasserfällen steht. Wir halten uns dort aber links und gehen auf der anderen Straßenseite den Weg kurz geradeaus, dann rechts und bergauf.

Die andere Möglichkeit wäre, wir biegen bei dem erwähnten Schild von der Sandstraße nach rechts ab und kommen nach rund 200 Meter zum Parkplatz am Wiedenbach. Dort sind genügend Parkplätze. Wir müssen aber den Fahrweg zurückgehen, queren die Sandstraße, um nun auf der anderen Seite dem Briefträgerweg zu folgen; ein Fuß- und Waldweg bergauf.

Unterwegs kommen wir zum Falkenfelsensattel, 740 Meter, wo ein Aufstieg zur Hertahütte möglich wäre. Ansonsten bleiben wir auf dem Weg bis zum Plättig, 760 Meter.

Empfehlenswert ist kurz am Plättig die Kapelle Maria Frieden und die Antoniuskapelle aufzusuchen, bevor wir abwärts gehen und dem Hinweisschild zum Waldgasthaus Kohlbergwiese folgen.

Das Haus bietet preiswerte Gerichte und Getränke. Nach Einkehr und Rast, kehren wir auf dem Henkerweg wieder nach Bühlertal zurück.

Oder wir besuchen von hier aus noch die Hertahütte, eine Aussichtshütte, die weiter oben auf einem massigen Felsen steht.

In diesem Felsenareal wurde bis vor Jahren noch ausgiebig klettern geübt. Heute ist das Gebiet rund um die Falkenfelsen zum Schutz der Greifvögel für Kletterer gesperrt.

Von der Hertahütte aus blicken wir auf Bühlertal und ins Rheintal, hinüber zur Bühler Höhe und zum Mehliskopf. Die Lungen dürfen richtig durchatmen und die frische Waldluft macht den Kopf frei.

Hinterher besteht die Möglichkeit den Paradiesweg hinunter zum Wiedefelsen zu nehmen und von dort über die Gertelbach-Wasserfälle nach Bühlertal zu laufen.

Oder wir bleiben auf dieser Bergseite und halten uns Richtung Schwanenwasen, bis wir im Hirschbach sind und von dort zurück ins Tal gelangen.

Dann gibt es auch noch eine dritte Variante, die Möglichkeit von der Hertahütte zurück zum Plättig zu gehen, den flachen Weg entlang der B 500 zu nehmen, bis wir auf dem Sand sind und an der Sandkapelle Zum guten Hirten vorbei nach der blauen Raute auf dem Wiedemannweg zum Wiedefelsen gehen. Dort könnten wir an der Haltestelle in den Bus einsteigen und nach Bühlertal fahren oder wir laufen den schon mehrfach beschriebenen Weg über die Gertelbach-Wasserfälle zurück zum Startpunkt.

Alle Varianten sind nicht länger wie 15 Kilometer und die Höhendifferenz ist für geübte Wanderer moderat.

Gutes Schuhwerk ist allerdings ein „Muss" und bei der Hertahütte und auf dem Weg entlang den Gertelbach-Wasserfällen ist Trittsicherheit wichtig.

https://www.komoot.de/tour/206031
http://www.waldgasthaus-kohlbergwiese.de

Die Josephs-Kapelle und rechts die Ruine der Yburg

Blick vom Engelsberg auf das verzweigte Bühlertal

7

Große Gertelbach-Runde

Hierzu empfehle ich auch den Parkplatz am Wiedenbach für den Start. Er ist oberhalb von Bühlertal und von da gilt es dem beschilderten Weg zu den Gertelbach-Wasserfällen zu folgen. Bis zum Einstieg am Waldrand sind es nur 1,5 Kilometer.

Eine Informationstafel am Eingang gibt Hinweise zu den Wasserfällen, zur Besonderheit dieser Schlucht und deren Geschichte.

Wenn im Frühjahr auf der Höhe die Schneeschmelze eingesetzt hat, sind die in mehreren Kaskaden zu Tal stürzenden Wassermassen besonders beeindrucken. Der Weg auf dem schmalen Pfad, über Brücken und Treppen, teils mit Geländer gesichert, ist allgemein gut gepflegt und bietet einen schönen Blick das Naturschauspiel. Wir passieren wuchtige Felsengebilde und haben den Eindruck, jederzeit könnten sie in Bewegung geraten. Für die Wege sind gute Schuhe und Balance wichtig.

Nach dem ersten Drittel kommen wir zum Rossgumpen; einem flachen Becken im Wasser, an dem einst die Pferde getränkt wurden, die auf dem Weg von Bühlertal nach Sand durch die Schlucht mussten, oder Holz aus dem Wald zogen.

Weiter oben steht der „Dreimärkerstein" am Weg; ein uralter Grenzstein der Markungsgrenze Bühlertal, Altschweier und Bühl.

Ein Pavillon lädt zur kurzen Verschnaufpause ein und wir sehen oberhalb, im letzten Drittel den schönsten Teil der Wasserfälle. Eine kleine Holzbrücke überspannt den Gertelbach und von dort bietet sich beste Sicht auf das Schauspiel der herabstürzenden Wassermengen.

Noch ein kurzer Abschnitt über Treppen und Serpentinenpfad ist zu bewältigen, direkt am rauschenden Wasser entlang und dann sind wir oberhalb der Wasserfälle.

Wir haben die Wahl nach links zum Wiedefelsen zu gehen und können dann dort der blauen Raute zum Hundseck folgen.

Doch für Kenner bietet sich ein direkterer, weniger bekannte, verschlungene Pfad an. Dazu gehen wir im Wald geradeaus aufwärts weiter. Ein Weg ist fast nicht mehr auszumachen, aber keine Sorge, wir kommen auf jeden Fall zu einem Querweg, der Verbindungsweg zur hundert Meter weiter rechts kommenden Eisbahn am Wiedefelsen.

Vor uns sehen wir eine leichte, nach rechts schwenkende Kurve, gehen aber im Knick links des Rinnsals geradeaus aufwärts, überqueren den nächsten Waldweg und gelangen in einen total ausgewaschenen Pfad; mehr eine steinige Wasserrinne. Der Hintere Wasserstichweg erfordert gutes Schuhwerk und Trittsicherheit.

Die Hinweisschilder und die Kennzeichen sind in den letzten Jahren weitgehend abhandengekommen oder man hat sie absichtlich entfernt und nur noch wenige Schilder mit der blauen Raute sind zu finden. Dafür begegnet uns mit Sicherheit niemand auf diesem steilen Abschnitt. Der Pfad geht weiter oben im Zickzack durch den Wald und nach rund 100 Meter rechts halten, ein Rinnsal queren und dann mündet der Grasweg in den Verbindungsweg zum Nickersberg. Dem nach links folgen und nach hundert Meter sind wir nach dieser spannenden Passage am Parkplatz unterhalb der Schwarzwaldhochstraße B 500 am Hundseck.

Ab hier besteht die Möglichkeit dem gekennzeichneten Westweg und der roten Raute zu folgen. Er führt zuerst flach am Skihang entlang und dann weniger steil aufwärts in einer Schleife durch den Wald.

Ich gehe aber lieber zwischen den Häusern ein Pfädchen durch Heidelbeersträucher und Heidekraut den steilen Hang hoch und komme an halbverfallenen Aufbauten eines früher betriebenen Skilift vorbei.

Von dort gehe ich auf einem moosbewachsenen Pfad über den Höhenrücken, der in leicht abwärts übergeht. Nach rund hundert Meter stößt von links der Westweg dazu.

Jetzt diesem markierten Weg folgen. Er ist schmal, steinig und mündet in einen breiten Fahrweg. Auf einem kurzen, waldfreien Stück sehen wir zwischendurch wieder einmal ins Rheintal und zur Bühlerhöhe.

Vom breiten Weg in südlicher Richtung den Hang entlang, leicht aufwärts, biegt nach etwa einem Kilometer ein schmaler Pfad links ab, der wenige Meter durch den Wald geht und dann auf die Hochebene führt.

Mitten durch Heidekraut hindurch, Heidelbeeren und Preiselbeeren kommen wir direkt auf den Hochkopf. Es ist der Hausberg von Bühl und mit 1'036 Meter deren höchste Erhebung.

Die nach vier Seiten ausgerichteten, gemauerten Ruhebänke laden zum Verschnaufen oder einer Rast ein. Kurz unterhalb ist noch ein idyllisches Bänkchen, unter einem windgekrümmten Baum, der uns im Sommer Schatten bietet könnte.

Von Unterstmatt bringt im Winter ein Skilift die Sportler kurz unter diesen den höchsten Punkt der Erhebung. Richtung Süden blicken wir zur Hornisgrinde, rechts davon ins Rheintal und in Südost sieht man in der Ferne das Windrad an der Alexanderschanze oder weiter im Osten Freudenstadt und nördlich davon der Windpark bei Seefeld. Die Hochfläche bietet uns einen unvergleichlich weiten Blick.

Wer den geschilderten Weg im Sommer geht, findet links und rechts reife Heidelbeeren und im Spätsommer rot leuchtende Preiselbeeren. Trotz den strengen Regeln des Naturschutzes und zur Erhaltung der in diesem Gebiet lebenden, seltenen Auerhühner, darf man davon naschen. Es sollten die Wege aber nicht verlassen werden, denn wir befinden uns teilweise in einem sensiblen Hochmoorgebiet und neuerdings im Nationalpark Nordschwarzwald.

In der Fortsetzung läuft man zuerst einige hundert Meter auf einem urigen Plattenweg balancierend den Hang abwärts, kommt nach einem kurzen Stück durch den Wald unterhalb an der Schwarzwaldhochstraße an; auf Unterstmatt, einem Kreuzungspunkt an der berühmten Höhenstraße.

Ein kurzer Besuch in der urigen Gaststätte, dem Biker-Treff Zur großen Tanne sollte unbedingt sein.

Hinterher läuft man den fast ebenen Mannheimer Weg zurück nach Hundseck – immer oberhalb und parallel zur Schwarzwaldhochstraße.

Unterwegs öffnen sich uns immer wieder neu fantastische Blicke ins Rheintal und hinüber zu den Vogesen. Auf halber Strecke erwartet uns ein Rastplatz. An diesem Platz wird auf einer großen, hölzernen Infotafel anschaulich die verheerenden Folgen des Orkans „Lothar" am 2. Weihnachtstag 1999 geschildert. Unterhalb und oberhalb waren die

Waldflächen besonders stark betroffen und viele Hektar Hochwald lagen flach.

Von Unterstmatt zur Hundseck sind es 4,5 Kilometer. Am Parkplatz Hundseck überqueren wir die B 500. Unterhalb der Straße treffen wir auf einen weiteren Parkplatz, von dem ein breiter Fahrweg zum Wiedefelsen abwärts geht. Auf halber Strecke kommen wir am Försterbrunnen vorbei und wir dürfen trinken, wenn die mitgeführte Wasserflasche leer geworden sein sollte.

Sind wir am Wiedefelsen, erwartet uns, wenn wir Glück haben, der geöffnete Kiosk mit Imbiss, wo ein kühles, alkoholfreies Weizenbier oder ein Apfelsaftschorle gut tut.

Über der Straße sehen wir den Wiedefelsen mit tollem Aussichtspunkt. Dieses „Gipfelerlebnis" sollte man unbedingt noch mitnehmen und einige Minuten auf Bühlertal und ins Rheintal blicken.

Zu den Gertelbach-Wasserfällen zu gehen gibt es wieder zwei Möglichkeiten. Eine ist, dem Fahrweg Richtung Eisbahn zu folgen und dann beim Hinweisschild rechts abbiegen und den beschilderten Pfad im Wald abwärts gehen.

Oder wir gehen bei der Felsengruppe zwischen den Leitplanken hindurch auf einem unscheinbaren, steinigen Pfad, wobei über die Steine und Wurzeln gute Balance und Trittsicherheit gefordert ist.

Nach rund einem Kilometer sind wir wieder am Anfang der Wasserfälle und die gilt es nun in umgekehrter Richtung und mit gebotener Vorsicht nach unten zu gehen. Vorsicht ist deshalb geboten, da die Trittsteine und Stufen oft nass und glitschig sind.

Bei gutem Wetter darf sich der Wanderer nicht wundern, wenn er sehr vielen Franzosen - oder überwiegend Elsässer - begegnet. Unsere Nachbarn aus Frankreich kommen sehr gerne hierher. Das gilt im Prinzip für die ganze Region entlang der Schwarzwaldhochstraße.

Je nach gewählter Variante sind es rund 16 bis 20 Kilometer und dabei sind gute 800 Höhenmeter sind zu meistern.

http://www.wanderkompass.de/Schwarzwald/buhlertal-wanderroute-1.html

http://www.buehlertal.de/index.php?id=422

7.1

Über die Gertelbach-Wasserfälle zum Sickenwalder Horn

Eine kürzere Variante über die Gertelbach-Wasserfälle bietet eine interessante Rundstrecke zum Sickenwalder Horn.

Parkmöglichkeit und Ausgangspunkt ist - wie bei 7 - der Parkplatz am Wiedenbach, etwa einen Kilometer oberhalb vom Ortskern. Vor dort der Beschilderung zu den Wasserfällen folgen, deren Einstieg auf dem Fahrweg nach 1,5 Kilometern erreicht ist.

Anfangs geht es noch relativ flach durch den Wald, über kurze Brücken, dann ansteigend, bis ein Fahrweg überquert und rechts der Rossgumpen ist. Das erste Drittel ist bewältigt. Von einem Stein zum anderen balancierend und im oberen Bereich über unregelmäßige Treppen geht es an den Wasserfällen entlang.

Oberhalb der Wasserfälle führt der Weg zum Sickenwalder Horn nach rechts über eine steinerne Brücke und wir folgenden dem Hinweisschild. Dabei queren wir leicht aufwärts auf einem schmalen Pfädchen den Wald, kommen auf einen Fahrweg und bald sind schon auf der Anhöhe.

Zur Felsengruppe gibt es rechts einen kurzen Abzweig und wir finden einen Aussichtsplatz auf 757 Meter, wo der Blick ins Rheintal frei wird. Wir müssen dann wieder auf den eigentlichen Weg zurück und abwärts, bis auf halbem Weg zum Immenstein rechts der Fahrweg zum Wolfsbrunnen abzweigt. Wir folgen der blauen Raute, erreichen die ersten Häuser oben am Waldrand, bis wir wieder am Parkplatz sind. Die Tour ist mit rund 10 Kilometer wenig anstrengend und locker in einem halben Tag zu machen.

http://www.buehl.de/pb/site/Buehl/get/documents/buehl/PB5Documents/gertelbachrundweg.pdf

Nachtrag: Nach neuesten Planungen soll vom Parkplatz am Wiedenbach ein abwechslungsreicher Pfad auf der anderen Talseite durch den Wald bis zum Einstieg der Wasserfälle angelegte werden. Die Eröffnung ist im Jahr 2016 gedacht. Das wäre erfreulich, denn dann müssen die 1,5 Kilometer nicht mehr auf der Teerstraße gelaufen werden.

Die wildromantischen Gertelbach-Wasserfälle

8

Von Bühlertal zum Brigittenschloss bei Sasbachwalden

Diese Tour ist gleichsam ein Spaziergang durch die Vorbergzone hoch über Bühl und Lauf nach Sasbachwalden.

Startpunkt ist bei der Kirche in Bühlertal-Untertal und von da geht es der blauen Raute folgend aufwärts zum Klotzberg. Weiter führt der Weg unterhalb der Burgruine Windeck Richtung Waldmatt - oder wir nehmen den Schlenker zur Burg hinauf noch mit - halten uns dann nach Neusatz, Aspich und Lauf. Dort kommen wir durch die Au im Tal und gehen wieder hinauf zum Hornenberg, Kroppenkopf auf 708 Meter und Hohritt.

Immer wieder öffnen sich uns traumhafte Blicke ins Rheintal. In der Ferne ist die Silhouette des Straßburger Münsters zu erkennen und dahinter im Grau der weite Vogesenkamm.

Durch die Siedlungen der Brandmatt halten wir uns Richtung Bischenberg und folgen dem Hinweis zum Brigittenschloss in Halbhöhenlage von Sasbachwalden.

Es ist ein Gebiet mit Sagen und Legenden umwoben. Die Ruine Hohenrode oder Hohenroder Schloss wird im Volksmund „Brigittenschloss" genannt und ist auf 760 Meter, rund 5 Kilometer oberhalb des Ortes auf einer Waldlichtung.

Für den Rückweg können wir noch einen Abstecher durch die Gaishöllschlucht machen. Dazu gehen wir wieder zum Bischenberg hinunter, dort zeigt ein Hinweisschild an der Straße den Einstieg. Durch die schattige Schlucht gelangen wir direkt zum bergseitigen Ortsanfang von Sasbachwalden, wo wir entweder geparkte Autos für die Rückfahrt nehmen oder öffentliche Verkehrsmittel.

Empfehlenswerte Einkehrmöglichkeiten gibt es genug im Ort. Vom Restaurant mit Stern bis zur urigen Bauernwirtschaft – ist alles da. Und wer genügend Zeit hat, kann eine Besichtigung im Winzerkeller Alde Gott anhängen.

Je nach gewähltem Weg sind es 25 bis 30 Kilometer und etwas mehr wie 1'100 Höhenmeter.

http://www.gasthaus-bischenberg.de
http://www.ortenau-tourismus.de/Media/Attraktionen/Burgruine-Bri-
gittenschloss
http://www.schwarzwaldhochstrasse.de/32-0-Gaishoell-Wasserfael-
le.html
http://www.aldegott.de

9

Große Runde um Bühlertal

Los geht es in der Ortsmitte beim Rathaus oder Haus des Gastes und
wir gehen zuerst die Laubenstraße entlang und dann aufwärts zum
Kriegerdenkmal.

In der Vorbergzone sehen wir auf Bühl und rechts unten Bühlertal, das
Untertal und die St. Galluskirche in Altschweier. Weiter geht es unterhalb vom Klotzberg leicht abwärts und wir wechseln oberhalb von Altschweier durch den Ort und über die Bühlot auf die andere Talseite.

Auf den Wirtschaftswegen der Weinberge geht es nun stramm aufwärts und schmalen Pfaden zum Schartenberg, 528 Meter. Dort haben
wir eine Trinkpause verdient und vielleicht eine Wegzehrung. Dabei
dürfen wir uns an der Aussicht ins Rheintal erfreuen. Nach links
schweift der Blick über das Tal links zur Bühlerhöhe und rechts zum
Mehliskopf. Gegenüber sehen wir den Klotzberg, den Bühler Stein und
dahinter der Buchkopf.

Kurze Zeit halten wir uns auf der Höhe und gehen in Richtung Neuweier; gehen teils steil abwärts bis wir im Tal beim Landhotel Traube sind.
Von hier aus müssen wir wieder etwas für den Kreislauf tun und aufwärts zum Wintereckkopf gehen, den wir auf der rechten Seite passieren. Wir kommen am Schreckenstein vorbei, Bannwasen und Beerstein, bleiben unterhalb des Kälbelskopfs und streben nun wieder weit
oberhalb dem Ort zu, bis wir auf einer längeren, eher langweiligen We-
getappe den Wolfin-Aussichtspunkt erreicht haben.

In der Fortsetzung halten wir uns oberhalb des Engelsbergs in Richtung Büchelbach, kommen zu den weit verstreut angesiedelten Häusern am Waldrand und müssen dann hinunter ins Dorf.

Bei der Schwarzwaldapotheke queren wir den Ort auf die andere Seite, halten uns aufwärts zum Hungerberg, zu der Siedlung am Schönbüch, überqueren den Haaberg zum Sportzentrum am Mittelberg und Klotzberg, 419 Meter. Ab jetzt wird es wieder leichter, wir dürfen abwärts und etwas oberhalb dem Talgrund auf dieser Seite des Tales dem Ausgangspunkt zustreben.

Die Rundstrecke misst 27 Kilometer und mit etwa 1'300 Höhenmeter gehört diese Wanderstrecke zu den anspruchsvolleren Touren und dient durchaus dem Konditions- und Ausdauertraining.

http://www.buehlertal.de

10

Rundtour über die Burg Windeck

Viele Wege führen in und über die Vorbergzone rund um Bühl. Eine interessante Möglichkeit bietet die Wanderung zur Burgruine Alt Windeck.

Vom Bahnhof in Bühl zeigt die blaue Raute den Weg zuerst zur Hauptstraße, vorbei am Hotel Sternen in die Burg-Windeck-Straße, weiter in den Bannweg und leicht aufwärts durch einen schattigen Hohlweg nach Riegel.

Im Riegelweg dieses Ortsteils wuchs 1840 der erste Baum mit der bekannten Bühler Zwetschge. Sie wurde für die nächsten 150 Jahre zum wahren Segen für die Bühler Obstbauern.

Der Wegpfeil zeigt nach rechts und es kommt ein Kastanienwäldchen das wir bis zur Verbindungsstraße durchschreiten. Sie geht nach oben zur Burg oder in die Waldmatt. Dieser Straße links aufwärts folgen, bis wir beim Parkplatz am Burgareal sind.

Wer gute Kondition hat, kann aber zuvor im Wäldchen links dem blauen Pfeil folgen und auf einem steilen, verschlungenen Pfad abkürzen und so die vielbefahrenen Straße umgehen.

Es lohnt sich die Burgruine der im Jahr 1200 gebauten Burg Windeck zu besichtigen, einschließlich Besteigung des Turms. So wie die Herren von Windeck darf man auch heute noch die weite Aussicht genießen. Wer sich die Zeit nehmen will, sollte sich ein Apfelsaftschorle oder einen Espresso in der Vesperstube Pferdestall, vis à vis der Parkplätze oder auf der Terrasse des Restaurants Burg Windeck bringen lassen. Das Restaurant steht auch für gehobene Festivitäten aller Art zur Verfügung und den Gästen bietet sich ganz nebenbei eine unvergleichliche Sicht auf Bühl und ins Rheintal.

Die Aussicht ist bei schönem Wetter traumhaft. Bei guter Sicht sieht man im Südwesten die Silhouette des Straßburger Münsters – das man übrigens von vielen Punkten oberhalb Bühl erkennen kann – und weiter im Süden ist der Odilienberg mit der mächtigen Klosteranlage zu erahnen. Im Nordwesten taucht Karlsruhe im Dunst am Horizont auf und wir sehen die dampfenden Schlote des Kernkraftwerks Philippsburg. Selbst die Pfälzer Berge erheben sich grau im Hintergrund ab.

Die Burg war lange Wohnung, Verteidigungsanlage und Zeichen des Machtanspruchs der Herren von Windeck, die mehrfach im Clinch mit der Stadt Straßburg lagen. Im Bühler Ortsteil Rittersbach gab es zudem einen Vorposten, das Schloss Rittersbach, erstmals 1302 erwähnt.

Nach dieser Exkursion in die Bühler Geschichte, gehen wir am Kriegerdenkmal vorbei aufwärts zum Immenstein. Ist die Höhe erreicht, sehen wir rechts unten das Kloster Neusatzeck, sowie die letzten Häuser im Bühler Stadtteil Neusatz.

Doch kurz bevor wir die Verbindungsstraße von Bühlertal nach Unterstmatt queren, biegen wir links ab und gehen direkt durch die Wiese aufwärts zum Waldrand.

Auf einem schmalen Pfad durch den Wald kommen zum 595 Meter hohen Buchkopf. Von da geht es in nordwestlicher Richtung wieder abwärts und wir orientieren uns am Hinweisschild zum Bühler Stein. Der Weg verläuft stets im Wald und ein wenig auf und ab, bis wir auf einem felsigen Pfad den Aussichtspunkt mit Bank, den Bühler Stein auf 519 Meter, erreicht haben.

Der Bühler Stein markierte einst während dem Spanischen Erbfolge-krieg die Bühl-Stollhofener Verteidigungslinie.

Die Sitzbank lädt ein wenig zum Verschnaufen ein, bevor wir auf der anderen Bergseite abwärts gehen und uns Richtung Klotzberg halten. Der ausgewiesene Weg ist teilweise schmal und auf dem losen Sandstein gefährlich rutschig. Auf Zickzack-Wegen treffen wir zuerst auf den Oberen Jägerweg und auf einem grasigen Fahrweg sind wir nach einem halben Kilometer bei den Häusern am Klotzberg.

Noch zweihundert Meter abwärts und wir können links zur Fatima-Kapelle und von da hinunter nach Kappelwindeck. Oder wir gehen geradeaus über die Straße, abwärts und kommen über den Herrenberg nach Altschweier. Von da aus sind es noch etwa 3 Kilometer zum Bahnhof oder besser – wir machen zwischendrin eine Rast am Johannesplatz und gönnen uns ein Weizenbier oder bei einem der beiden Italienern einen Becher Eis.

Die Rundstrecke liegt bei etwa 15 Kilometer, je nach Variante und Zugaben vielleicht auch noch ein wenig mehr. Die wenigen hundert Höhenmeter sind für geübte Wanderer keine Herausforderung und die vielen Aussichtspunkte und Besonderheiten am Weg machen es kurzweilig.

Die Wanderrouten in der Region bieten bei jeder Jahreszeit besondere Reize. Wir können in einer intakten Natur durchatmen und uns im Reiz der Landschaft erholen; Motto: „Wandern zwischen Schwarzwald Rhein und Reben."

http://www.burg-windeck.de/home.html
http://www.buehl.de/pb/microsites-buehl,Lde
/Tourismus+Buehl/Wandern.html

10.1

Tour über die Waldmatt zur Burg Windeck

Wer es etwas kürzer will, hält vom Ausgangspunkt am Bahnhof in Richtung Krankenhaus. Unterhalb der Klinik verläuft ein Wander- und Radweg und so kommen wir über die Kuppe im Wohngebiet Merkelbuckel in den Ortsteil Rittersbach. In Höhe Gasthaus Blume die Brücke über den Rittersbach, einem kleinen Rinnsal, nehmen und in Richtung Waldmatt gehen.

Wir können der Straße folgen und kommen einen Kilometer oberhalb in die Waldmatt und von da zur Burgruine Windeck, die wir immer im Blick haben.

Besser ist es aber nach 100 Meter rechts abzubiegen und dem etwas steileren Wirtschaftsweg auf die Höhe folgen. Oben angekommen sehen wir halbrechts den Hardkopf und halblinks vor uns die Burgruine Alt Windeck in voller Pracht. Unterhalb - wie in einer Senke - liegt der Ortsteil Waldmatt, umgeben von Reben und Kastanienwald. Es ist der Übergang vom Rittersbach nach Neusatz und auch der Weg von Riegel mündet hier.

Wir gehen durch die Reben erst nach rechts und am südlichsten Punkt in einer scharfen Kehre links den Weg unterhalb zurück. Bei den Häusern angekommen nimmt man am besten die Verbindungsstraße und läuft zur Burgruine. Für Kenner gibt es oberhalb Straße und Häusern einen Pfad am Wald entlang über die Wiese, der am Spielplatz beim Abenteuerspielplatz endet.

Vom Parkplatz aus haben wir die Möglichkeit den Unteren Jägerweg – eine beliebte Strecke für Biker und Jogger – zu nehmen. Dem könnten bis wir bis zum Klotzberg folgen und dann, wie 10 - nach Bühl gelangen.

Besser aber, wir bleiben auf dem Weg, bis nach etwa einem Kilometer, nach dem unterhalb sichtbaren, eingezäunten „Junkergelände" ein Hinweisschild steht, das links ab auf einem Pfad durch den Wald zum Jägersteig weißt. Diesem Pfädchen folgen, bis wir direkt oberhalb dem Hotel Jägersteig aus dem Wald treten.

Im Restaurant lohnt sich einzukehren und besonders, wenn es warm ist und die Sonne scheint, auf der Terrasse einen Platz finden. Die Aussicht auf Bühl und in die Rheinebene erfreut sicher jedes Herz und ist Genuss pur.

Von da aus empfehle ich, den kurz unterhalb, zwischen Waldrand und einem Bauernhaus in Richtung Schießplatz verlaufenden Wirtschaftsweg zu nehmen. Er verläuft ins hintere Tal, leicht aufwärts zum Waldrand, schwenkt dann gleich links und verläuft etwas steiler abwärts, bis zur nächsten Weggabelung in den Reben.

Jetzt rechts abbiegen und nach hundert Meter treffen wir auf den Rastplatz Schüttebrünnele. Auch wenn am Brunnen ein Schild angebracht ist: „Kein Trinkwasser", schadet ein Schluck kühles, klares Bergwasser nicht und die rustikale Sitzbänke laden zu einer Pause ein.

Anschließend weiter den Weg gehen, bis nach einigen hundert Metern rechts oben die Guggenhütte mit Grillplatz sichtbar ist.

Wer abkürzen will, geht unterhalb nach rechts in den Hohbaumweg oder geradeaus den Einsiedlerweg. Das ist ein schmaler, bald in die Wiese eingegrabener Pfad hinunter nach Kappelwindeck.

Es bietet sich aber auch die Variante an, noch ein Stück anzuhängen und an der Guggenhütte vorbei, dem Weg am Waldrand entlang zu folgen. Nach wenigen hundert Meter kommt das Wanderdenkmal „Jakobspilger" aus drei Ländern, das aus Anlass 100 Jahre Schwarzwaldverein Bühl im Jahre 1991 errichtet wurde. Die zwei weiteren Steine sind Findlinge aus Thüringen und dem Beaujolais, der Weinregion Bühls französischen Partnerstadt Villefranche-sur-Saône.

Hier am Denkmal führt übrigens auch der Ortenauer Weinpfad vorbei, Kennzeichen ist die rote Raute mit blauer Weintraube.

Ein wenig weiter oberhalb kommt im Senftertal und die schon erwähnte Fatima-Gedenkstätte. Hier können wir entweder weiter aufwärts zu den Häusern am Klotzberg laufen und von da nach Altschweier kommen oder wir gehen abwärts durch das Tal nach Kappelwindeck – siehe 10.

Wenn wir diesen Weg nehmen, erreichen wir nach etwa 1 Kilometer die altehrwürdige Barockkirche St. Maria, im Volksmund: „Kappler Kirch" genannt. Und schon sind wir wieder im Stadtbereich von Bühl und können über den Johannesplatz zum Ausgangspunkt am Bahnhof kommen.

Alles in allem sind wir zwischen 10 bis 12 Kilometer unterwegs, je nach gewählter Variante und einige hundert Höhenmeter sind es auch.

http://www.schwarzwald-tourismus.info/Media/Touren/Burg-Windeck-Rundweg

http://www.jaegersteig.de/de

Burgruine Alt Windeck, mit Hotel und Restaurant

Wanderdenkmal aus drei Ländern im Senftertal

11

Konditionstour von Bühl über die Hornisgrinde

Eine herausfordernde Konditionstour beginnt gleichfalls am Bahnhof in Bühl.

Wieder gilt es der blauen Raute folgen, den Burgweg durch eine Hohlgasse aufwärts in den Ortsteil Riegel gehen, wo Anfang des 19. Jahrhundert der erste Baum mit Bühler Zwetschgen stand – siehe 10.

Im Restaurant Burg Windeck oder in der Vesperstube Pferdestall, direkt unterhalb dem Parkplatz, wäre Rast oder Einkehr möglich, für diese lange Tour ist es aber noch zu früh am Tag.

Aufwärts durch den Wald und auf bequemem Weg zum Gasthaus Immenstein gehen. Dabei sieht man von Neusatzeck - Talübergang von Bühlertal nach Neusatz - schön auf der linken Seite in die Zinken von Bühlertal, hoch zur Bühlerhöhe, zum Plättig und unterhalb, mitten im Wald, sticht das helle Eventhotel Wiedenfelsen auffallend heraus.

Nach dem Gasthaus gehen wir auf einem besonderen Weg etwas steiler aufwärts. Dieser Weg dient im Winter als Abfahrtsstrecke für Hornschlitten des Hornschlittenclubs Immenstein.

Vorbei am Schönbrunn ist nach Kilometer eine Zwischenhochfläche am Parkplatz Wittig erreicht. Eine Erfrischung am wasserreichen Brunnen tut gut und hier kann man auch schon den über 200 Meter hohen Sendeturm auf der Hornisgrinde sehen. Dort wollen wir hin, aber zuerst müssen wir noch auf schmalen Pfaden Unterstmatt erreichen.

Im rustikalen Gasthaus Zur großen Tanne haben wir nach 14 Kilometer eine erste Stärkung verdient.

In der Fortsetzung gehen wir den Fahrweg am Skihang entlang, leicht aufwärts in Richtung Ochsenstall. Nach etwa 2 Kilometer zweigt rechts ein Pfädchen ab, das ein kurzes Stück durch den Wald geht und dann auf freier Fläche in einen breiteren Weg mündet, der an der westlichen Seite zur Hornisgrinde hoch führt. Nach einem kurzen Stücke wieder im Wald wir es auf halber Höhe waldfrei und die Sicht ins Tal ist möglich. Auf der Hochfläche steht links ein Gebäude des SWR und rechts eine Wetterstation und etwas tiefer der mächtige Sendeturm.

Man könnte aber auch bis zum Wanderheim Ochsenstall gehen und folgt von da dem Weg über Stock und Stein hinauf auf den Bergrücken zur Hornisgrinde.

Nach dem Sendeturm, den wir links passieren, kommt nochmals ein kurzer Aufstieg und das Hochplateau der Hornisgrinde ist erreicht. Unterhalb der 3 Windräder - demnächst sollen sie entfernt und durch ein viel Größeres ersetzt werden – kommt der Bismarckturm. Von hier hat der Besucher einen totalen Überblick über die Hochfläche und sieht in der Ferne die graublaue Silhouette der Schwarzwaldhöhen; sie kommen uns wie Wellenberge vor.

Es gibt einen breiten Fahrweg auf der Rheintalseite, den man zum Hornisgrindeturm laufen kann. Das ist aber nur zu empfehlen, wenn wir mit Kindern auf der Hochfläche spazieren, denn ein Spielplatz kommt am Weg.

Besser ist aber, wir laufen auf der Ostseite den Plattenweg, der in einen Holzbohlenweg mündet. Wir sind direkt oberhalb des steil abfallenden Hangs zum Biberkessel. Infotafeln informieren am Weg über Besonderheiten dieser einmaligen Hochmoorfläche. Wenn wir Glück haben, sehen wir irgendwo eine Kreuzotter sich an einem stillen Plätzchen in der Sonne wärmen.

Am Ende des Bohlenweges treten wir wieder in den Wald ein und vor uns liegt der "Drei-Fürstenstein", eine mächtige, flache Sandsteinplatte.

Wie wir der Informationstafel entnehmen können, zeigen die auf dem Felsen noch deutlich vorhandenen Spuren, dass hier einst drei Herrschaftsterritorien aneinander grenzten; das Herzogtum Württemberg, die Markgrafschaft Baden und das Fürstbistum Straßburg. Dies war gleichzeitig der höchste Punkt Württembergs. Neben den Grenzen der drei Territorien befinden sich ein Nordpfeil, die Wappen der drei Territorien, sowie eine Inschrift der Universität Hohenheim auf dem Felsen.

Vorbei an den verbliebenen Aufbauten aus der Zeit da französische Streitkräfte das Plateau eingenommen hatten und in der die weiten Flächen fast vollkommen militärisches Sperrgebiet waren, taucht der 23 Meter hohe Hornisgrindeturm vor uns auf.

An mehreren Tagen der Woche ist ein Aufstieg gegen eine geringe Gebühr in die Aussichtskanzel möglich und Seebacher Frauen bieten Kaffee und Kuchen an. Damit wird der Unterhalt dieses Bauwerks gesichert.

Zum Mummelsee hinunter kann man entweder auf der Fahrstraße laufen. Es sind etwa einen Kilometer. Schöner ist es, links der Fahrstraße den Pfad im Wald zu suchen, den wählen und da nach unten kommen; dies ist mit Sicherheit interessanter.

Unten am See kommen wir zu einem Kunstpfad, auf jeden Fall sollten wir aber den See umrunden. Vor nicht allzu langer Zeit wurde der ursprünglich steinige, unebene und wurzelbewachsene Weg um den See rollstuhlgerecht ausgebaut. Eine schöne Plattform an der gegenüber liegenden Seite vom Hotel lässt den Besucher verweilen und den bunten Tretbooten auf dem See zusehen.

In dem nach einem verheerenden Brand neu errichteten Hotel Mummelsee auf 1'036 Meter kann man speisen oder draußen einfach ein Schmalzbrot kaufen. An schönen Tagen wirkt der Rummel in und um die Souvenirshops am See allerdings direkt erschlagend und die zahlreichen Parkplätze sind bis auf den letzten Platz belegt. Besucher aus aller Welt machen hier Station und suchen nach einem geeigneten Andenken vom Black Forest.

Wenn es Schwarzwälder Speck, Holzofenbrot - das mehrfach am Tag frisch gebacken wird - Schwarzwälder Kirsch oder sonstige regionale Spezialitäten sind, ist es durchaus in Ordnung. Leider wird aber auch viel Kitsch geboten und gekauft, wie überall, wo Massentourismus ist.

Vom Mummelsee haben wir mehrere Möglichkeiten ins Tal. Die leichtere ist, auf dem Mannheimer Weg über Unterstmatt zur Hundseck zu gehen. Bis dort sind es 4,5 Kilometer. Wir laufen fast eben und auf einem breiten Fahrweg. Während der Schneesaison ist dies eine gespurte Loipe für die Langläufer.

Bei der Hundseck auf die andere Seite der Schwarzwaldhochstraße B 500 wechseln und dem Wegweiser zum Immenstein folgen. Dieser Fahrweg verläuft etwa 7 Kilometer nur abwärts.

Unterhalb dem Gasthaus Immenstein kurz auf der Verbindungsstraße nach Bühlertal bleiben und bei den ersten Häusern nach links abbiegen und dem Weg zum Sportzentrum am Mittelberg folgen.

Wir laufen immer leicht abwärts, allerdings zieht es zum Klotzberg - gefühlt - endlos hin. Mal sind wir am Waldrand, dann wieder im Wald, bis wir bei den Häusern am Klotzberg sind. Nunmehr geradeaus nach Kappelwindeck gehen oder rechts abwärts nach Altschweier - wie 10 - um in die Stadt und am Johannesplatz vorbei zum Ausgangspunkt zu kommen.

Alles in allem sind das gut 43 Kilometer und etwa 1'000 Höhenmeter auf und ab; es ist eine echte Herausforderung.

http://www.buehl.de/pb/buehl,Lde/Startseite/Kultur_+Freizeit+_+Tourismus/Zwetschge+als+Namensgeber.html
http://www.wanderheim-ochsenstall.de
https://de.wikipedia.org/wiki/Hornisgrinde
http://mummelsee.de/berghotel
http://www.seebach-tourismus.de

11.1

Über Breitenbrunn, Aspichhof nach Bühl

Bei einer anderen Variante geht man - wie 11 beschrieben - aber vom Mummelsee direkt unterhalb der Schwarzwaldhochstraße der blauen Raute folgend am Brandkopf vorbei nach Breitenbrunn.

Die verfallen wirkenden Gebäude sollen demnächst wieder restauriert werden und es ist ein großflächiger Wildpark an diesem Platz geplant.

Leider ist auch das Kolpinghotel Hohritt weiter unten geschlossen.

Wir gehen immer im Wald die Serpentinen und schönen Pfade zum Weiler Glashütte, oberhalb von Lauf. Der Spitzbuckelbrunnen gibt uns Gelegenheit die Wasserflasche wieder zu füllen. Am Stausee mit kleinem Wasserkraftwerk dürfen wir ein wenig verweilen. Leider ist das früher gut besuchte Gasthaus am See gegenwärtig geschlossen.

Nun gehen wir auf der anderen Talseite aufwärts, halten uns Richtung Lochwald und Hardsteinhaus. Durch den Gewann Bannbosch oder auf einem anderen Weg im Silberloch, Bruderhöfel kommen wir zum Aspichhof, ein großes landwirtschaftlichen Anwesen mitten in den Reben.

Nächstes Ziel ist das Kreispflegeheim Hub und von da sind es auf dem Radweg parallel zur Verbindungsstraße und an Rittersbach vorbei, noch etwa 5 Kilometer zum Ausgangspunkt am Bahnhof in Bühl.

Auch bei dieser Variante sind wir rund 43 Kilometer unterwegs und haben über 1'100 Höhenmeter zu überwinden.

http://www.schwarzwaldhochstrasse.de/15-0-Wildgehege-Breiten-brunnen.html

http://www.lauf-schwarzwald.de/cms/front_content.php?idcat=188

http://www.aspichhof.de

12

Von der Bühlerhöhe zur Badener Höhe

Treffpunkt für diese längere Runde ist der Parkplatz Plättig an der Schwarzwaldhochstraße B 500, der mit öffentlichen Verkehrsmitteln gut zu erreichen ist - entweder von Bühl oder von Baden-Baden.

Von hier wandern wir in westlicher Richtung zur Hertahütte. Sie steht auf mächtigen Felsengruppe, zu der auch die Falkenfelsen gehören uns ist ein schöner Aussichtspunkt. Heute ist der Schonwald Falkenfelsen, unter anderem mit dem Steilen Zahn, ein für Kletterer heute gesperrtes Gebiet.

Von der Hütte aus nehmen wir den beschilderten Paradiesweg abwärts zum Wiedenfelsen auf 685 Meter. Erneut lädt ein Felsen mit Aussicht ein und wir sehen auf Bühlertal, weit ins Rheintal oder rechts zur Yburg und zum Fremersberg. Weiter rechts steht die Hertahütte und Falkenfelsen sind zu sehen, wo wir hergekommen sind, oberhalb ist die Bühlerhöhe mit dem Schlosshotel Bühlerhöhe und der Grundig-Klinik.

Nun haben wir 3 Kilometer aufwärts zur Hundseck auf 850 Meter vor uns. Von dort nehmen wir den breiten Fahrweg in nordöstlicher Richtung und gehen gemächlich zum Dreikohlplatten-Platz. Da befinden wir uns schon knapp unter der 1'000-Meter-Grenze.

Auf dem Kirchweg und Unteren Ochsenkopfweg kommen wir talwärts in den kleinen Ort Herrenwies, *einst „Badisch Sibirien" genannt - und eine Strafe für Lehrer oder Pfarrer, die hierher versetzt wurden.*

Im Ortstrand ist ein Platz mit Imbisshütte und im Winter Skiverleih für Langläufer, die hier mehrere markierte Loipen vorfinden. Sie führen in alle Richtungen und weisen unterschiedlicher Schwierigkeitsgrade auf. Wenn die Hütte geöffnet hat, lohnt sich eine kurze Rast und Imbiss.

Vor Jahren war der alte Hüttenwirt Initiator für die Loipenpflege von Herrenwies zum Seibelseckle und er spurte täglich, wenn Schnee lag. Für die Loipenbenützung war ein geringer Obolus oder einer Saisonpauschale fällig. Inzwischen ist er in den Ruhestand getreten. Die Loipen werden nun in Verantwortung des Nationalpark Nordschwarzwald kostenlose betreut und gespurt.

Im Ort gibt es ferner sowohl einen gut frequentierten Campingplatz, wie auch eine größere Jugendherberge.

Herrenwies, dieser liebliche, offenflächige Höhenort liegt an der Straße zur Schwarzenbachtalsperre. Wir durchqueren den Ort, kommen an der sehenswerten, kleinen Kirche vorbei und folgen nach rechts am Waldrand dem Hinweisschild zum Herrenwieser See.

Unterwegs kommen wir zur sogenannten Schwallung. Es ist ein Bauwerk, mit dem einst der Sandbach für die Flößerei gestaut wurde.

Von nun an wird es etwas steiler, geht aufwärts auf einem steinigen Wurzelweg, vorbei am Zweiseen-Blick und wir kommen zum Bussemer Denkstein. Die Sitzgruppe ist umrahmt von prächtigen Rhododendronbüschen.

Der Aussichtsturm ist schon sichtbar und auf einem geraden, leichten Weg erreichen wir die Badener Höhe auf 1'002 m.

Der Aufstieg zur Aussichtsplattform des Friedrichsturms ist eigentlich ein „Muss". Die Sitzbänke an seinem Fuß oder die Schutzhütte lassen uns etwas pausieren und vespern, bevor wir an den Rückweg denken.

Zurück nehmen wir den Weg zum Badener Sattel und folgen dem Hinweis zum Oberer Plättig.

Bei schönem Wetter können wir noch eine Weile am Parkplatz zwischen Plättig und Sand an der Schwarzwaldhochstraße B 500 ein Sonnenbad nehmen.

Für den Abschluss empfehle ich die schon erwähnten Lokale in Bühlertal oder in Bühl-Altschweier.

Die Strecke geht über 24 Kilometer, die vielen Höhenmeter machen sich aber gar nicht so bemerkbar, da es nach kurzen Aufstiegen auch wieder abwärts geht und der Kreislauf sich auf Normalniveau einpendeln kann.

http://herrenwies.de

http://www.schwarzwaldhochstrasse.de/39-0-Badener-Hoehe-mit-Friedrichsturm.html

http://www.schwarzwald-tourismus.info/Media/Touren/Von-der-Schwarzenbach-Talsperre-zum-Herrenwieser-See

http://www.wanderkompass.de/Schwarzwald/buhlertal-wanderroute-1.html

13

Von Sand zur Badener Höhe und zurück über Plättig

Der Parkplatz auf Sand ist auch für den Beginn dieser Tour auf die Badener Höhe richtig. Plätze finden sich genug oder man kann zum Parken zur Mehliskopf-Arena ausweichen. Mit dem Bus ist der Ort ebenfalls gut erreichbar; sowohl von Baden-Baden wie von Bühl aus.

Bis zum Naturfreundehaus Badener Höhe, das die Ortsgruppe Karlsruhe betreut und auf 880 Meter ist, sind es etwa 2 Kilometer und der Weg verläuft dabei immer leicht ansteigend. Deshalb wandern auch Sonntags-Spaziergänger gerne von Sand dort hin.

Danach kommt der Herrenwieser Sattel und weiter geht es auf einem gemächlichen breiten Fahrweg aufwärts. Bevor wir auf der Badener Höhe sind, sehen wir am Weg ein Denkmal, das an den Sturm „Wiebke" erinnert, dem hier im März 1990 große Waldflächen zum Opfer fielen. Was dann noch stand, das hat Orkan „Lothar" 1999 endgültig zerstört. Seither ist die Hochfläche bisher noch weitgehend baumfrei, aber dynamisch erobert sich die Natur nach und nach das Terrain zurück.

Dann sind wir beim Friedrichsturm, 1'002 Meter, einem weithin sichtbaren Kulturdenkmal und höchster Punkt von Baden-Baden. Der Turm ist Großherzog Friedrich I von Baden gewidmet und sollte unbedingt bestiegen werden. Die grandiose Aussicht belohnt die Mühe. Die Ruhe und würzige Waldluft tun ein weiteres, unseren Wohlfühlfaktor zu stärken.

Die Schutzhütte am Turmplatz bietet Gelegenheit bei jeder Witterung zu vespern, bevor der Rückweg angetreten wird. Dabei folgen wir jetzt der Beschilderung zum Plättig und kommen zuerst in den Badener Sattel. Vom Oberen Plättig auf 760 Meter und an den Häusern am Plättig vorbei geht ein Weg oberhalb und parallel zur Schwarzwaldhochstraße B 500, den wir zurück nach Sand, 828 Meter nehmen können.

Wer noch Energie hat, kann am Plättig die Kapelle Maria Frieden auf dem Mariafelsen - auch „Adenauer-Kapelle" genannt - besichtigen. *Dazu wurde 1958 der Grundstein gelegt und von Monsignore Dr. Paul Adenauer - ein Sohn von Altbundeskanzler Konrad Adenauer - eingesegnet.*

http://www.naturfreunde-karlsruhe.de/haeuser/badener-hoehe
http://www.seelsorgeeinheit-buehlertal.de/html/content
/kapelle_maria_frieden.html?
t=ed8947df35fabcf0c30ddf0ee1d2c0bd&tto=3b6bf457
http://www.buehl.de/pb/site/Buehl/get/documents/buehl/PB5Documents/wanderparadies_plaettig.pdf

Der Friedrichsturm auf der Badener Höhe, 1'002 Meter

14

Von Sand zum Herrenwieser See und Badener Höhe

Eine 3. Variante bietet der Weg von Sand nach Herrenwies. Unterwegs ist ein kurzer Abstecher zum unterhalb im Wald etwas versteckt liegenden Sandsee möglich. Dabei handelt es sich um einen kleinen, idyllischer Weiher am Sandbach. Im Winter wird er als Reservoir für die Beschneiungsanlagen am Mehliskopf genützt.

Nach der Umrundung dieses kleinen Sees geht es zurück auf den eigentlichen Weg. Die ersten Kilometer sind noch flach und bequem zu laufen, bis Herrenwies erreicht ist und rechts unterhalb des Weges im flachen Tal sich ausbreitet.

Der Ort verfügt über ein sehenswertes Kirchlein, einen großen Campingplatz mit vielen Dauergästen und einer gut frequentierten Jugendherberge.

Danach dem Hinweisschild zum Herrenwieser See folgen und, nachdem wir lange relativ flach laufen durften, wird es etwas steiler, bis wir am See sind.

Der Herrenwieser See ist ein Karsee, wie so viele im Nordschwarzwald zu finden sind. Sie sind Relikte aus der letzten Eiszeit. Heute kann man sich kaum noch vorstellen, dass es einst hier in der Tat einen Gletscher gegeben hat.

Ist der See nach rund 3 Kilometer auf 830 Höhenmeter erreicht, kann er umrundet werden oder man gönnt sich am Ufer eine Rast. Das Revier ist allerdings ein geschütztes Vogelschutzgebiet im Nationalpark Nordschwarzwald, deshalb bitte darauf achten, dass die Natur nicht gestört wird.

Wir halten uns Richtung Badener Höhe, kommen auf den Westweg von Forbach. Es wird steiler und unbequemer, das heißt, gutes Schuhwerk und Trittsicherheit sind erforderlich.

Vom Zweiseen-Blick hat man eine beste Aussicht auf die Schwarzenbachtalsperre einerseits und den Herrenwieser See andererseits. Der Herrenwieser Sattel kommt als nächstes und dann der Bussemer Gedenkstein. Er ist dem Schöpfer dieses Höhenweges gewidmet.

Schon von weitem ist der dem Großherzog Friedrich I von Baden gewidmete Aussichtsturm zu sehen, den wir nach rund einem Kilometer in kurzer Zeit erreichen können. Die Aussicht in die Weiten der Rheinebene und über die Höhen des Schwarzwaldes ist beeindruckend schön, wenn gut Fernsicht ist.

Markante Orientierungspunkte sind – für den der sich auskennt - im Norden, oberhalb des Murgtal, der Mahlbergturm. Im Nordosten überragt der Hohlohturm die Silhouette, im Süden ist es der Moosturm auf dem Mooskopf, der zwischen dem Renchtal und Kinzigtal, der weit in die Rheinebene hinein ragt. Links davon ist es dann der Aussichtsturm auf dem Brandenkopf, dem nächsten Bergrücken und etwas näher von uns die Hornisgrinde mit seinen Türmen und Windrädern.

Es ist erstaunlich, wie viele solcher Aussichtstürme im 19.Jahrhundert auf den Höhen des Schwarzwaldes errichtet wurden. Offensichtlich drängte es schon damals die Menschen hoch auf die Berge, um von oben einen ungehinderten Blick in die Ferne zu haben; in einer Zeit, wo es weder Fernsehen noch Internet gab.

Nach der - je nach Witterung - kürzeren oder längeren Rasten in der Schutzhütte oder auf einem der Bänke außerhalb, gehen wir zurück auf dem Westweg in Richtung Sand und kommen abwärts am Naturfreundehaus Badener Höhe vorbei. Wer Flüssigkeit nachtanken muss, hat hier noch einmal Gelegenheit dazu. Noch 20 Minuten bergab und wir sind am Ausgangspunkt auf Sand.

Wer mit dem Bus kam und dem die 12 Kilometer zu kurz waren, kann nun weiter abwärts laufen und sich in Richtung Wiedefelsen halten. Dazu ist die Schwarzwaldhochstraße zu queren und an der Kapelle Zum guten Hirten vorbei abwärts gehen und der blauen Raute folgen.

Am Wiedefelsen sollte ein kurzer Abstecher auf die Felsengruppe sein, zum Aussichtspunkt auf der Westseite – wie schon bei anderen Touren beschrieben. Der Platz vermittelt ein wenig Gipfelfeeling im Hochgebirge.

Wer immer noch nicht genug hat, dem ist der Abstieg über die die Gertelbach-Wasserfälle zu raten. Über schmale Wege, teils mit Geländer gesicherter Treppen, geht es an diesem sehenswerten Wasserfall abwärts. Besonders an heißen Sommertagen bietet der schattige Weg im Wald angenehme Kühlung.

Im Tal einfach der Straße folgen und in Bühlertal besteht wieder eine Möglichkeit mit öffentlichen Verkehrsmitteln weiterzukommen.

Diese Tour ist somit sehr variabel und die Höhenmeter trainieren den Kreislauf, ohne den Wanderer zu überfordern.

http://www.schwarzwald-tourismus.info/Media/Touren/Westweg-Etappe-03-Forbach-Unterstmatt

http://www.schwarzwaldhochstrasse.de/34-0-Herrenwieser-See.html

http://www.buehlertal.de

15

Vom Mehliskopf zum Hoher Ochsenkopf.

Die ist eine abwechslungsreiche, weniger bekannte Tour, von Sand zum Hoher Ochsenkopf. Im Grunde ist es ein Geheimtipp.

Wir starten bei den Parkplätzen links der Verbindungsstraße nach Herrenwies und wechseln zur Mehliskopf Arena. Hier spielt im Winter der Skizirkus und im Sommer besteht die Möglichkeit im Klettergarten sich auszutoben oder dem Geschwindigkeitsrausch auf der Sommerrodelbahn hinzugeben.

Wir gehen den Oberen Ochsenkopfweg auf der linken Seite der Rodelbahn aufwärts, queren auf halber Höhe diagonal den Hang und halten auf den weithin sichtbaren Aussichtsturm auf 1'009 Meter zu.

Nach dessen Besteigung gehen wir in östlich Richtung zum Dreikohlplatten-Platz auf 974 Meter.

Nun weißt uns der Beckerweg die Richtung und wir orientieren uns am blauen Kopf mit weißem Rand. *Das Gebiet ist seit 1985 Bannwald, die Wege sind deshalb nicht gepflegt, stellenweise lässt er sich nur erahnen und nicht überall sind Schilder zu finden oder Markierungen zu erkennen.*

Vom einstigen Turm auf 1'054 Meter sind nur noch Mauerreste vorhanden und teilweises schon überwuchert. Er wurde 1971 gesprengt.

Auf der nördlichen Bergseite müssen wir den Oberen Ochsenkopfweg finden. Auf dem gehen wir abwärts, bis wir auf zum Tobelbachweg kommen und der mündet in Herrenwies an der Skihütte in die Verbindungsstraße zur Schwarzenbachtalsperre.

Wir sehen halblinks die markante, kleine Kirche leicht erhöht im Ort stehen. Dort wollen wir vorbei, um auf den Verbindungsweg nach Sand zu kommen. Dem gilt es nach links zu folgen. Während wir den unterhalb liegenden Ort verlassen haben, geht es gemächlich auf dem bequemen Weg Sand zu.

Die Rundstrecke geht über rund 14 Kilometer, bei nur wenigen hundert Höhenmetern.

http://www.mehliskopf.de/index.asp

http://www.schwarzwaldhochstrasse.de/138-0-Buehlertal-Mehliskopf-rundweg.html

http://www.schwarzwald-informationen.de/hoher-ochsenkopf.html

16

Rund um die Schwarzenbachtalsperre

Ausgangspunkt ist wiederum der Parkplatz Sand und wir orientieren uns zuerst am Hinweisschild nach Herrenwies. Nach rund 800 Meter kommt eine Abzweigung zu dem schon erwähnten, versteckt im Wald liegenden Sandsee. Einmal sollte man zumindest diesen kleinen, idyllischen See besucht und umrundet haben.

Wieder auf dem relativ flach verlaufenden Weg, kommt bald der Weiler Herrenwies, der rechts unter uns in einer flachen Talmulde liegt.

Heute ist es ein Ortsteil von Forbach. Früher wurde er als „Badisch Sibirien" bezeichnet und war von denen gefürchtet, die dorthin versetzt worden sind – wie Lehrer und Pfarrer. Heute wird der Ort gerne von Skilangläufern und Campern besucht. Es gibt einen Campingplatz mit treuen Dauercampern und nebenan eine gut frequentierte Jugendherberge.

Nach wenigen Kilometern treffen wir rechts auf die Herrenwieser Schwallung. Das mächtige Bauwerk aus Sandstein war *ehemals ein*

Stauwehr, mit dem der Sandbach für die Flößerei aufgestaut wurde. Im Ritt auf dem abgelassenen, tosenden Wasser wurde Holz ins Murgtal geflößt, weiter in den Rhein und rheinabwärts nach Holland.

Niemand kann sich heute mehr ein Bild von diesem gefährlichen, harten Knochenjob machen.

Nach weiteren 2,5 Kilometern ist das hintere Ende und der flacher Teil des aufgestauten Sees erreicht. Wir folgen dem breiten Weg etwas oberhalb des Sees, immer mit einem Blick auf das dunkle Wasser, in dem sich die Wolken spiegeln. Der Weg verläuft weitgehend auf gleicher Höhe und nach einer Weile sind wir bei der Staumauer auf der linken Seite.

Wenn wir dort sind, lohnt es sich erst einmal die informativen Schautafeln zu lesen und sich über die Entstehung und Geschichte dieses monumentalen Baudenkmals schlau zu machen, bevor wir über die 400 Meter lange Staumauer gehen. Sie bietet uns Aussicht auf den See oder auf der anderen Seite zum tief unten liegenden Mauerfuß und Überlauf.

Die Schwarzenbachtalsperre gehört zum Pumpspeicherkraftwerk Rudolf-Fettweis-Werk der EnBW in Forbach und dient zur Erzeugung von regenerativem Strom. Der Stausee wird neben dem Sandbach auch noch mit Wasser über einen Stollen von der Murg aus dem Stausee bei Kirchbaumwasen versorgt. Auch dieser Ort gehört zu Forbach und liegt 8 Kilometer entfernt. Es ist die äußerste Grenze des Landkreises Rastatt zum Schwäbischen Gebiet. Ferner gibt es noch eine Tunnel-Verbindungsleitung aus dem Hundsbachtal, mit dem Wasser aus diesem Tal den Stausee speist.

Das Wasser schießt vom Stausee durch eine 1,7 Kilometer lange Druckleitung mit einem auf halber Höhe befindlichen Wasserschloss dem Kraftwerk zu und dient hauptsächlich zur Erzeugung von Spitzenstrom. Während anderer Zeiten – meistens nachts – wird Wasser aus dem Auslaufbecken wieder in den Stausee zurück gepumpt und als Vorrat wieder gespeichert.

Auf der gegenüber liegenden Seite, an der Verbindungsstraße vom Murgtal nach Sand, bietet ein Kiosk den üblichen Kitsch an Souvenirs, ferner Getränke, Eis oder eine heiße Wurst. Einen weiteren Kiosk gibt es auf der anderen Straßenseite und oberhalb lädt ein Parkplatz zu einem Stopp ein, den an manchen Tagen hunderte Motorradfahrer ansteuern.

Wer möchte, hat nebenan die Gelegenheit ein Tretboot zu mieten und damit auf dem malerischen See einige Runden zu drehen. Das schöne und früher gut besuchte Hotel mit Terrasse, direkt oberhalb und mit freiem Blick zum See, ist gegenwärtig geschlossen; soll aber wieder einen neuen Betreiber finden.

Zurück kann man den Weg über die Badener Höhe wählen – siehe separate Tourenbeschreibung – oder wir bleiben auf dieser Talseite. Wir müssen dann etwa einen halben Kilometer im Wald bergauf gehen und folgen dem Hinweisschild des Seerundwegs. Nach rund zwei Kilometern wechselt dieser Weg wieder über die Straße zur unterhalb liegenden kleinen Brücke über ein Wehr, wo wir trockenen Fußes über den Sandbach kommen.

Oder wir gehen noch etwas weiter und wechseln erst bei der Großen Schwallung auf die andere Talseite. Nunmehr halten wir uns wieder in Richtung Herrenwies und gehen oberhalb am Ort vorbei zum Sand.

Bei einer anderen Variante können wir oberhalb vom Ort dem Hinweisschild zum Naturfreundehaus Badener Höhe folgen, einen Kilometer aufwärts gehen und diesen kleinen Umweg noch anhängen.

Die kürzere Variante hat rund 12 Kilometer und nur mäßige Steigungen. Mit dem Umweg sind es zwei oder drei Kilometer und ein paar Höhenmeter mehr. Dafür bietet der Weg viele Abwechslungen und – er kann auch mit Kindern leicht gegangen werden.

Wer sich vorher kundig machte, kann zudem etwas zu früheren Zeiten im Tal und dem kargen Leben seiner Bewohner, zum Stausee und anderen Besonderheiten mehr in Erfahrung bringen.

https://de.wikipedia.org/wiki/Schwarzenbachtalsperre

http://www.murgtal.org/Den-Schwarzwald-Erleben/Wandern-im-Tal-der-Murg

http://www.mehliskopf.de/wandern.asp

http://www.schwarzwaldhochstrasse.de/35-0-Sandsee.html

http://naturfreunde-rastatt.de/wandern/routen/ortenau/baden-baden/herrenwies-badenerhoehe

Mächtiges, altes Stauwehr bei Herrenwies – die sogenannte „Schwallung"

Blick auf die 400 Meter breite Staumauer der Schwarzenbachtalsperre

17

Von Unterstmatt zum Drei-Fürsten-Stein und Mummelsee
Von Unterstmatt an der Schwarzwaldhochstraße gibt es eine Vielzahl an Möglichkeiten abwechslungsreiche, interessante Touren zu wählen, die sternförmig in alle Richtungen führen und mit unterschiedliche Längen und Schwierigkeiten aufweisen.

Dabei gibt es immer wieder Neues zu entdecken; mächtige Felsen, wilde Landschaften und schattige Wälder, soweit das Auge reicht.

Für die Autos gibt es kostenlose Parkplätze oder öffentliche Verkehrsmittel bringen uns vor Ort.

Eine der Varianten ist, wir wandern auf dem Fahrweg zum Ochsenstall, einer bewirtschafteten Ski- und Wanderhütte auf 1'036 Meter. Sie ist direkt am Westweg und dem Europäischen Fernwanderweg E 1 und wird deshalb gerne von Wanderern zum Übernachten aufgesucht.

Vom Haus gehen wir auf einem schmalen, felsigen Pfad am Hang aufwärts zur Hornisgrinde. Der Weg ist jedoch nur Trittsicheren zu empfehlen. Ein Wochenendhaus und Erholungshütte des SWR steht rechts am Pfad und wir sehen vor uns den über 200 Meter hohen Sendeturm. Wir müssen den schmalen Wanderpfad links vorbei und noch einmal etwas aufwärts gehen, bis wir auf dem höchsten Punkt der Hornisgrinde angekommen sind.

Die Hornisgrinde ist mit 1'163 Meter höchster Berg des Nordschwarzwaldes. Die exponierte Lage wird zur Stromerzeugung genützt. Heute stehen dort 3 Windräder, die demnächst von einem einzigen, wesentlich größeren abgewechselt werden sollen.

Links sehen wir in den tief liegenden Biberkessel, auch ein Relikt der Eiszeit und heute ist dieser Bereich immer noch für einen Lawinenabgang gut. Im Winter ist Vorsicht geboten; es gab schon Lawinentote.

Die Hochfläche wird nicht nur vom SWR (Südwestrundfunk) genützt, sondern auch der Deutsche Wetterdienst hat eine Station.

Zuerst empfängt uns ein ehemaliger Signalturm, der nach Freigabe und Abzug des französischen Militärs eine stählerne Außentreppe erhielt und als leicht begehbarer Aussichtsturm geschätzt ist. Der Bismarckturm ist der kleinere von zwei Aussichtstürmen auf dieser faszinierenden Bergkuppe.

Vom Turm besteht die Möglichkeit auf der rechten, der dem Rheintal zugewandten Seite, den geteerten Weg zum größeren Hornisgrindeturm zu laufen oder wir gehen den interessanteren, hölzernen Bohlenweg auf der linken Seite durch das geschützte Hochmoor. Informationstafeln am Weg geben nützliche Hinweise zur Einzigartigkeit dieser einmaligen Hochmoor-Landschaft.

Am Ende des Plattenweges, von dem aus sich die Vielfalt des Hochmoores ohne Störung der Natur genießen lässt, kommt im Wald der imposante „Dreifürstenstein".

Es ist eine mächtige Buntsandsteinplatte, die ehemals die Grenze zwischen der Markgrafschaft Baden, dem Herzogtum Württemberg und Fürstbistum Straßburg markierte.

Weiter geht es zum Hornisgrindeturm, wo an bestimmten Tagen der Zugang zur Aussichtsplattform möglich ist und wo Kaffee und Kuchen angeboten werden. Ein geringer Obolus dient zur Finanzierung und Erhaltung des im Mai 2005 wieder eröffneten Aussichtsturms.

Danach haben wir die Wahl, entweder einen Kilometer abwärts auf einem Pfad durch den Wald oder entlang der Teerstraße zum Mummelsee zu gehen. An manchen Tagen fahren auch Busse.

Wenn schon die bequeme Möglichkeit gewählt wird, dann unbedingt den See auf dem inzwischen rollstuhlgerecht hergerichteten Weg umrunden. An schönen Tagen wird man aber vom Rummel der vielen, die mit Bussen, Auto, Motorrad, Fahrrad und zu Fuß hierher strömenden Menschen direkt erschlagen.

Das nach einem verheerenden Brand völlig zerstörte und nun neu errichtete Hotel auf 1'036 Meter Höhe steht direkt an der viel befahrenen Schwarzwaldhochstraße B 500. Die vielen Parkplätze reichen im Sommer kaum aus und der Verkehr staut sich manchmal bis zum Seibelseckle, wenn Autofahrer verzweifelt einen freien Platz suchen.

Für den Rückweg nimmt man den 4,5 Kilometer langen, bequemen Mannheimer Weg und genießt unterwegs immer wieder die traumhaften Ausblicke in die Rheinebene. Ruhe findet man hier allerdings nicht, denn der Verkehr auf der unterhalb verlaufenden Schwarzwaldhochstraße ist mit einer Autobahn zu vergleichen und geradezu lästig sind die röhrenden Motorradfahrer. Aber na ja, die wollen eben auch den Schwarzwald genießen und nicht alle sind in der Lage alle Strecken zu Fuß zu gehen.

Ein besonderes Naturschauspiel erlebt man häufig im Herbst, wenn im Tal Inversionswetterlage herrscht und hier oben die Sonne scheint. Der Nebel hat sich wie weiße Watte im Rheintal und in den Seitentälern ausgebreitet, während die Berge herausragen und im Licht der Sonne leuchten.

Der Weg hat nach diesem Vorschlag etwa 12 Kilometer und nur wenige hundert Höhenmeter; sie sind für gute Wanderer nicht nennenswert.

http://www.seebach-tourismus.de/47-0-Die+Hornisgrinde+im+Schwarzwald.html

http://www.schwarzwaldhochstrasse.de/31-0-Hornisgrinde-Aussichtsturm-und-Bismarckturm.html

Der Mummelsee mit Hotel auf 1'036 Meter

Inversionswetterlage im Rheintal, Blick vom Katzenkopf

17.1

Über den Katzenkopf nach Unterstmatt

Die andere Variante zu 17 ist, wir zweigen kurz unterhalb des Hornisgrindeturms von der Fahrstraße in den rechts abgehenden, relativ ebenen Weg zum Katzenkopf. Wir kommen kurz danach zum Mummelseeblick, einer Stelle mit der schönsten Aussicht auf den See und das Hotel.

Nach rund einem Kilometer sind wir auf dem, den Mummelsee im Nordwesten überragende Kuppe.

Der Katzenkopf war in den 80er Jahren des letzten Jahrhunderts fast täglich in den Medien präsent und wurde zum Synonym für das sogenannte „Waldsterben".

In Folge häufiger Südwest-Windrichtung und möglicherweise auch durch Immissionen aus dem Ballungsraum Straßburg - Kehl waren die Nadelbäume am Hang stark geschädigt und auf dem Berg fast vollständig abgestorben. Im rückwärtigen, abgeschirmten Bereich der Region Baiersbronn dagegen zeigten sich die Bäume vital und gesund. Natürlich wurden seither auch großflächig Kalkungen durchgeführt, um einer Übersäuerung der Böden entgegenzuwirken. Die Diskussion zu den Themen überlasse ich aber gerne anderen.

Heute ist es ein Vorteil für den Wanderer, die Aussicht auf diesem Bergvorsprung mit seinen verteilt liegenden, mächtigen Sandsteinquadern ist grandios und es lohnt sich, eine Weile hier zu sitzen und zu rasten.

Ein schmaler Pfad führt den Hang abwärts und mündet in den vorerwähnten Mannheimer Weg - oder man nimmt einen anderen etwas oberhalb - und kommt nach rund einem Kilometer zur Marktwald-Hütte und da den Mannheimer Weg.

Je nach Jahreszeit bietet sich am Weg die wunderbare Gelegenheit reife Himbeeren oder Heidelbeeren - und später die schwarzen Brombeeren - direkt von den Stöcken zu pflücken.

Nach rund zwei Kilometer überqueren wir die zum Sender und hoch zur Hornisgrinde gehende Verbindungsstraße. Sie ist für den allgemeinen Verkehr gesperrt.

Nach weiteren 1,5 Kilometer sind wir in Unterstmatt. Wir queren den Skihang und kommen zwischen Talstationen der Lifte und dem Hotel zum Parkplatz. Rechts ist die Gaststätte Zur großen Tanne oder gegenüber beim oberhalb befindlichen, weiteren Parkplatz ist in der Hochkopfstub auch ganzjährig Einkehr möglich.

Die Weglänge ist in etwa vergleichbar mit der unter 17 beschriebenen Strecke.

http://zurgrossentanne.de

http://www.hochkopf.de

http://unterstmatt.de

http://www.schwarzwald-tourismus.info/Media/Touren/Wo-der-Nordschwarzwald-am-weitesten-blicken-laesst

18

Vom Ruhestein über Euting-Grab zum Wildsee

Der Ruhestein ist heute Standort des Naturzentrum Nationalpark Nordschwarzwald. Ferner ist es ein Besuchermagnet und idealer Ausgangspunkt, unter anderem für eine abwechslungsreiche Halbtagestour zum romantischen Wildsee oder zu den Allerheiligen Wasserfällen.

Das Zentrum ist direkt an der Schwarzwaldhochstraße und gut mit Auto und öffentlichen Verkehrsmitteln erreichbar.

Wir folgen dem breiten Weg in bequemen Serpentinen auf die Höhe. Noch lange werden - zumindest an schönen Tagen - Geräusche des massiven Verkehrs zu hören sein und das Röhren der Motorradfahrer, die manchmal wie Irre über die Schwarzwaldhochstraße donnern.

Wer will kann den Sessellift nehmen, der im Winter die Skifahrer auf die Höhe bringt und im Sommer Wanderer. Doch für einen überzeugten Wanderer ist das kein Thema.

Am Weg sind weite Flächen Heidekraut und wir sehen robuste, nieder-stämmige Bergkiefern, anfangs rechts auch noch ein hochstämmiger Wald mit dichtem Bewuchs an Heidelbeersträuchern.

Wenn wir unwahrscheinliches Glück haben, sehen wir mit geübtem Auge irgendwo eine eingerollte Kreuzotter versteckt in der Sonne lie-gen. Es ist eines der wenigen Gebiete, wo diese äußerst scheuen und geschützten Schlangen sich gerne aufhalten und noch zu finden sind. Wenn aber zu viele Menschen unterwegs sind, dann haben sie sich längst verzogen.

Dann sind es gerade die Heidelbeeren – sowohl die Blätter der Sträu-cher, wie die reifen Beeren – die den Auerhühnern als Nahrungsquelle dient. Im Nationalpark findet sich noch eine stabile Population dieser vom Aussterben bedrohten Großvogelart.

Auf der Hochfläche ist es flacher und man geht gemütlich weiter, bis ein besonderer Platz erreicht ist; das Denkmal Euting-Grab am Seekopf *Das Denkmal Euting-Grab erinnert an Julius Euting, einem Gelehrten und deutschen Orientalist, der in Straßburg wirkte. Auf seinen Wunsch hin wurde er am Seekopf beerdigt. Jährlich wird am Denkmal - auf sein testamentarisches Vermächtnis hin - an seinem Geburtstag arabischer Mokka ausgeschenkt; durchaus ein skurriles Ritual. Es findet zumin-dest aber regelmäßig Eingang in die regionalen Nachrichten.*

Vom Platz aus hat man einen freien Blick auf den tief unten liegenden Wildsee. Kurz danach kommt ein Hinweisschild, das uns den schmalen Pfad rechts ab zum dem See anzeigt.

Für den felsigen Abstieg auf dem verschlungenen Weg sind gute Schu-he wichtig; auch etwas Kondition und absolute Trittsicherheit. Auf hal-bem Weg gilt es auf ein seltenes Naturdenkmal zu bestaunen. Ober-halb des Felsenpfades steht eine uralte Tanne mit einem zweiten, seit-lich abgewinkelt in die Höhe wachsenden Stamm. Umgestürzte Bäume liegen quer über dem Weg und zeigen deutlich den Lauf alles Vergäng-lichem. Baumpilze haben das Totholz erobert und die Witterung zer-setzt zusehends was noch übrig geblieben ist.

Das Gebiet ist seit 1911 ein Bannwaldgebiet, das heißt, die Natur bleibt sich hier völlig selbst überlassen und kann sich entfalten.

Dann sind wir am See; einer von 10 Karseen im Nordschwarzwald, Überbleibsel aus der Würmeiszeit. Dieser hier ist angeblich bis 120 Meter tief. Eine Informationstafel gibt Hinweise zum Bannwald und zu dem, was sich hier in der Natur abspielt.

Während einer kürzeren oder längeren Pause schmeckt die mitgebrachte Wegzehrung besonders gut. Dabei am See sitzen, die Ruhe genießen und entspannt den Enten anderen Vögeln, die hier rasten und nach Nahrung suchen zuzusehen, wirkt angenehm erholend.

Man könnte anschließend noch einige Kilometer anhängen und in Richtung Baiersbronn nach Hinterlangenbach gehen und von dort nach Unterstmatt zurückkehren.

In der Regel geht man aber den gleichen Weg zurück wie wir gekommen sind. Der Aufstieg kostet ein wenig Mühe und Schweiß, bietet aber viel Zeit, sich intensiver mit den Besonderheiten der Natur zu beschäftigen und die Schönheiten am Weg zu betrachten. Viele Arten von Pilzen gibt es zu bestaunen oder ein fragiles Spinnennetz mit einer fetten Kreuzspinne darin, die auf Beute lauert.

Zurück auf dem eigentlichen Weg der Hochfläche, orientieren wir uns nun am Wegweiser zur Darmstädter Hütte. Die Berghütte ist sowohl im Sommer, wie auch im Winter bewirtschaftet und bietet zudem Übernachtungsmöglichkeiten für Wanderer, auf dem Westweg unterwegs sind. Neben Wanderer kommen im Winter viele Langläufer auf der Gaiskopfloipe hier vorbei und machen gerne Rast.

Der bisherige Kalorienverbrauch erlaubt uns, dass wir uns einen Heidelbeerkuchen geben lassen, oder was in der Saison gerade geboten wird und ein Weizenbier hilft, die ausgeschwitzten Mineralien wieder auszugleichen. Das Weizenbier gibt es natürlich auch alkoholfrei.

Der Rückweg geht auf der westlichen, dem Rheintal zugewandten Seite des Höhenrückens zum Ruhestein zurück.

Eine Besichtigung des Naturschutzzentrums wäre noch eine ideale Ergänzung.

Der Weg ist mit rund 10 Kilometern nicht allzu lang und überfordert sicher keinen. Dafür bewegten wir uns im Nationalpark Nordschwarzwald und in einer einmaligen, reizvollen Landschaft, einer sich selbst überlassenen Natur.

http://www.schwarzwald-nationalpark.de/aktuelles
http://www.schwarzwald-tourismus.info/Media/Gastronomie/Huette-
Seebach-Darmstaedter-Huette
http://www.baiersbronn.de/themen/216/de/taid,5706/themen.html
http://www.badenpage.de/ausflugsziele/ausflugsziele-in-der-region-
schwarzwald/naturschutzzentrum-ruhestein.html

19

Über 13 Brücken der Gaishöllschlucht

Diese Tour ging ich mit einer größeren Wandergruppe erstmals 2002
von Lauf über den Bischenberg.

Start war bei der Kirche in Lauf. Wir folgten der blauen Raute aufwärts
durch den Ort und querten oberhalb der Häuser die Wiesen. Unterhalb des Waldes und vorbei an der weiter oben liegenden Siedlung in
der Hornenbergstraße kamen auf einem Fahrweg durch Wiesen mit
Kirschen - und Zwetschgenbäumen. Wir passierten den Waldrand, wo
gerade die Kastanien fielen und stattliche Steinpilze und Pfifferlinge
versteckt im Wald zu finden waren.

Faszinierend für den naturverbundenen Betrachter war gerade zu dieser Jahreszeit die bunte Pracht der herbstlich buntgefärbten Laubbäume anzusehen.

Im Gasthaus am Bischenberg pausierten wir eine Stunde. Wer wollte,
konnte sich nebenan mit stattlichen Hirschen im Gehege unterhalten.

Hundert Meter unterhalb folgten wir nach rechts dem Weg in die urige
Gaishöllschlucht. Der Name hört sich schaurig an, denn wer geht schon
gerne in die Hölle? Es ist ein Abenteuer und besonders im Sommer an
heißen Tagen lohnenswert, durch den schattigen Wald der Schlucht zu
laufen.

*Bis 1880 gab es hier noch kein Weg; man musste „geisen", das heißt
sich kletternd vorwärtsbewegen und Gaishöll ist ein althergebrachter
Begriff für eine felsige, wilde Gegend.*

Über 225 Stufen und 13 Brücken mit einer Höhendifferenz von über 200 Meter, vorbei an moosbewachsenen Felsgebilden kamen wir zum bergseitigen Ortsrand von Sasbachwalden.

Im Ort wechselten wir auf den Ortenauer Weinpfad, hier identisch ist mit dem Badischen Panoramaweg und bald kamen wir zum Denkmal Alde Gott, an dem kurz innehielten und mit der Geschichte beschäftigten.

Die Sage berichtet, dass am Ende des 30-jährigen Krieges ganze Landstriche der Region verwüstet und völlig menschenleer waren. Während vielen Kilometern traf man auf keinen einzigen Menschen mehr. Doch welcher Zufall, einem jungen Mann begegnete eine junge Frau und das ergriff beide so sehr, dass die den Ausspruch taten: „Der alte Gott lebt noch". Sie heirateten, sorgten für Nachwuchs und schufen so die Grundlage für einen Neubeginn einer langsam wachsenden Bevölkerung.

Heute bezeichnet das Gebiet eine berühmte Weinlage und steht für gehaltvolle Weine, die unter dem Markennamen „Alde Gott" vertrieben werden. Zum Zeitpunkt unserer Wanderung hingen die reifen, blauen Spätburgunder-Trauben an den Rebstöcken und das Weinlaub übertraf sich in einer bunten Farbenvielfalt.

Die Wege durch die Weinberge wiesen nur geringe Steigungen auf, waren kurzweilig und so gelangten alle ohne Mühe nach Obersasbach. Weithin sichtbar dominierte im Tal das Bild der großen Klosteranlage Erlenbad.

Direkt am Weg trafen wir eine mannshohe Uhr, ein Kunstwerk, das wohl an die Vergänglichkeit aller Dinge erinnern soll. Durch Weinberge, Wald und Wiesen gelangten wir wieder nach Lauf und hatten etwa 16 Kilometer und einige hundert Höhenmeter zurückgelegt.

Im Dorf kehrten wir im Gasthof Linde zum geselligen Abschluss ein.

http://www.lauf-schwarzwald.de
http://www.aldegott.de
http://www.sasbachwalden.de/Wandern-Aktivitaeten/Wandertouren
http://www.wanderkompass.de/Schwarzwald/sasbachwalden.html

Breitenbrunn, oberhalb Sasbachwalden, mit Blick zur Hornisgrinde

Blick vom Ortenauer Weinpfad in das Rheintal

Wanderungen bei Baden-Baden

20

Wanderung hoch über Baden-Baden

Das Wetter war bei einer von mir 2005 geführten Frühjahrswanderung nicht optimal. Gewandert wird aber bei jeder Witterung und so hatten sich trotzdem 21 Teilnehmer beim Treff eingefunden und wollten ein Teilstück auf dem Panoramaweg in Baden-Baden mitlaufen.

Es regnete leicht ununterbrochen den ganzen Tag über, die Sicht war aber trotzdem einigermaßen gut, so dass manch Sehenswertes von Baden-Baden zu erkennen war. Ein Teilnehmer aus der Stadt gab zusätzliche, interessante und nützliche Information zur Geschichte, die bekanntlich bis in die Römerzeit zurück reicht. Ja, die Römer wussten die warmen, heilwirksamen Quellen der Bäderstadt auch schon sehr zu schätzen.

Die ausgeschilderte Strecke beginnt am Bernhardusplatz bei der St. Bernhard-Kirche und wir orientierten uns an den Hinweisschildern des markierten Panoramaweges.

Zum Aufwärmen ging's anfangs stramm aufwärts, bis wir zuerst zum Aussichtspunkt Sophienruhe kamen und weiter oberhalb, entlang dem Hungerberg zur Strohhütte.

Nach kurzer Rast gingen wir zum nächsten Punkt, die Talstation der Standseilbahn auf den Merkur. Die über 100 Jahre alte Seilbahn bringt die Besucher auf den Baden-Badener Hausberg, den Merkur. Dort erwartet den Fahrgast nicht nur eine tolle Sicht auf die Stadt, die sich noch steigern lässt, wenn man sich die Mühe macht, hinauf zur Aussichtsplattform des Sendeturms zu gehen. Auf der Bergkuppe finden sich zudem Fundstücke aus der Römerzeit und ein Restaurant lädt zur Einkehr ein.

Wir ließen bei dieser Tour die Bergfahrt aber aus und gingen auf relativ gleicher Höhe weiter, teils durch den Wald, teilweise über Wiesen mit freier Sicht, immer wieder leicht auf und ab. Ein Wildgehege kam, wo uns neugierige Wildschweine beobachteten und nach einer längeren Passage der Platz Drei Eichen mit Schutzhütte.

Wiesen und Wald wechselten sich ab und ein schmaler Pfad ging abwärts nach Oberbeuren. Dort überquerten wir die Verbindungsstraße und erreichen das Waldhotel Forellenhof. Hier kehrten wir ein und ließen die Wanderung beim gemeinsamen Abschluss ausklingen.

Das Haus ist durch eine in den 60er Jahren des letzten Jahrhunderts in schwarz-weiß deutschlandweit ausgestrahlte SWF-Fernsehserie gleichen Namens bekannt geworden.

Nachdem sich alle gestärkt und etwas erholt hatten, brachte uns der Linienbus zum Ausgangspunkt zurück.

Wir waren rund 16 Kilometer unterwegs und hatten etwa 700 Höhenmeter bewältigt.

Der sehr gut ausgeschilderte Panoramaweg verläuft über insgesamt 42 Kilometer und geht rund um Baden-Baden, vorbei an vielen sehenswerten Aussichtspunkten. Immer wieder gibt es markante Plätze, wo eingestiegen oder abgebrochen werden kann und alle Punkte sind mit öffentlichen Verkehrsmitteln gut zu erreichen. So kommt man von überall leicht wieder in die Stadt oder an den Startpunkt zurück.

Mehr dazu unter 22

http://www.baden-baden.de/stadtportrait/freizeit/wandern

http://www.schwarzwald-tourismus.info/entdecken /Wandern/Premium-Wanderwege/Panoramaweg-Baden-Baden

http://www.bad-bad.de/forellenhof

http://www.stadtwerke-baden-baden.de/merkur-bergbahn

21

Neun-Hütten-Tour bei Baden-Baden

Diese abwechslungsreiche Tour mit - an vielen Stellen - fantastischen Ausblicken auf Baden-Baden ist nur etwa 15 Kilometer lang und die Höhendifferenz mit 400 Meter ist - auf die Gesamtstrecke gesehen - eher moderat.

Start und Ziel ist im Gunzenbachtal. An dessen Ende befindet sich ein Wende - und Waldparkplatz für die Autos oder man parkt etwas weiter unterhalb und läuft die Straße aufwärts, bis dieser Platz kommt. Von da läuft man etwa 1 1/2 Kilometer, bis der Waldweg sich mit einem Querweg kreuzt. Hier gilt es rechts den Weg in Richtung Hermann-Sielcken-Straße zu nehmen. Bald ist ein etwas oberhalb am Weg stehender ein Pavillon erreicht und hier ist eigentlich der Beginn dieser Neun-Hütten-Tour.

Rechts kommen wir zum imposanten Gut Mariahalden. Hermann Sielcken, Kartoffelbaron aus den USA und großzügiger Spender für die Stadt – er stiftete beispielsweise die Gönneranlage an der Lichtentaler Allee – hat dort 1902 ein Paradies geschaffen.

Ein Kleinod ist ein markanter Brunnen mit einer Eidechsenfigur an der Weggabelung. Dort links abbiegen und der Beschilderung, kurz ansteigend, zum Waldhaus Batschari folgen.

Das Waldhaus wurde 1911 vom Zigarettenfabrikanten Batschari erbaut und vor Jahren rundum erneuert.

Bei schönem Wetter bietet sich hier ein fantastischer Ausblick auf Baden-Baden und die Sitzgelegenheiten laden zu einer kleinen Rast ein. Der Pfad hinter dem Waldhaus geht weiter zu einem gut ausgebauten Wanderweg, dann nach einem halben Kilometer nach rechts abbiegen. Auf einem schmalen Pfad erreichen wir die Korbmattfelsen mit der gleichnamiger Hütte. Hier ist jetzt die Aussicht vollkommen verändert. Wir blicken weit über das Rebland und tief in die Rheinebene und ins Elsass.

Eine Rast und Trinkpause bietet sich an der nächsten, der Werner-Hütte an. *Sie wurde 1891 durch den Schwarzwaldverein errichtet und dem Mitglied und Stadtrat Josef Werner gewidmet.*

Nach weiteren 500 Metern leicht bergauf kommen wir an eine Wegkreuzung und zur Lachenhütte. Nun dem zweiten Weg links folgen und nach 500 Meter sind wir bei der kleinen Ibersthütte.

Jetzt können wir auf einem bequemen, nahezu flachen Weg den Iberst umrunden und zur Jahnhütte kommen. Vor hier sind es wenige Schritte zur Prisewitz-Allee und zur schon zuvor besuchten Lachenhütte.

Wer sich die 3 1/2 Kilometer lange Umrundung des Iberst sparen will, kann diesen Teil auch auslassen und direkt auf der Prisewitz-Allee weiter gehen.

Dabei handelt es sich um einen gut befestigten Weg, der immer wieder freie Ausblicke ins Gunzenbachtal und nach Baden-Baden ermöglicht. Noch fantastischer wird die Aussicht von der auf dem Louisfelsen etwas erhöht stehenden Hütte.

Von nun müssen wir steil bergab, bis die 9. und letzte Hütte erreicht ist, die Gelbeichhütte, etwa einen Kilometer vom Louisfelsen aus.

Etwa 800 Meter weiter biegt links ein Saumpfad vom Schotterweg ab und es kommt die Leisbergstraße. Über die Voglergasse gehen wir wieder zurück in die Gunzenbachstraße.

Die Wege sind alle gut beschildert und während einer Tagestour bleibt ausreichend Zeit die Landschaft zu genießen und hin und wieder an einer der Hütten längere Rast einzulegen.

http://www.schwarzwaldverein-baden-baden.de /viewpage.php?page_id=29

22

Panoramaweg rund um Baden-Baden

Diesen Premium-Wanderweg kann man - muss es aber nicht - an einem Stück laufen. Denkbar sind ebenso 4 oder 5 Teilabschnitte. Dafür bieten alle Wegabschnitte dieser abwechslungsreichen, sportlichen Runde garantiert die schönsten Aussichten auf die Stadt und das drum herum.

Wer nur Teilstrecken laufen will, findet von vielen Punkten aus gute Busverbindungen, um auf diesem Wege zum Ausgang zurückzukommen.

Für unsere Konditionstouren-Gruppe des DAV Baden-Baden ist es Tradition, unabhängig vom Wetter am 1. Mai den Weg in der gesamten Länge zu laufen. Ein, zwei Gläser Maibock schmecken hinterher auf einem der vielen Feste in der Region umso besser; aber Vorsicht, es ist ein Starkbier.

Offizieller Startpunkt ist der Bernhardusplatz bei der Kirche St. Bernhardus. Der Weg ist durchgehend mit einem eigenen Kennzeichen ausgeschildert.

Von der Kirche geht es hinaus und in Spitzkehren zum Balzenberg. Schon dort erwartet uns ein erster Panoramablick. Nach einem kurzen Anstieg kommen wir zum Grünen Stein, einer Wegkreuzung, an der uns ein großer Felsbrocken als Wegweiser dient.

Bergauf durch Buchenwälder erreichen wir den Rotenfelser Weg; in alter Zeit ein wichtiger Verbindungsweg für den Reiseverkehr per Kutsche und Pferd. Dem folgen wir bis zur Straße Alter Schlossweg. Auf einem schmalen, zunehmend felsig werdenden Pfad kommen wir durch Eichenwälder zur Sophienruhe. Hier kann man eine Rast oder Trinkpause einlegen.

Schon auf dem bisherigen Weg ergaben sich immer wieder freie Blicke auf die Stadt, zur Yburg und zum Fremersberg mit dem Sendeturm des SWR (Südwestrundfunks).

Besonders Konditionsstarke sollten einen kleinen Umweg zum „Alten Schloss" machen und dann unterhalb oder oberhalb der Battertfelsen weiter laufen.

Wer auf dem eigentlichen Panoramaweg bleibt, kommt zur Strohhütte oberhalb des Hungerbergs. Die Fläche gehörte einmal zur Landesgartenschau. Wir gehen über dieses Gelände in Kehren abwärts ins Rotenbachtal und tangieren einen weitläufigen Park.

Nach Querung des Rotenbachtals, oberhalb einer Klinik und der Caracalla-Therme, verläuft der Weg kurz am Rotenbach entlang aufwärts bis zu einer schmalen Brücke über die wir gehen. Wir kommen in Kleingärten und Streuobstwiesen – wiederum mit Ausblick auf die Altstadt und Stiftskirche – dann leicht ansteigend zum Waldrand. Oberhalb ist die Talstation der Merkur-Standseilbahn – siehe Hinweis 20.

Wenn man den Panoramaweg in Etappen macht, sollte man mit der Standseilbahn kurz hoch auf den Merkur fahren, dabei eventuell im Restaurant einkehren, den Turm besteigen und die Relikte aus der Römerzeit bestaunen.

Ansonsten laufen wir weiter, rechts bergab und kommen zur Weinstube Eckberg, dem einzigen Weingut der Stadt mit eigenem Wein und

Vesperangebot. Die Eckhöfe und die Marienkapelle sind die nächsten Punkte, von wo aus wir gut das berühmte Kloster Lichtental sehen können.

Von den Eckhöfen geht es erneut bergauf zum Futterplatz des Wildgeheges. Wir tauchen in ein Waldstück ein und gehen danach in der freien Landschaft. Unten liegt das Geroldsauer Tal und oben ist die Badener Höhe. Beim Altenpflegeheim Schafberg nehmen wir das asphaltierte Sträßchen und folgen abwärts zum Haimbach und ins Pfrimmersbachtal. Hier sollte man die 100 Meter noch anschließen und zum markierten Aussichtspunkt vorgehen.

Nach dem Primmersbachtal und Märzenbachtal fallen Hangterrassen auf, die in alter Zeit den mühsamen Ackerbau etwas erleichterten. Des Weiteren kommen wir durch Streuobstwiesen und nach der Schafweide zweigt der Weg rechts ab. Ab jetzt geht ein schmaler Pfad bergab in den Talgrund. Wir überqueren die Verbindungsstraße und erreichen das Hotel Forellenhof, der aus einer früheren Fernsehserie bekannt ist – siehe 20.

Den ersten Abschnitt mit 14 Kilometer haben wir hinter uns und der nächste zum Waldparkplatz Malschbach mit 10 Kilometer wartet schon.

Dabei blicken wir nunmehr von der anderen Talseite auf Baden-Baden, das jetzt rechts unten liegt. Wir folgen der Teerstraße und kommen zum Klosterboschfußweg und zur Bussackerhütte. Dabei bewegen wir uns immer in einem Vogelschutzgebiet.

Auf diesem Abschnitt stehen wiederum rund 400 Höhenmeter an – somit keine übertriebene Herausforderung für geübte Wanderer. Dafür lohnen die Stille der Natur, der schattige Wald und viele Besonderheiten am Weg. Im Sommer erfreut die bunte Blumenvielfalt den Wanderer, im Herbst können wir schmackhafte Pilze finden oder Kastanien am Weg einsammeln. Gekochte oder geröstete Maronen schmecken hervorragend zu neuem Wein!

Bei einer meiner Wanderungen begegnete ich einer jungen Kreuzotter, die sich mitten im Weg ausruhte und erst nach einigen Fotos vorsichtshalber in die Büsche verschwand.

Bei der Pflanzenschule geht unser Wanderweg nach rechts, Wald und Obstweiden wechseln sich ab und wir sehen unter uns Lichtental.

Den Bolzplatz Hohlweg müssen wir queren und gehen dann die Männlichsbrunnengasse gemächlich am Waldrand entlang zur Siedlung Seelach. Von dort steigen wir zum Obersten Berg auf, von wo es danach wieder abwärts geht und wir ins Übelsbachtal kommen, das wir queren. Erneut geht es im Wald abwärts, bis wir an einer Kreuzung zweier Waldwege im Geroldsauer Tal sind. Dieses lässt sich zuvor schon vom Narrenstein aus überblicken.

Zunächst kommen wir auf einen flachen, aussichtsreichen Weg und den laufen wir hinunter zur Wasserfallstraße. So kommen wir in das Grobbachtal. Dieses Tal müssen wir 200 Meter bergauf, bevor der Weg auf einen schmalen Fußpfad abzweigt und entlang dem Grobbach verläuft. Vor uns sehen wir den Geroldsauer Wasserfall im eng zulaufenden Tal. Es ist eines der vielen Highlights am Weg.

Das Bild sollten wir ein wenig auf uns einwirken lassen und vielleicht tut die Kühle am Bach uns auch etwas gut. Über die Brücke wechseln wir anschließend auf die andere Talseite und gehen den Wasserfallrundweg zum Waldparkplatz Malschbach, oberhalb des Ortsteils Geroldsau. Der Platz ist direkt an der Schwarzwaldhochstraße B 500.

Der nächste Abschnitt bis Tiergarten ist mit 11 Kilometer nun wieder etwas länger, gehört aber sicher zu den Schönsten.

Wir queren zuerst die Schwarzwaldhochstraße und gehen auf dem schmalen Sauwegle zum Weiler Malschbach. Den Schildern folgend dann aufwärts und wir erreichen den Laisenbergweg. Sanft bergab kommen wir ins Ibachtal und wir nehmen dort rechts den Hardtweg, auf dem wir aufwärts zur Gelben Eiche laufen.

Auf dem Sohldeichweg und später der Prisewitzallee geht die Wanderung weitgehend flach zum Louisfelsen. Auf diesem Wegabschnitt haben wir immer wieder freie Ausblicke in das Gunzenbachtal, zum Frembersberg, in die Rheinebene und bei klarem Wetter weit in den Pfälzer Wald.

Von hier folgen wir dem Wegweiser zum Pfeifersfelsen und abwärts zum Waldhaus Batschari. Hier liegt uns wiederum die Stadt direkt zu

Füßen und wir dürfen uns von der Vielfalt der Baden-Badener Landschaft überzeugen.

Nächstes Ziel sind die Korbmattfelsen. Von da müssen wir hinunter auf den Dr.-Ernst-Schlapper-Weg zur AOK-Klinik. An der Bushaltestelle Tiergarten ist wiederum ein Abschnitt beendet.

Für die Fortsetzung des Weges queren wir die Fremersbergstraße und gehen hinunter ins Michelbachtal zu den Waldseen. Von hier könnte man auch noch einen Abstecher auf den Fremersberg machen.

Am unteren Auslauf des Waldsees überquert man die Waldseestraße und steigt auf dem Naturlehrpfad zum Katzenstein hoch. Auf dem schmalen Pfad kommen wir zum imponierenden Pulversteinfelsen und danach auf den Droschkenweg.

Noch zweimal rechts abbiegen und wir sind beim Weißheidenweg, dann ein schmaler Fußpfad über einen Geländerücken, bis wir an der Stadtgrenze von Oosscheuern ankommen. Jetzt noch entlang der Laubstraße gehen, wir kommen zum Ebertplatz und in dessen Nachbarschaft ist der Endpunkt dieser anspruchsvollen Runde erreicht.

Dieser letzte Abschnitt hatte nur noch 5 Kilometer Streckenlänge.

Offiziell geht der Panoramaweg über 40 Kilometer, mit dem einen oder anderen Abstecher kommt man in der Regel aber gut und gerne auf 43 Kilometer. Satte 1'200 Höhenmetern gehören mit dazu.

http://www.baden-baden.de/freizeit-sport/aktiv-urlaub/wandern
/panoramaweg-der-premium-rundweg-um-baden-baden/

Blick auf Baden-Baden und Fremersberg mit Sendeturm des SWR

Geroldsauer Wasserfall

23

Leichte Rundtour über die Battertfelsen nach Ebersteinburg

Wer Baden-Baden besucht und gerne wandert, der sollte unbedingt auch zu den Battertfelsen gehen.

Die Kletterfelsen zählen zu den Schönsten in Deutschland und sind bei Jung und Alt beliebt, da sie erstens quasi vor der Haustüre liegen und zweitens Kletterrouten in allen Schwierigkeitsgraden bieten. Selbst berühmte Extrembergsteiger wie Ralf Dujmovits haben hier ihre ersten Erfahrungen gesammelt und oft trainiert.

Um die Strecke nicht zu kurz geraten zu lassen, empfehle ich beim Parkplatz oberhalb dem Klinikum im Ortsteil Balg los zu gehen.

Ohne Orientierungsprobleme kann man von dort den Hinweisschildern mit dem blauen Kreis folgen. Der Weg geht zuerst zur Ruine Hohenbaden, dem „Alten Schloss" am westlichen Ausläufer der Felsen.

Dort angekommen sollte zuerst ein Rundgang durch die Gemäuer der Ruine gemacht werden, verbunden mit Aufstiege zu einem oder zwei Aussichtspunkten. Baden-Baden liegt dem Betrachter zu Füßen. Dann nimmt man am besten den gekennzeichneten Oberen Felsenweg und erreicht die Ritterplatte mit Pavillon und Aussichtsplateau auf 488 Meter.

Beim weiteren Weg oberhalb der Felsen entlang, lohnt es sich zwischendurch einen kurzen Abstecher vom eigentlichen Weg direkt auf die Felsen zu machen. Die Felsen bieten das Flair auf einem Gipfel im Hochgebirge zu stehen und nicht ganz schwindelfreie befällt schnell ein leicht flaues Gefühl im Magen.

Die Felsenbrücke bei der Batterthütte bietet einen faszinierenden Blick auf die Stadt und zu den Schwarzwaldhöhen. Dabei besteht meistens auch die Möglichkeit mutigen Kletterern zuzuschauen, die an schönen Tagen zu Dutzenden in einer der Wände hängen.

Weiter geht es durch den Laubwald auf schmalen Pfaden östlich nach Ebersteinburg und wir kommen nach etwa 2 Kilometer in die Wolfsschlucht.

Im Ort lohnt sich ein Abstecher zur Ruine Alt-Eberstein, wo einst der Graf von Eberstein und der Markgraf von Baden residierten. Dazu müssen wir uns links halten. In der Burgruine ist eine Bewirtung und der Aussichtsturm ist begehbar.

Auf einer Alternativroute kommt man auf der Westseite des Berges wieder nach Baden-Baden-Balg zurück.

Auf der etwa 10 Kilometer langen Strecke läuft man teils bequeme Waldwege, urige Pfade und manchmal steile Anstiege. Es ist alles dabei, was eine anspruchsvolle aber nicht extreme Wanderstrecke fordert.

Am Battert entdeckte man übrigens Spuren einer keltischen Ringburg mit Ringwall. Die Mauer umzieht die langgestreckte Bergkuppe in 565 Meter. Sie ist 800 Meter lang, 200 Meter breit und 1 Meter hoch. Man vermutet dass sie schon 400 vor Christus von den Kelten angelegt wurde.

http://www.battertfelsen.de/index.php?article_id=30
http://www.ebersteinburg.de/index.php/premiumwanderweg
http://www.wanderkompass.de/Schwarzwald/baden-baden-wander-route-1.html
http://www.alt-eberstein.de

23.1

Verlängerung zur Teufelskanzel und Lukashütte

Wer etwas weiter laufen will oder eine lockere Wanderung für 2 bis 3 Stunden sucht, dem bietet sich von der Wolfsschlucht diese Zugabe.

Von der Burgruine – siehe 23 läuft man wieder in die Wolfsschlucht zurück. Dabei treffen wir zuerst auf der Ebersteiner Seite auf die Engelskanzel, quert dann die Verbindungsstraße ins Murgtal und kommt auf der anderen Seite zur Teufelskanzel; beide wie für ein Streitgespräch geschaffen.

Eine Legende rankt um diese beiden Aussichtspunkte, nachdem es im Wettstreit zwischen Gut und Bös darum ging, wer die schönste Aussicht bietet; den schönsten Blick auf die Stadt.

Solche Sagen gibt es zahlreich im Nordschwarzwald und explizit auch in Baden-Baden. In diesem Zusammenhang ist einmal ein Gang durch die 90 Meter lange, offene Wandelhalle der Trinkhalle in der Lichtentaler Allee anzuraten. Schon die Architektur ist sehenswert; sie ziert 16 korinthische Säulen. Die Gäste können innerhalb 14 Wandgemälde betrachten und jedes stellt eine Szene der Mythen oder Sagen aus der Region dar. Sie geben nebenbei wertvolle Hinweise auf Ausflugsziele in der weiteren Umgebung.

Nun aber wieder zurück zum eigentlichen Weg:

Von der Teufelskanzel aus gehen wir weiter zur Lukashütte auf 400 Meter. Zurück laufen wir auf dem Wolfsschlucht-Rundweg am Von Löwenstein-Gedenkstein vorbei, folgen einem schmalen Fußpfad in die enge, romantische Schlucht mit moosbewachsenen Felsen, überqueren nach 300 Meter einen Holzsteg und erreichen nach kurzem Aufstieg wieder den Ausgangspunkt.

Nun wählen wir zurück den Weg über die Untere Batterhütte und erreichen im Schatten des Waldes die Burgruine Hohenbaden; das „Alte Schloss".

Vorbei an der Bernharduskapelle gehen wir über den Balzenberg zurück nach Oosscheuern.

Insgesamt waren wir nun rund 17 Kilometer unterwegs.

http://www.baden-baden.de/fileadmin/user_upload/baden-baden_wanderweg_ebersteinburg.pdf

24

Geroldsauer Wasserfall und Kreuzfelsen

Dieser Tipp ist eine Halbtagestour und geht erstens zu den Geroldsauer Wasserfällen bei Baden-Baden und zweitens zu den Kreuzfelsen. Sie ist somit auf zwei Teile ausgelegt. Das ist einmal der unschwere Weg zum Wasserfall und dann wird's anspruchsvoll und sportlich, zu den weit oberhalb befindlichen Kreuzfelsen.

Ausgangspunkt ist der Parkplatz oberhalb von Geroldsau, direkt an der Schwarzwaldhochstraße B 500, zugleich Haltestelle Malschbach für die Baden-Badener Buslinien.

Der Weg zu den Wasserfällen ist gut ausgeschildert und identisch mit einem Teilstück des unter 22 beschriebenen Panoramaweges.

Besonders lohnenswert ist die Wanderung im Frühjahr, wenn Anfang Mai und bis in den Juni die unzähligen Rhododendronbüsche spektakulär in allen Farben in voller Blüte stehen.

Solche finden sich in dieser Zeit übrigens an vielen Punkten in Baden-Baden und in Wäldern rundum und nicht nur das, auch sonst bietet die Stadt zu jeder Zeit eine Blütenmeer und versetzt Besucher aus aller Welt immer wieder in Entzückung. Nach dem Winter blühen Millionen Krokusse entlang der Oos in der Lichtentaler Allee, dann leuchten an den Hängen die Rhododendronbüsche und später sind es die Rosen in der Gönneranlage an der Lichtentaler Allee oder die Rosenneuheiten in der Rosenanlage auf dem Beutig.

Unser vorgeschlagener Weg geht in ein schattiges Tal und mündet im letzten Teilstück oberhalb des Grobbaches in einen schmalen Pfad. Dieser ist besonders für Kinder interessant, die ohne Schwierigkeiten - zumindest bis zum Gasthaus Bütthof - die Wanderung mitmachen können. Der teilweise mit Seilen gesicherte Pfad entlang der Felsen oberhalb des Grobbachs bietet ein wenig Klettersteig-Feeling.

Nach rund 1,5 Kilometer sind wir am Wasserfall, wo der Grobbach neun Meter in einen weiten Kessel - im badischen sagen wir „Gumpen" - stürzt.

Es soll der Lieblingsplatz von Brahms gewesen sein. Johannes Brahms lebte von 1865 bis 1874 während der Sommermonate in Baden-Baden und genoss die Sommerfrische im Oostal.

Nach kurzem Verweilen am Wasserfall gehen wir weiter zum Gasthaus Bütthof, wo durstige und hungrige Wanderer einkehren und sich Kaffee und Kuchen gönnen dürfen.

Um den Kreislauf noch etwas mehr zu fordern, folgen wir nun dem Hinweisschild zum Kreuzfelsen. Zuerst wird das Tal von rechts nach links über eine Wiese gequert und wir kommen zu einer Verkehrsstraße. Auf der anderen Seite geht es dann im Wald steil in Serpentinen aufwärts. Auch wenn die Bäume uns Schatten bieten, läuft schnell der Schweiß in Strömen. Dabei sind es nur 1,7 Kilometer bis wir oben sind. So ein strammer Aufstieg und die Aussicht machen Lunge und Kopf frei und weiten den Blick; gemeint sind geistiger Horizont und das Einssein mit sich selbst. Wenn wir auf dem Felsen stehen sinkt die Pulsfrequenz schnell wieder.

Die Aussicht vom 544 Meter hohen Plateau und des mit einem Kreuz gezierten Felsen belohnt die kurzzeitige Mühe im steilen Aufstieg.

Man spricht hier vom „Dreiburgen-Blick" und meint wohl Altes und Neues Schloss auf der anderen Talseite, sowie die Yburg links von uns.

Bei der Bernickelfels-Hütte kurz unterhalb dürfen wir uns Zeit für eine Vesperpause nehmen. Anschließend geht man auf dem gleichen Weg zurück - oder nimmt den Umweg auf dem Sperrstichweg zum Nieder-seilgarten im Littersbachtal in Kauf.

Nach rund 2,5 Kilometer durch das Grobbachtal erreichen wir wieder den Bütthof und von da gehen wir jetzt auf der linken Talseite - ohne Umweg zum Wasserfall - zum Parkplatz und Ausgangspunkt zurück.

Damit schließt sich der Kreis eines etwa 11 Kilometer langen, ereignis-reichen Rundweges.

http://www.schwarzwaldhochstrasse.de/41-0-Geroldsauer-Wasser-faelle.html

http://www.baden-baden.de/tourist-information/sehenswuerdig-kei-ten/ausflugsziele-baden-baden-und-schwarzwald/geroldsauer-wasser-fall

http://www.buetthof.de

25

Zum Geroldsauer Wasserfall, ins Grobtal und Bühlertal

Etwas länger und anspruchsvoller ist der Weg vorbei am Geroldsauer Wasserfall nach Bühlertal.

Unser Startpunkt ist in der Nachbarschaft zum Golfplatz Baden-Baden, unterhalb vom Fremersberg. Diesen erreicht man von der Verbindungsstraße Varnhalt auf der Höhe unterhalb dem Fremersberg rechts ab. Nach rund 100 Meter ist dort der Parkplatz.

Von hier geht es zuerst zum Geroldsauer Wasserfall und dann weiter durch das Grobtal zum Gasthof Bütthof.

Wir kommen anschießend aufwärts zur Wernerhütte, die schon wir vom Neun-Hütten-Weg - siehe 21 - kennen und von da aus nehmen wir den Iberstweg und kommen zur Ibersthütte. Als nächstes liegt die Jahnhütte am Weg, wo auf der freien Fläche Rast und eine längere Pause möglich ist.

Zum Zimmerplatz sind es noch 3,2 Kilometer. Während wir unterwegs sind, sehen wir bald rechts die Burgruine Yburg fast auf gleicher Höhe.

Vom Zimmerplatz gehen wir auf breiten Fahrwegen durch den schattigen Buchenwald über den Wettersberg und erreichen so den mächtigen Völlerstein. Nächste Etappe ist der Schwanenwasen. Mehrere Schutzhütten liegen noch am Weg, wo Rast bei einer Ess- und Trinkpause eingelegt werden kann.

Der blauen Raute weiter folgend sind die Schägenfelsen nächster Anlaufpunkt und wir sehen links das imposante Schlosshotel Bühlerhöhe, das hoffentlich bald wieder den Gästen als Nobelherberge zur Verfügung steht. Am Wegkreuz bei einer anderen markanten Felsengruppe, die Unter der Bühler Höhe auf 740 Meter, halten wir uns Richtung Plättig und kommen schließlich zum Felsenareal, auf dem die Hertahütte zum Verweilen einlädt.

Es ist ein Platz, wo wir noch einmal die grandiose Aussicht auf die Höhen des Nordschwarzwaldes, nach Bühlertal und Bühl genießen dürfen. Wir sehen in die Rheinebene, erkennen in der Ferne das Straßburger Münster und im Norden den Pfälzer Wald. Bei schönem Wetter können wir sicher 100 Kilometer von Nord nach Süd überblicken und weit in die Täler der Vogesen sehen.

Solche wuchtigen Felsengruppen aus hartem Granitgestein begegnen und häufig auf dieser Tour und bei vielen laden Aussichtspunkten mit Geländer gesichert, zu einmaligen Ausblicken ein. Diese mystischen Felsen ragen geheimnisvoll aus dem Gelände und manche erscheinen uns, wie von Riesen weggeworfenes Spielzeug. Sie sind es, die den Schwarzwald für den Naturliebhaber so reizvoll macht.

Nach längerer Pause auf den Felsen oder in der Hütte müssen wir weiter und kommen auf dem schmalen Pfad des Paradiesweges hinunter zum Wiedefelsen, noch so ein gerne besuchter Aussichtspunkt.

Dann wenden wir uns den Gertelbach-Wasserfällen zu, denen wir talwärts folgen.

Nach rund 23 Kilometer sind wir in Bühlertal.

Wenn nicht vorher Autos für den Zubringerdienst zum Ausgangspunkt abgestellt wurden, kommt man allerdings nur mit öffentlichen Verkehrsmitteln weiter.

http://www.golf-club-baden-baden.de

http://www.waldschaenke-schwanenwasen.de

https://de.wikipedia.org/wiki/B%C3%BChlerh%C3%B6he

26

Rundweg vom Scherrhof zum Plättig

Das Waldgasthaus Scherrhof ist mit dem Auto in 15 Minuten von Baden-Baden-Oberbeuren zu erreichen. Man hält Richtung Rote Lache und kommt unterwegs zu einem Hinweisschild, wo es gilt nach rechts abzubiegen. Oder wir kommen von Forbach im Murgtal. Es gibt in der Nähe immer genügend kostenlose Parkplätze.

Vom Scherrhof geht es auf und ab erst in westlicher Richtung zum Scherrhaldekopf, Eberkopf, 602 Meter, dann auf dem Sperrstichweg weiter zur Wasserfallstraße und wir kommen hinab zum Geroldsauer Wasserfall. Nächste Station ist der schon mehrfach erwähnte Bütthof, wo wir pausieren können, bevor der etwas beschwerliche Aufstieg zum Kreuzfelsen in Angriff genommen wird.

Von oben halten wir uns zum Urberg und kommen wieder in das Grobbachtal. Dem Tal nun aufwärts folgen und wir erreichen auf der Höhe das Gasthaus Schwanenwasen, direkt an der B 500.

Dort wechseln wir auf die andere Seite der Schwarzwaldhochstraße auf die westliche Seite und gehen der blauen Raute folgend zum schon bei einer anderen Tour erwähnten Schrägfelsen.

Von diesem Punkt sind es 1,5 Kilometer zur Wegkreuzung Unter der Bühler Höhe und von da noch einmal rund 1,5 Kilometer zum Plättig. Erneut gilt es auf die Schwarzwaldhochstraße zu überschreiten und wir kommen zum Klammweg, den Bernsteinweg und Harzbachweg, Wasserleitungsweg - immer so auf etwa 700 Höhenmeter - bis wir wieder beim Scherrhof sind.

Auf diesem Abschnitt liegen die Mittelfeldhütte und Bernsteinhütte, wo jeweils kurze Pausen möglich sind.

Da diese Tour auf weiten Strecken durch den schattigen Wald führt und wir auf einer gewissen Höhe sind, ist es eine gute Alternative für heiße Sommertage.

Wir haben etwas mehr wie 23 Kilometer hinter uns gebracht und rund 700 Höhenmeter abwärts. Somit gehen wir auf dieser Tour mehr Höhenmeter abwärts wie aufwärts.

http://www.waldgasthaus-scherrhof.de
http://www.schwarzwaldverein-baden-baden.de/viewpage.php?page_id=32
http://naturfreunde-rastatt.de/wandern/routen/ortenau/baden-baden/index.php

27

Konditionstour von Baden-Oos auf die Badener Höhe

Wer es deftig will und etwas für die Kondition tun möchte, dem ist folgende lange, anspruchsvolle Tagestour zu empfehlen.

Ausgangspunkt ist der Bahnhof in Baden-Oos. Wir folgen der blauen Raute und durchqueren den Baden-Badener Ortsteil. Leicht ansteigend kommen wir durch grüne Randbereiche in den Ortsteil Balg. Vom Parkplatz oberhalb der Klinik nehmen wir den Weg Richtung zum „Altes Schloss". Dabei dürfen wir schon den Blick ins Oostal, über die Stadt schweifen lassen und sehen gegenüber den Fremersberg mit dem Sendeturm oder links die Höhen des Nördlichen Schwarzwaldes.

Weiter geht es, indem wir den Ortsteil Eberstein und die Wolfsschlucht queren. Auf Zickzack-Pfaden durch den Wald erreichen wir auf etwas steilerem Pfad den Merkur. Hier ist es Zeit für eine erste Trinkpause. Grabungsfunde zeigen, dass sowohl hier, wie auch im Tal, die Römer einst ihre Spuren hinterließen. Der Merkur ist ein außerdem beliebtes Ausflugsziel und an schönen Tagen ziemlich überlaufen. Grund, der Baden-Badener Hausberg ist mit der Standseilbahn zu erreichen.

Ein Aufstieg auf den Turm sollte – trotz dem noch sehr weiten Weg, den wir noch vor uns haben – trotzdem möglich sein.

Nächste Etappe ist das Landgasthaus Nachtigall, das wir nun ansteuern und bergauf, bergab auf gut beschilderten Wegen erreichen. Das Haus liegt am Übergang von Baden-Baden ins Murgtal. Es ist die direkte Verbindung von Gernsbach nach Baden-Baden und eine Straße kommt auch von Forbach her.

Vom Höhengasthof halten wir uns nun Richtung Roten Lache, einem weiteren Höhengasthaus. Bei schönem Wetter bietet die Gartenwirtschaft draußen gute Gelegenheit für ein Essen und den Flüssigkeitshaushalt aufzufüllen.

Tief unter sehen wir ins Murgtal und vor allem auf Bermersbach, das wie auf einem Balkon ins Tal ragt. Berühmt wurde der Ort in den letzten Jahren durch gemeinschaftliche Ziegenhaltung, womit man die Wiesenflächen vor der Verbuschung bewahren will. Wer sich dafür interessiert, kann die Patenschaft für eine Ziege übernehmen und darf sein Tier regelmäßig besuchen.

Weiter halbrechts aufwärts kommen wir zum Immenstein. Dort müssen wir rechts ab und leicht aufwärts in den Badener Sattel. Der Beschilderung zur Badener Höhe folgen und wir haben beim Turm auf 1'002 Meter den höchsten Punkt erreicht.

Die Stufen auf die Turmspitze kosten jetzt schon ein wenig Überwindung, der Aufstieg wird aber durch den weiten Ausblick mehr als belohnt. Für die Trinkpause können wir uns bei der Schutzhütte niederlassen oder auf den Bänken verweilen, bevor wir nun auf dem Westweg in rückwärtiger Richtung laufen und uns an der roten Raute orientieren. Wir kommen am Bussemer Denkmal vorbei, am Aussichtspunkt Zwei-Seenblick und der Bernhardushütte.

Vor dem Ort wir es zuletzt steil nach unten und wir überqueren in Forbach die B 462, gehen geradeaus weiter abwärts, bis wir auf dem Weg zum Bahnhof die sehenswerte, historischen Holzbrücke betreten. *Die Brücke gibt es seit 1778 in der heutigen Form. Sie wurde in den Jahren 1954/55 originalgetreu nachgebaut und 1976 generalsaniert.* Beim Überqueren der Brücke blicken noch einmal auf die Murg, dem Fluss, der dem Tal den Namen gab.

Mit der Bahn kommt man bis Gernsbach, nimmt dort den Bus und fährt über den Berg, vorbei an den morgens passierten Gasthaus Nachtigall und über Lichtental kommen wir nach Baden-Oos.

Insgesamt haben wir rund 43 Kilometer bewältigt und weit über 1'000 Höhenmeter. Wer es geschafft hat, darf stolz auf seine sportliche Ausdauer und Kondition sein.

http://www.baden-baden.de/tourist-information/sehenswuerdigkeiten/ stadt-parkbesichtigungen/ merkurberg-baden-baden
http://www.restaurant-nachtigall.de
http://www.rote-lache.de
http://www.forbach.de/inhalte/tourismus/ortsteil_bermersbach.html
http://www.forbach.de

28

Kurze Runde vom Waldsee auf den Fremersberg
Es muss nicht immer eine Gewalttour sein. Baden-Baden bietet noch weit mehr Möglichkeiten.

Eine Tipp ist: Wir fahren zum Waldparkplatz an der Verbindungsstraße nach Varnhalt. Der Festplatz bietet genügend Parkmöglichkeiten für die Autos finden und auch der Linienbus hält da.

Dann nur der Beschilderung folgen, die uns ohne Mühe den Weg auf den Fremersberg weißt.

Es geht auf schmalem Pfad im Wald stetig aufwärts. Bald sind wir auf dem 525 Meter hohen Berg, der von der Ebene schon von weitem sichtbar ist, vor allem wegen seinem Sendeturm, der auch eine Aussichtplattform hat. Von dort bietet sich eine faszinierende Rundumsicht und lohnt für die geringe Mühe im Aufstieg. Hinterher ist die Einkehr in die Berggaststätte Fremersberg möglich.

Nach einer Stärkung folgen wir nun auf der östlichen Seite dem Weg und wir kommen in Serpentinen nach unten, queren mehrfach die Fahrstraße und erreichen die Verbindungsstraße Varnhalt - Baden-Baden. Diese überschreiten wir und gehen in Richtung Golfplatz. Das Hofgut Fremersberg liegt am Weg und es erwartet uns ein Naturlehrpfad mit nützlichen Informationen zu den unterschiedlichen Baumarten. Dann sind wir auch schon wieder am Waldsee zurück.

Vielleicht will man noch einen Abstecher zum Beutig anhängen und dort den gepflegten und berühmten Rosengarten besichtigen, wo jährlich die „Königin der Rosen" gekürt wird. Für Rosenliebhaber ist es ein Paradies und Erlebnis für alle Sinne.

Der Weg hat nur wenige hundert Höhenmeter und ist, je nach gewählter Variante, etwa 7 Kilometer lang; so richtig für einen entspannten Sonntagnachmittag-Spaziergang.

http://www.turmfremersberg.de

http://www.schwarzwaldverein-baden-baden.de/_html/wege/fremersberg/main.htm

29

Nellele-Rundweg

Zu den ebenfalls leichteren Touren im Raum Baden-Baden zählt dieser Vorschlag. Die Runde beginnt im Grünbachtal, oberhalb Varnhalt und in der Nähe des Restaurants Klosterschänke. Auch dieser Rundweg ist gut und durchgehend beschildert.

Wir kommen zu Fischteichen mit vier Weihern. Nach etwa 1 Kilometer sehen wir den Rast- und Spielplatz Nellele vor uns. Auf einer Sitzbank mit Blick zum Fremersberg ist eine kurze Verschnaufpause angenehm.

Vom Eichgehren wandern wir zum Klopfengraben und kommen wiederum an kleineren Fischteichen vorbei. Unterhalb des stillgelegen, ehemaligen Steinbruch treffen wir auf den schon erwähnten Petersee, in dem sich - bei richtig gewähltem Standort - der Fremersberg im azurblauen Wasser spiegelt und ein einmaliges Fotomotiv bietet.

Nach einem weiteren Kilometer sind wir an der Burggärtle-Hütte, direkt an der Straße zur oberhalb thronenden Burgruine Yburg. Weiter unten sehen wir das Weingut Gut Nägelsförst.

Ein Besuch des für hochwertige Weine bekannten Weinguts würde sich auch lohnen, wenn es die Zeit zulässt. Eine kleine Weinprobe schadet nicht, denn es geht hinterher nur noch abwärts.

Auf dem weiteren Weg sehen wir auf der einen Seite die Burgruine Yburg und auf der anderen den Fremersberg mit dem Sendeturm. Schwenken wir den Blick hinüber auf die andere Talseite von Baden-Baden erkennen wir im Licht der Sonne das Areal der Batterfelsen in seiner gesamten Länge und Schönheit, sowie an den linken Ausläufern die Ruine Hohenbaden – oder landläufig: „Altes Schloss" genannt.

Anmerkung: Es gibt natürlich auch ein „Neues Schloss" auf dem Florentinerberg, oberhalb des Stadtkerns. Das bewohnte Schloss wurde vor Jahren vom Markgraf von Baden verkauft und befindet sich in kuwaitischem Besitz. Es soll 2017/2018 als Hyatt Luxushotel eröffnet werden.

Einen kleinen Abstecher zur mitten in den Reben liegenden Josephskapelle müsste auch noch drin sein, bevor wir dem Gasthaus und Café Röderswald zustreben. Den Kaffee und Kuchen haben wir uns nun verdient und dabei können wir uns von einem Fensterplatz aus oder der Terrasse an der weiten Aussicht in die Rheinebene erfreuen. Oder blicken wir nach links auf Varnhalt. Von hier entsteht eher der Eindruck, dass dieser Ort in der Toskana liegt.

Zum Parkplatz im Grünbachtal sind es nur noch wenige hundert Meter. Der Weg hat eine Länge von etwa 8 Kilometern, ist ohne besondere Schwierigkeiten gemütlich zu gehen und bietet doch viel Aussicht und eine Menge Sehenswertes an Weg. Die Runde ist durchaus auch für eine Wanderung mit Kindern geeignet.

http://www.naegelsfoerst.de/gutnf/index.php
http://www.baden-baden.de/tourist-information
/sehenswuerdigkeiten/ausflugsziele-baden-baden-und-
schwarzwald/yburg-varnhalt/
http://www.schwarzwald-informationen.de/yburg-rebland.html

30

Abenteuer-Wandern auf dem Luchspfad

Ein kurzer, spannender Rundweg und ein Abenteuer - speziell mit und für Kinder - ist der 4,5 Kilometer lange Luchspfad am Plättig.

Startpunkt ist am Parkplatz Plättig direkt an der Schwarzwaldhochstraße B 500, die von Baden-Baden kommt. Der Platz ist gleichfalls mit öffentlichen Verkehrsmitteln von Baden-Baden und Bühl gut zu erreichen.

Der Erlebnis-Pfad beginnt kurz oberhalb der Gebäude, links am Waldrand und ist beschildert.

Der Einstieg links ist leicht zu übersehen, geht aber dann auf einem naturbelassen Pfad über Wurzeln und Baumstämme, über Trittsteine und durch Pfützen. Gutes Schuhwerk ist deshalb unbedingt für diesen Wildnispfad erforderlich.

Der Adlerhorst lädt zu einem Aufstieg bis hinauf in die Baumkronen über eine Hängebrücke ein. Vom Wolfszacken ist ein Blick auf die, wie bei einem Mikado-Spiel, wild durcheinander liegenden Baumstämmen möglich. Sie sind Überbleibsel des Orkans „Lothar", der am 2. Weihnachtstag 1999 hier in der Region so verheerend gewütet hat.

Kinder können übrigens ein Luchs-Diplom erwerben, wenn Fragen richtig beantwortet werden und das Lösungswort über das Internet eingeschickt wird.

Der Weg ist 4 Kilometer lang, wegen den Besonderheiten sollten aber gut 2 bis 3 Stunden Zeit dafür eingeplant werden.

http://www.luchspfad-baden-baden.de

http://www.naturparkschwarzwald.de/sport-erlebnis/erlebnispfade
/luchspfad_baden_baden/luchs_pfad/index_html

Blick vom Petersee zum Frembersberg

Die bei Kletterern beliebten Batterfelsen

Im Murgtal wandern

31

Herbstwanderung zum Mahlbergturm

Ziel einer von mir im goldenen Oktober 2006 mit 20 Teilnehmern geführten Herbstwanderung war der Mahlbergturm oberhalb Moosbronn, einem Stadtteil von Gaggenau und auf der Höhe zwischen Ettlingen und Gaggenau.

Moosbronn ist ein beliebter in Wallfahrtsort. Die Wallfahrtskirche Maria Hilf wird aber von den wenigsten Pilgern zu Fuß angestrebt.

Start war beim Bahnhof in Gaggenau. Zuerst wanderten wir durch die Stadt, außerhalb an den Stadtwerken vorbei und zu den Streuobstwiesen, die bis an den Stadtrand gehen.

Bei schönstem, herbstlichem Wetter konnten wir auf dem Wallfahrtsweg gehen. Die blaue Raute weist uns den Weg, der immer leicht aufwärts zum schon weithin sichtbaren Turm führte. Weite Abschnitte gehen durch den Wald, bis die Verbindungsstraße nach Moosbronn kommt. Auf der anderen Seite nahmen wir die kürzere Verbindung, bis der Turm auf einem Serpentinenweg erreicht war.

Wer einen kleinen Umweg in Kauf nehmen will, sollte zuvor oder besser beim Rückweg unbedingt in den Ortsteil Moosbronn gehen und einen Blick in die barocke Kirche Maria Hilf werfen. Von dort kommt man auf der Herrenalber Straße zum Friedhof und kann im angrenzenden Wald den Weg Hang aufwärts zum auf 613 Meter stehenden Turm kommen.

Oben, auf einem der Erhebungen über dem Murgtal wurden unsere Mühen des Anstiegs mit einer weiten Sicht ins Murgtal, die Rheinebene belohnt. Wir sehen in die Pfalz und im Süden nach Straßburg.

Rund um den Turm gab es genügend Sitzgelegenheiten und welche lagen im Gras und nutzen so die längere Pause. Bei dem schönen Wetter am Wandertag ließen wir dafür mehr Zeit.

Der Rückweg führte uns wieder ein Stück auf dem Wallfahrtsweg, gesäumt mit alten Bildstöckchen am Weg. Dann trafen wir auf den historischen Grenzweg.

Dieser war einstmals die Grenze zwischen dem Königreich Württemberg und Baden und wurde auch „das Nadelöhr Badens" genannt. Die Entfernung zwischen Grenze und Rhein betrug an dieser Stelle nur 17 Kilometer.

Nächstes kam die Bernbacher Steige, die es steil abwärts geht und die Knie ordentlich strapazierte - und erste Müdigkeitserscheinungen machten sich bemerkbar.

Dann erreichen wir nach einem längeren Abschnitt durch den Wald den Gaggenauer Ortsteil Michelbach. Der „Michelbacher Gumbe" lag am Weg. Hier badeten früher die Dorfbewohner. Nachdem das Bad nicht mehr den Anforderungen entsprach, wurde es renaturiert und in einen Park umgewandelt. *Der Stadtteil ist ein Ort mit beispielhaftem Bürger- und Gemeinschaftssinn. Er wurde 2003 im Landeswettbewerb "Unser Dorf soll schöner werden" mit der Goldmedaille ausgezeichnet wurde.*

Durch den Ort hinaus wanderten wir in ein grünes Tal und nach rund 3 Kilometer trafen wir auf die ersten Häuser in Gaggenau. Bis zur Stadtmitte und dem Bahnhof galt es jetzt noch ein paar Straßen zu durchlaufen. Dann hatten wir etwa 24 Kilometer hinter uns gebracht.

Zum vorgesehenen Abschluss überquerten wir die Murg und gleich danach ist das ausgewählte Lokal. Es folgte der Abschluss in der Hausbrauerei Christoph Bräu. Neben dem in der Hausbrauerei hergestellten Bier wurden preiswerte und schmackhafte, gegrillte Speisen angeboten. Bei einer größeren Gruppe sollte man sich anmelden, denn das Haus ist weithin bekannt und wird regelmäßig gut besucht.

Wer bei guter Kondition ist, kann auf der Höhe die Strecke noch zu einem weiteren, sehenswerten Aussichtspunkt, zum Bernstein, etwas verlängern und eine interessante Etappe noch mitnehmen – siehe 32.

http://www.murgtal.org/Media/Attraktionen/Mahlberg
http://www.schwarzwald-tourismus.info/Media/Touren/Historischer-Grenzweg
http://www.christophbraeu.de

32

Konditionstour von Gernsbach zum Hohlohturm

Knappe 44 Kilometer und 1'250 Höhenmeter sind die Eckdaten dieser anspruchsvollen und auch für Geübte herausfordernden Tour.

Ausgangspunkt ist der Parkplatz am Hundesportplatz in Gernsbach, am Ortsanfang bei der Ampel links ab zu erreichen.

Es geht gleich ordentlich zur Sache und stetig aufwärts zum Bernstein auf 694 Meter, mit einer Aussichtskanzel auf dem Felsen und nebenan steht die Bärenstein-Hütte. Dies ist der erste Höhepunkt mit traumhafter Aussicht ins Rheintal und das vordere Murgtal.

Nunmehr geht der Weg leicht abwärts zum Käppele. Dort finden sich, am Übergang nach Bad Wildbad, eine Bushaltestelle und ein Kiosk. Nach Süden öffnet sich die Sicht ins Tal und wir sehen das Bergdorf Loffenau unter uns.

Der Weg geht auf der anderen Straßenseite erst leicht aufwärts, durch Freiflächen und Wald, dann über eine Graswiese den Hang abwärts in die Senke und wir treffen auf die Mautstelle für die Benützung der Fahrstraßen zur Teufelsmühle.

Wieder müssen wir steil aufwärts und kommen unterwegs zum Naturdenkmals "Großes Loch"; eine geologische Besonderheit.

Noch weiter aufwärts und wir sind auf der Hochfläche Teufelsmühle, 908 Meter. Hier ist eine Höhengaststätte und steht ein Aussichtsturm. Das Gasthaus lädt zur Einkehr ein und wegen der schon hinter uns liegenden Strecke ist wohl eine Pause verdient, sollte aber wegen der noch vor uns liegenden Weglänge kurz sein. Der Aufstieg zum Turm ist trotzdem ein „Muss", um für einige Minuten die Rundumsicht zu genießen.

Zur nächsten Etappe bleiben wir auf der Höhe und haben es relativ flach. Mal durch Wald, mal freier Fläche kommen wir zum nächsten Aussichtspunkt, dem Hohlohturm auf 984 Meter. Auch von hier sind die Schwarzwaldhöhen weit zu überblicken, ebenso Sicht ins Murg - und Rheintal, in die Vogesen und den Pfälzer Wald.

Erst einmal geht es nun wieder abwärts nach Reichental. Das GPS zeigt dort rund 4 Kilometer nach Gernsbach. Wir laufen aber einen weiten Schlenker, queren den Ort und ein erneuter Anstieg beginnt. Wir überschreiten den Bergrücken nach Lautenbach. Dieses Tal queren wir am hinteren Ende und wieder haben wir einen Höhenzug vor uns; jetzt nach Loffenau.

Auch wenn zwischenzeitlich die Beine schmerzen, bietet sich unterwegs ein schöner Blick zurück und wir sehen hoch oben die Teufelmühle, wo wir Stunden zuvor durch kamen.

Von Loffenau geht der Weg den Ort auswärts und am Wasserfall hinunter. Zuletzt laufen wir das romantische Laufbachtal hinaus nach Gernsbach, direkt zum Ausgangspunkt.

In der sehenswerten Altstadt von Gernsbach besteht die Möglichkeit gemütlich in Straßencafé zu sitzen, sich zu erholen und den langen Tag ausklingen zu lassen.

http://www.murgtal.org/Media/Touren/Zur-Teufelsmuehle
https://de.wikipedia.org/wiki/Hohloh
http://www.schwarzwald.com/gernsbach

33

Von Gernsbach zur Teufelsmühle

Eine andere Wegstrecke zum Hohlohturm und zur Teufelsmühle beginnt in Gernsbach-Scheuern. Auch da finden sich genügend Parkmöglichkeiten. Gernsbach ist ebenso mit der Murgtalbahn von Karlsruhe nach Freudenstadt gut erreichbar.

Vom Parkplatz gehen wir zuerst über den Berg nach Reichenbach, queren diesen Ort und halten uns an die Wegweiser mit der blauen Raute. Stetig aufwärts, überwiegend im Wald, kommen wir zur Hohloh auf 984 Meter.

Der Aussichtsturm ist schon aus großer Entfernung in der Skyline des Nordschwarzwaldes sichtbar; sowohl vom Murgtal wie vom Rheintal aus und entsprechend gigantisch ist hier auch vom Turm die Aussicht.

Die Schutzhütte mit vielen eingeritzten Spuren lädt zu einer kurzen Pause ein. Nach einem Aufstieg auf den Turm geht unser weiterer Weg leicht abwärts zum Schwarzmiss-Parkplatz und zur Verbindungsstraße von Kaltenbronn nach Reichental. Diese überqueren wir und halten uns nun an die Beschilderung zur Teufelsmühle.

Wenn wir sehr früh am Morgen in Gernsbach losgingen, haben wir nun in der Höhengaststätte ein Mittagessen verdient oder wir bedienen uns aus dem Rucksack.

Noch ein Besuch der Aussichtsplattform des Turmes und dann ein Blick auf die Tafel am Fuß des Turmes mit dem spaßigen Spruch:

„Hier liegt mein Weib Gott sei gedankt, wie oft hat sie mit mir gezankt. Drum lieber Wanderer rat ich Dir, geh schnell von dieser Stelle hier, sonst steht sie auf und zankt mir Dir!"

Dann müssen wir wieder abwärts gehen und kommen zu der in - 32 - erwähnten Naturhöhle „Großes Loch". Später sind wir beim Käppele an der Verbindungsstraße Bad Herrenalb nach Loffenau. Dabei können wir von hier frei nach Loffenau blicken und es wird deutlich, wie sich die Häuser und Straßen des Bergdorfes in den Kessel schmiegen. Es dauert aber noch eine Weile, bis wir dort sind.

Der Kiosk bietet Gelegenheit den Flüssigkeitsspiegel aufzufrischen, bevor wir uns oberhalb des Rastplatzes nach links halten, leicht aufwärts gehen Richtung Hohe Wanne und über den Höhenrücken, bis wir ins das Tal Gumpen schwenken können. Diesem hinaus folgen, bis wir in Loffenau ankommen.

In Dorf halten wir uns vor dem Kiosk am Ortseingang links und wandern das eher flache, weite Igelsbachtal hinaus nach Scheuern zum Platz wo wir am Morgen losgegangen sind.

Am Ende haben wir etwas mehr als 40 Kilometer und weit über 1'000 Höhenmeter hinter uns gebracht. Aber was heißt das schon in so einer einmaligen Landschaft mit abwechslungsreichen, kurzweiligen Wegen, vor allem, wenn eine nette Gesellschaft unterwegs ist und über „Gott und die Welt" geplaudert wird.

http://naturfreunde-rastatt.de/wandern/routen/murgtal/unteres -murgtal/reichenbachtal
http://www.loffenau.de/loffenau

34

Eine Teilstrecke auf der Gernsbacher Runde

Die Gernsbacher Runde zählt zu den qualifizierten Wanderwegen im Murgtal und geht insgesamt über 43 Kilometer, somit leicht weiter wie ein Marathonlauf. Auch dieser Weg wurde mit dem Premium-Wandersiegel ausgezeichnet.

Wir wollen aber bei diesem Tipp nur eine Teilstrecke gehen und starten am Bahnhof in Gernsbach. Von dort halten wir uns in Richtung Hoeschbrücke, die wir überqueren, um danach rechts in die Weinauer Straße sowie in Langer Weg abzubiegen. Das Logo der Ebersteiner Rose gibt uns Orientierung.

Wir kommen zum Reha-Zentrum und gehen am Sonnengarten vorbei, steigen durch das Gelände des Reitclubs St. Georg aufwärts. Dabei eröffnet sich immer mehr unser Blick ins Murgtal und das Städtchen, sowie hinüber zu den Höhen rechts der Murg.

Beim Galgenbosch bleiben wir auf der prämierten Runde und halten uns jetzt in Richtung Staufenberg. Beim Hochbehälter haben wir eine erste Pause verdient. Von der Rankbank erkennen wir gut   den Hohlohturm auf der anderen Talseite.

Ab dem Galgeneck, 280 Meter geht es über den Grossenberg und bei leicht welligen Passagen über den Höhenrücken durch Weinberge, die uns auf Staufenberg sehen lassen. Der Merkur kommt von der anderen Seite in Sicht, wie er zuvor von der Baden-Badener Seite beschrieben ist. Bei der Station Grossenberg, 324 Meter weitet sich dann der Blick zur Teufelsmühle und rechts davon nach Besenfeld.

Nach der Überquerung der Fahrstraße trennen wir uns nach der Station Sattley von der Gernsbacher Runde, die über den Merkur geht. Wir folgen dem Hinweis Müllenbild und gehen zum Naturfreundehaus Weiße Stein. Das Haus ist allerdings nicht immer geöffnet. Auf diesem Weg kommen wir an der Waldhütte Heinrich-Ruhe sowie an interessanten Naturbrunnen vorbei; durstig muss also niemand bleiben.

Bei der Station Wildberg entscheiden wir uns für Kohlplättl, 410 Meter, wo wir den höchsten Punkt dieser Tour erreicht haben. Dabei treffen wir auf den Gernsbacher Sagenweg, der uns zur Kiefernscheid bringt.

Dann haben wir das Gasthaus Nachtigall erreicht, an der Kuppe zwischen Baden-Baden und Gernsbach, die wir über die Badner Straße erreichen oder K 3701 am Schloss Eberstein vorbei.

Nach nur wenigen Metern auf der Straße kommt die Station Müllenbild/Nachtigall von der wir abwärts in Richtung Walheimer Hof gehen.

In diesem Tal wurde übrigens einst - wie auch im Müllenbachtal - nach Uran gegraben. Die Bürger wehrten sich und setzten 1979 ein Denkmal: „Das Uran bleibt drin". Erst 1987 wurde das Kapitel endgültig ad acta gelegt und abgeschlossen.

Auf der weiteren Strecke in Richtung Stadt biegen wir am Fischteich rechts ab und kommen an den für das Murgtal typischen Tiroler Heuhütten vorbei. Wir gehen zum Hockeyplatz, sowie über die Waldbachstraße und erreichen die Innenstadt.

Dort überqueren wir Hofstätte und die Murg. Zum Abschluss gehen wir zu einer Rast in den Kast'schen Garten, einem idyllischen, sehenswerten Platz in der Stadt und direkt an der Murg.

Nun haben wir rund 15 Kilometer hinter uns und einige hundert Höhenmeter.

Zum stilvollen Abschluss und als Lohn für die Mühe kehren wir im Schloss Eberstein ein. In der Schloss-Schänke werden Ausflügler und Einkehrer gleichermaßen gut bedient.

http://hotel-schloss-eberstein.de/restaurant
/restaurant-schloss-schaenke.html

35

Eine weitere Etappe auf der Gernsbacher Runde

Wieder starten wir am Bahnhof in Gernsbach und gehen von dort zum eigentlichen Startpunkt ins Laufbachtal. Um dahin zu gelangen gehen wir vom Bahnhof Richtung Innenstadt, machen gleich einen Linksbogen über den Bahnübergang und erreichen das Wanderportal an der parallel zur Bahnlinie verlaufenden Straße Richtung Hörden. Es ist ein

Industriegebiet durch das wir müssen und das sich lang hinzieht. Dann haben wir aber den Punkt erreicht, wo die Gernsbacher Runde beginnt. Die Strecke wird auf einer Tafel erläutert.

Wir laufen das Laufbachtal den Schildern folgend hinauf nach Loffenau und weiter zur Illertkapelle. Dabei ist die Strecke ist gut mit der Ebersteiner Rose markiert.

Zwei Wege führen in Richtung Loffenau und wir können wählen, welchen wir gehen wollen. Beide kommen am Ende bei der Laufbachbrücke zusammen.

Im Aufstieg an den Laufbachfällen kann man so richtig die Schönheit der Landschaft genießen. *Zuvor haben wir Grenzsteine passiert, die einst die ehemalige badische und württembergische Grenze markierten.*

Die Laufbachfälle sind ein Naturdenkmal, das nach einem Dornröschenschlaf erst wieder durch eine Bürgerinitiative gangbar gemacht wurde und nun gerne von Einheimischen und Besuchern besucht wird.

Kurz vor Loffenau erreichen wir die Ölmühle und von da gehen wir durch das malerische Loffenau mit seinen vielen, restaurierten Fachwerkhäusern. Auf dem Dorfweg erreichen wir die evangelische Kirche und durch deren Hof kommen wir zur Durchgangsstraße.

Bevor wir auf der anderen Seite weiter gehen, sollten wir eine kurze Rast einlegen und in der Kirche einen Blick auf die Fresken aus dem 15. Jahrhundert werfen.

Anschließend gehen wir auf der steilen Schulstraße aufwärts durch das Dorf und erreichen über den Heiligenackerweg die Krisenstraße. Schon weitet sich unser Blick ins Rheintal und darüber hinüber zu den Vogesen.

Bei den Alten Eichen sind Tennisplätze und ein Spielplatz, gute Gelegenheit für eine Pause und ein wenig die Aussicht zu genießen.

Nach einem weiteren Anstieg erreichen wir den höchsten Punkt dieser Tour, passieren einige Pferdekoppeln und gehen am Waldrand entlang, bei der Aussicht hinüber zur Illertkapelle im Gewann Schwann, wohin alljährlich am 2. Juli eine Gelübde-Prozession führt.

An diesem herrlichen Platz verlassen wir die Gernsbacher Runde und folgen dem Schild mit dem Hinweis: Gernsbach-Mitte 3 Kilometer.

Nach der Passage von zwei Kreuzen geht es an der Hardberghütte im Gemeindewald Igelbach vorbei auf die andere Talseite und steil bergab. Nahe dem Eingang zum Kurpark kommen wir zur Bahnlinie, vor der wir rechts auf den Fußweg einbiegen, der uns in eine Straße übergehend an der Station Mitte vorbei in Richtung Bahnhof führt. In Höhe des Hochhauses müssen wir den Bahnübergang benutzen, um auf die andere Seite und zum Bahnhof zu kommen.

Dieser Abschnitt misst 13 Kilometer und wir erinnern uns, Highlight sind die herrlichen Ausblicke ins Rheintal und zu den Vogesen, wir wanderten auf einem urigen Waldpfad, sahen eine Ölmühle und Fresken aus dem 15. Jahrhundert.

Tatsächlich, ist auf der Gernsbacher Runde eine ganze Menge an Naturschönheiten zu entdecken, Aussichten und natürlich die Murg mit ihren vielen Bächlein. Zudem sind es die kräftigen Steigungen, die den Kreislauf fordern.

http://www.gernsbach.de/gernsbacher-runde
http://www.loffenau.de

36

Kaltenbronn zum Hohlohturm und Hohlohsee

Entweder aus dem Murgtal über Reichenbach oder aus dem Enztal hinter Enzklösterle kommt man in ein Seitental nach Kaltenbronn. Etwas oberhalb, am Übergang ins Murgtal ist der Schwarzmiss-Parkplatz und hier kann geparkt werden.

Wir gehen den schnurgeraden Weg in etwa südlicher Richtung leicht ansteigend aufwärts und kommen zu dem weithin sichtbaren Hohlohturm auf 984 Meter.

Wie von allen Türmen im Nordschwarzwald bietet sich ein phänomenaler Panoramablick über die Höhen und ins Tal. Da der eigentliche Rundweg relativ kurz ist, darf man sich ruhig Zeit lassen, die Aussicht genießen und in oder außerhalb der Schutzhütte etwas rasten.

Weiter halten wir uns an die Beschilderung und kommen zum Hohlohsee, der zur Hochmoor-Region um Kaltenbronn zählt, südöstlich von

Gernsbach. Der See ist über einen Bohlenweg erreichbar und, da es sich um ein geschütztes und erhaltenswertes Gebiet im Nationalpark Nordschwarzwald handelt, darf der Weg keinesfalls verlassen werden. Infotafeln am Weg erklären uns die Entstehung dieses Moorgebietes.

Hochmoorgebiet Kaltenbronn

Das Hochmoor Kaltenbronn liegt südöstlich von Gernsbach oberhalb des Ortsteils Reichental inmitten eines riesigen Waldgebietes in einer urwüchsigen Landschaft. Es gehört zum Waldgebiet der Stadt Gernsbach. Das mit auf über 900 Metern hoch gelegene Hochmoor steht seit über 60 Jahren unter Naturschutz. Rund 10.000 Jahre lässt sich die Entwicklung des Hochmoores zurückverfolgen. Die Seen nennt man Hochmoorkolke. Der Wildsee ist der größte Hochmoorkolk Deutschlands.

Hochmoorlandschaft

Am Ende der Eiszeit sorgten wasserundurchlässige Buntsandsteinschichten bei hohen Niederschlägen für Versumpfungen auf dem Hochplateau Kaltenbronn. Es entstand zuerst ein Niedermoor. Erst durch das stetige Anwachsen der Torfschicht wurde es zum Hochmoor - was nichts mit der Höhenlage zu tun hat. Inzwischen ist die Torfschicht auf ca. 8 Meter angewachsen.

Quelle: www.schwarzwald-tourismus

Am Ende des Bohlenweges dürfen wir wieder der Beschilderung für den Rückweg durch den Wald folgen. Der Rundweg ist mit rund 5 Kilometer eigentlich ein kurzer Spaziergang, somit ideal für einen sinnigen Sonntagnachmittag und auch für ältere Menschen gut gangbar. Wen es interessiert, kann zusätzlich eine Besichtigung im Informationszentrum Kaltenbronn noch anfügen.

37

Von Kaltenbronn zum Wildsee

Genauso verhält es sich beim nächsten Rundweg zum anderen, schon genannten Hochmoorsee, dem Wildsee.

Vom Parkplatz oberhalb Kaltenbronn wandern wir auf einem bequemen Waldweg, der dann in einen Holzbohlenweg mündet. Schnell sind wir am romantischen Wildsee im Wildseemoor.

Vom Bohlenweg aus besteht eine schöne Sicht auf den See, Flora und Fauna in dessen Umgebung. Wer sich intensiver damit befassen will, erkennt beim Betrachten schnell, wie sich die Pflanzen angepasst haben. Wer Glück hat, sieht im abfließenden Bach bunte Regenbogenfarben, ein Hinweis auf den Mineraleintrag im vom Moor abfließenden Wasser.

Bisher waren es nur 2,5 Kilometer, so dass es sich lohnt, noch weitere 2,5 Kilometer anzuhängen und zur Waldgaststätte Grünhütte zu wandern und eventuell dort einzukehren.

Wer noch weiter will kann zum Sommerberg oberhalb Bad Wildbad gehen. Die Sommerbergbahn bringt die Besucher vom Kurort auf die Höhe, dem Hausberg der Stadt und hier erschließen sich nicht nur viele Wanderwege, sondern es ist auch der Start für eine weithin bekannte, spektakuläre Downhill-Mountainbike-Strecke.

Eine Einkehrmöglichkeit besteht natürlich auch.

Will man nicht so weit, läuft man einfach vom See wieder zurück und verweilt noch ein wenig beim Wildgehege am Endpunkt und erfreut sich an kapitalen Hirschen oder besucht das Informationszentrum Kaltenbronn im ehemaligen Forsthaus.

„Karge Böden und ein raues Klima machen Kaltenbronn zu dem was es ist, eine von Wald, Moor und Hängen mit Blockhalden gekennzeichnete Landschaft".

Mehrere kürzere Themenwege machen hier Wanderungen auch für Kinder interessant. Einfach einmal einen halben Tag im hinteren Enztal wandern.

http://www.gernsbach.de/pb/,Lde/306758.html
http://www.infozentrum-kaltenbronn.de/home.html

Oben: Der Hohlohsee und unten: Der Wildsee bei Kaltenbronn

38

Auf dem Westweg von Dobel nach Forbach

Der Höhenweg Pforzheim-Basel ist ein Klassiker unter den Fernwanderwegen. Schon seit 1936 ist der Weg mit Emailleschildern und der roten Raute durchgehend markiert. Dieser Fernwanderweg ist natürlich auch auf Einzeletappe sehr lohnenswert.

Die zweite Etappe des Westweges ist relativ anspruchsvoll und schwer aber landschaftlich sehr reizvoll. Von dem auf der Höhe über dem Enztal liegenden Ort Dobel geht es durch rauschende Nadelwälder, moorige Bergkuppen und tief eingeschnittene Flusstäler. Dank dem Orkan „Lothar" – auch wenn dies sarkastisch klingt – eröffneten sich neben den traditionellen Aussichtspunkten viele offene Flächen, die uns atemberaubende Blicke bieten und den Betrachter staunen lassen.

Wir starten am Ortsrand von Dobel und folgen der roten Raute. Erst geht es sanft zwischen Alb und Eyach in Richtung Kaltenbronn. Der Westweg verläuft unterhalb der Kammlinie und wir kommen zum Weithäuslesplatz. Nächster Punkt, den wir anvisieren, ist die Hahnenfalzhütte.

Bei der Langmartskopfhütte erreichen wir die Hochebene von Kaltenbronn und wir befinden uns nun im Gebiet der Hochmoore von Wildsee und Hohlohsee - siehe 36 und 37. Der Weg geht im sensiblen Bereich über einen Bohlensteg und wir kommen zum weithin sichtbaren Hohlohturm auf 984 Meter. Die fantastische Panoramasicht wurde schon im vorherigen Tipp beschrieben und lohnt für die bisherige Mühe. Eine Rast ist in der Schutzschütte beim Turm auch bei schlechtem Wetter möglich.

Nach einem steilen Abstieg sind die Latschigfelsen unser nächster Anlaufpunkt, von dem wir gut ins Murgtal und Rheintal blicken können.

Durch Wiesen, mit den für das Murgtal charakteristischen, traditionellen und gepflegten Tiroler Heuschobern kommen wir nach Forbach.

Die Idee der Heustadel haben einst Tiroler Einwanderer ins Tal gebracht und sie sind heute typisch für das hintere Murgtal.

Die 2. Etappe endet an der historischen Holzbrücke in Forbach. Seit 1778 wird die Murg an dieser Stelle über eine solche Brücke überquert. Der Bahnhof ist nicht weit und von dort bieten sich Fahrmöglichkeiten mit der Murgtalbahn nach Freudenstadt und von da zurück nach Pforzheim - oder wir wollen das Tal hinaus über Rastatt nach Karlsruhe. Wer dies nicht will, sollte vorher ein Auto für die oder den Fahrer in Forbach parken, denn mit dem Auto ist es wenig weit zum Ausgangspunkt. Das ist im Prinzip der einfachere Weg, auch wenn im Sinne des Umweltschutzes die öffentlichen Verkehrsmittel zu präferieren sind

Die Strecke hat 26 Kilometer und 600 Höhenmeter Aufstieg aber fast 1'000 im Abstieg.

http://www.schwarzwald-tourismus.info/entdecken/Wandern/Westweg

39

Von Gausbach zum Latschigfelsen

Wir besuchen bei dieser Tour zum Latschigfelsen - siehe 38 - eine nach Nordwesten ausgerichtete Felsengruppe aus Forbachgranit. Solche Felsformationen finden sich häufig im Nordschwarzwald. Sie sehen aus, wie von Riesen in die Landschaft gesetzt. Die Felsen aus hartem Granit ragen erhaben aus der Landschaft und schon die „Altvorderen" wussten diese Stellen zu schätzen und bauten sie zu Aussichtspunkten aus. Genau solch ein markanter Punkt ist der Latschigfelsen oberhalb von Gausbach am Westweg, der daran vorbei geht.

Start ist beim Bahnhof in Forbach und dort begrüßt uns das Murgtaltor. Wir wandern auf einem Fußweg neben der Bundesstraße B 462 etwa 200 Meter nach Norden und kommen nach Gausbach. Zwischen Festhalle und Friedhof gehen wir auf einem geteerten Weg zum Sportplatz. Kurz nach dem Ort biegen wir auf einen Feldweg ab. Der Wanderer braucht sich nur an die rote Raute des Westweges - den wir entgegen der üblichen Richtung laufen - halten.

Schon der wenig mühevolle Aufstieg ist ein Erlebnis. Unterwegs erwartet uns ein freier Blick auf Forbach, wobei besonders die Kirche mit zwei Türmen in der Ortsmitte ins Auge fällt. Ist eine gewisse Höhe erreicht, geht es oberhalb Gausbach um den Berg nach rechts in das Tal hinein und wir treffen auf einen gepflegten Platz mit Wasserspielen und Holzskulpturen.

Daran vorbei kommen wir ins Kausersbachtal. Ein schmaler Pfad, der Ringbergweg, führt steil bergan und wir erreichen den Ringberg auf 520 Meter. Über Pfade und Serpentinen erreichen wir die Latschigfelsen und treffen dabei zuerst auf die oder den Kleine Latschig mit einer Aussichtsplattform. Unter uns sehen wir Forbach und gegenüber Bermersbach, auf der anderen Talseite.

Nach einem kurzen Augenblick, bei dem wir uns an dieser Aussicht erfreuen, gehen wir zurück und nun zur eigentlichen Spitze des Latschigfelsens, 724 Meter, auf der ein Pavillon steht.

Für den Rückweg müssen wir wenige Meter zurück bis zu einem Wegkreuz. Geradeaus zeigt es zum Hohloh und nach Kaltenbronn. Wir biegen jedoch links ab zum Latschighang und Hohe Schaar. Der Weg geht abwärts durch den Wald Richtung Langenbrand. Es folgen Forkel, 660 Meter, Riedberg, 700 Meter und wir machen einen Abstecher zur Hohen Schaar, 710 Meter. Dort erwartet uns erneut eine schöne Aussicht mit Pavillon, von dem wir freie Sicht auf Langenbrand haben.

Ein schmaler Pfad wartet und steile Serpentinen, auf denen wir ins Tal absteigen und wir folgen nun der gelben Raute. So kommen wir über den Hohlenstein nach Langenbrand, ein Ortsteil von Forbach.

Mit der Murgtalbahn kann man ohne Mühe nach Forbach fahren. Dann haben wir rund 16 Kilometer zurückgelegt und etwa 500 Höhenmeter bewältigt.

Wer allerdings zum Ausgangspunkt laufen will, hat noch etwa weitere 4 Kilometer vor sich.

http://naturfreunde-rastatt.de/wandern/routen/murgtal/mittleres-murgtal/forbach-latschigfelsen-langenbrand

http://www.murgtal.org/Die-Schwarzwald-Region-und-Ihre-Orte/Weisenbach-im-Schwarzwald/Der-Latschigfelsen

40

Stürmerfelsen, Schwarzenbachtalsperre und Raumünzacher Wasserfall

Der Bahnhof in Forbach bietet uns auch für diese Tour Parkmöglichkeiten oder wir kommen mit der Murgtalbahn an.

Dann orientieren wir uns am Schild des Premiumwanderweg Murgleiter. Zuerst passieren wir die historische Holzbrücke über die Murg, gehen geradeaus weiter leicht aufwärts zur Hauptstraße und überqueren die B 462. Die Klammstraße kommt und bei einer Straßengabelung hält man sich links und geht in die Marienstraße. Sie führt aus dem Ort hinaus. Nun wird es steiler bis zum Waldrand, wo die Marienkapelle steht.

Wir befinden uns auf der 3. Etappe des Premiumwanderweg Murgleiter. Bis zur Schwarzenbachtalsperre gehen wir immer im Wald und zuerst noch auf einem sanft steigenden Waldweg. Dann sind wir bei den groß dimensionierten Druckleitungen, die das Wasser von der Schwarzenbachtalsperre zum unterhalb produzierenden Rudolf-Fettweis-Werk leiten.

Kurz nach der Druckleitung biegen wir auf einen Pfad, folgen den Serpentinen am steilen Westhang des Murgtal, immer auf der Murgleiter und treffen auf einen Forstweg. Den gehen wir nach links und nun gemächlicher bergauf.

Aussichtspunkte geben immer wieder Blicke ins Murgtal frei und wir haben dabei etwas Zeit zu verschnaufen. Schön ist zudem, dass sich uns immer wieder ein anderes Bild bietet.

Wir sehen imposante Steinformationen und dürfen staunen, wie die Natur jede Ritze nützt, um sich zu entfalten und die Pflanzen dem Licht zustreben.

Als nächstes erreichen wir einen Bergsattel, südlich des Lachsbergs. Hier ändert sich die Gehrichtung; wir bleiben auf einem Waldweg in Richtung Nordwesten und halten weiter ansteigend direkt der Schwarzenbachtalsperre zu. Dabei kommen wir zu einer hoch aufragenden Felsengruppe; dem Stürmerfelsen.

In mühevoller Arbeit Freiwilliger wurden vor einigen Jahren die Felsen vom Wildwuchs freigelegt, damit die Dimension überhaupt erst wieder richtig sichtbar wurde und zur Geltung kam.

Noch ein kurzes Stück und wir halten uns links, steigen zur Talsperre ab, die wir auf der 400 Meter langen Staumauer queren können. Auf der anderen Seite erwartet uns ein Kiosk, wenn wir Bedarf für einen kleinen Imbiss oder gar Flüssigkeitsmangel haben sollten.

Direkt hinter dem Kiosk zweigt links ein schmalen Pfad ab. Den gehen wir hinunter in den Talgrund. Über uns sehen wir die mächtige Staumauer und am Fuß den Auslauf.

Die Mauer ist im Innern begehbar und voller Messinstrumente. Gelegentlich bieten Mitarbeiter des Kraftwerks Führungen an.

Einen Kilometer weiter unterhalb, an der Brücke nach Ebersbronn, treffen wir auf den etwas versteckten oder unauffälligen Raumünzacher Wasserfall. Hier fließen das Wasser vom Auslauf und dem von Ebersbronn kommenden Bach zusammen.

Ein Fahrweg führt abwärts vorbei am Stauweiher und Kraftwerk Raumünzach.

Dieses wurde einst zur Stromversorgung beim Bau der Schwarzenbachtalsperre gebaut und erzeugt heute noch Strom.

Der Weg endet an der Bundesstraße 462 nach Freudenstadt. Rechts ist ein Steinbruch, in dem seit Jahrzehnten spezieller, lebhaft strukturierter Granit mit rötlicher Färbung abgebaut wird und den die Betreiber weltweit vermarkten.

Wir halten uns aber links, überqueren die Straße zur Schwarzenbachtalsperre, gehen steil den Hang auf einem schmalen Pfad aufwärts, um wieder entsprechend den Hinweisschilden das Tal hinaus nach Forbach zu laufen.

Die Strecke misst mit diesem kleinen Umweg zum Wasserfall rund 25 Kilometer und es sind doch gut 1'000 Höhenmeter zu bewältigen.

http://www.murgleiter.de/pb/,Lde/255098.html

https://www.enbw.com/unternehmen/konzern/energieerzeugung/neubau-und-projekte/pumpspeicherkraftwerk-forbach/index.html

http://www.forbach.de/inhalte/tourismus/tourismussehenswuerdigkset.html

41

Von Langenbrand zur Rote Lache und Badener Höhe

Ausgangs- und Startpunkt für diese sportliche Variante im hinteren Murgtal ist der Bahnhof in Langenbrand, der sowohl gut mit dem Auto, wie auch mit der Murgtalbahn erreichbar ist.

Zuerst müssen wir ein kurzes Stück talwärts über die Straßenbrücke der B 462 und kommen links zum Fahrradweg der Tour de Murg. Dort finden wir links ein Pfad abgehend, der uns mit der blauen Raute Richtung zur Rote Lache zeigt. Oberhalb steht auf einem Felsvorsprung ein kleiner Aussichtspavillon, zu dem wir unbedingt noch gehen sollten, bevor wir uns wieder auf dem eigentlichen Weg in Serpentinen aufwärts halten.

Ein Fahrweg kommt und den nehmen wir, um zum Landgasthof Rote Lache auf 690 Meter zu kommen. Wer will kann eine Pause machen und vielleicht ein zweites Frühstück einnehmen, bevor wir Richtung Badener Höhe weiter wollen. Bis zur Höhe sind es noch 6,5 Kilometer.

Zunächst halten wir uns aufwärts zum Immenstein. Dort zweigt unser Weg rechts ab. Achtung, der Weg ist nicht leicht zu finden, es sei denn, zwischenzeitlich wurde die Kennzeichnung verbessert.

Nach der Beschilderung kommen wir am Eierkuchenberg vorbei; dabei sind wir inzwischen auf der Westseite der Schwarzwalderhebung. Weit öffnet sich der Blick ins Rheintal. Auf einem breiteren Weg kommen wir nach etwa 1 Kilometer zum Badener Sattel und wir wählen nun den mittleren Weg, auf dem wir über Stock und Stein balancieren müssen und der in den Weg zur Badener Höhe mündet. Jetzt können wir uns an der roten Raute orientieren, bis wir beim Friedrichsturm sind.

Nach ausgiebiger Rast ist der Westweg in rückwärtiger Richtung nach Forbach richtig und wir kommen zum Seekopf. Die rechts unterhalb erkennbarer Schwarzenbachtalsperre lassen wir liegen und halten uns weiter an die rote Raute.

Wer will, könnte wieder ein Stück aufwärts gehen und einen Abstecher zum Stürmerfelsen machen – siehe 40. Dann ist es aber genug; wir gehen entschlossen abwärts nach Forbach, wobei das letzte Stück oberhalb des Ortes recht steil ist und unsere Knie ordentlich belastet.

Auf so einem steilen Abschnitt und auf steinigen Pfaden, wie oben erwähnt, sind Teleskop-Stöcke sinnvoll und eine echte Hilfe.

Nach Querung der Bundesstraße B 462 stoßen wir zur unterhalb befindlichen alten Holzbrücke über die Murg, die - wie schon erwähnt - zu den Sehenswürdigkeiten des Ortes zählt. Nach der Brücke links halten und nach wenigen Metern sind wir beim Bahnhof. Ab hier können wir das restliche Stück nach Langenbrand mit der Murgtalbahn fahren oder gehen die 4 Kilometer auch noch zu Fuß.

Eine anspruchsvolle Tagestour mit über 20 Kilometer, ohne den Zusatz nach Langenbrand, liegt hinter uns und die rund 800 Höhenmeter hatten es in sich. Gerade im Sommer, wenn es im Rheintal heiß und schwül ist, bietet sich diese Runde an, da weite Strecken durch den schattigen Wald verlaufen.

Für den gebührenden Einkehrschwung ist nach dieser mittelschweren Runde der Gasthof Ochsen in Langenbrand eine Möglichkeit.

http://www.forbach.de/inhalte/tourismus/ortsteil_langenbrand.html
http://www.rote-lache.de
http://www.gasthof-ochsen-langenbrand.de

42

Seibelseckle, Hinterlangenbach zum Wildsee

Diese Variante mit einem Schlenker ins hintere Murgtal beginnt am Seibelseckle, direkt an der Schwarzwaldhochstraße. Im Sommer finden hier Wanderer ohne Mühe Parkplätze.

Es geht ein wenig beschwerlichen Weg - der blauen Raute folgend - über Essigbrunnen, Teufelsmühlehütte, mal links, mal rechts vom Kesselbach hinunter nach Hinterlangenbach. Dieser Zinken ist in einem Seitental von Baiersbronn.

Da wir zwischendrin auf steinige Passagen treffen, ist gutes Schuhwerk Pflicht und Trittsicherheit sollte auch gegeben sein. Nach etwa 5 Kilometer haben wir den Wald verlassen, das Tal hat sich geöffnet und wir treffen auf das Forsthaus Auerhahn. Hier ist eine Einkehr möglich.

Für den Rückweg - nun wieder bergauf - halten wir uns am Hinweisschild zum Wildsee. Es geht mal auf breiten Fahrwegen und zuletzt auf einem schmalen Pfad in den Bannwald. Unterwegs treffen wir auf die Ehemalige Falzhütte auf 975 Meter. Dort kann man sich entscheiden, ob man direkt geradeaus zur Darmstädter Hütte will oder noch den kleinen, lohnenswerten Umweg zum wildromantischen Wildsee machen.

Am Wildsee ist keine Umrundung möglich, aber eine Rast am östlichen, flachen Uferbereich. Eine Infotafel gibt Hinweise zur Entstehung des Sees, sowie der über hundertjähriger Geschichte des Bannwaldes. Zutrauliche Enten schauen derweil nach, ob einige Brocken vom Vesperbrot übriggeblieben und zu finden sind.

Der nächste Wegabschnitt am Osthang des Seekopfs ist steil und wild. Oben kommen wir zum Euting-Grab und Wildseeblick.

Nach links könnten wir direkt zum Ruhestein kommen. Wir wollen aber rechts weiter und folgen der Beschilderung zur Darmstädter Hütte. Nach einem halben Kilometer biegt der Weg links ab und wir erreichen auf einem - für mich völlig unsinnigen - Holzbohlenweg das Gasthaus.

Dort sollte man einkehren, denn die Wirtsleute stehen sowohl im Sommer den Wanderer, wie im Winter den Langläufern mit Speisen und Getränken zur Verfügung und für Mehrtageswanderer ist im Haus eine Übernachtung möglich. Sie freuen sich über den Umsatz, denn bei schlechtem Wetter kommt hier kaum jemand vorbei.

Nach der verdienten Pause geht es erst rechts kurz abwärts zur Liftstation unterhalb, dort wechseln wir erneut nach rechts und folgen dem Fahrweg auf der Westseite des Itsteigerkopf. Zum höchsten Punkt sind es rund einen Kilometer und oben sehen wir erstens ein Denkmal zur Erinnerung an den Orkan „Lothar", und zweitens haben wir links einen wunderbar freien Blick nach Seebach und ins Achertal und halbrechts hinüber zum Mummelsee und darüber die Hornisgrinde.

Von diesem Punkt geht es nun leicht abwärts, im großen Bogen den Hang entlang, bis zu einer Weggabelung. Dort den Weg halbrechts nehmen, rund hundert Meter aufwärts und dem Westweg oberhalb der Schwarzwaldhochstraße folgen. Jetzt wird es flach und nach einem letzten Kilometer sind wir da.

Links der Gebäude für den Winterskibetrieb und über den Parkplatz kommen wir zur gemütlichen Rasthütte, die zu jeder Jahreszeit gerne von Wanderern, Fahrradfahrer und Motorradfahrer angesteuert wird. Die Wirtsleute servieren Schwarzwälder Spezialitäten und wenn es das Wetter zulässt, kann man schön im Freien sitzen.

Bei dieser Runde sind wir 14 Kilometer unterwegs und haben 500 Höhenmeter, die in gut in 3 bis 4 Stunden - ohne die Pausen - zu schaffen sind.

http://www.seibelseckle.de

http://www.forsthaus-auerhahn.de

http://www.darmstaedter-huette.de

http://www.schwarzwald-informationen.de/naturschutzgebiet-und-bannwald-wilder-see.html

Wandern in und bei Karlsruhe

43

Rundtour vom Turmberg in Karlsruhe – Durlach aus

Karlsruhe war schon im Mai 2004 Ziel einer von mir geführten Tour. Rund 20 Teilnehmer fanden sich am Treffpunkt ein.

Startpunkt war am Bahnhof in Karlsruhe-Durlach, wohin man aus allen Richtungen mit der Straßenbahn kommen kann. Zuerst schlenderten wir durch die Fußgängerzone. An deren Ende beginnt der Weg hoch zum Turmberg. Wer will, kann für den kurzen Anstieg auch die Turmbergbahn - einer Standseilbahn - nehmen.

Oben angekommen bietet der Turmplatz eine gute Aussicht und nach 123 Stufen zur Turmspitze erfreuten wir uns noch mehr an der Sicht über die Stadt, in die Region und weit in die Pfalz.

Nach einer kurzen Rast wanderten wir gemächlich durch den Wald, kamen am Sportheim Schöneck vorbei, da, wo einst Sepp Herberger die deutsche Fußballnationalmannschaft trainierte. Das Schützenhaus ist etwas weiter und nun gingen wir in Richtung Hohenwettersbach. Zwischendrin hatten wir auf der linken Seite einen freien Blick in den Kraichgau und nach Pfinztal-Berghausen.

Vorbei am Rittnerthof passierten wir als nächstes die Prügelhütte, dann kam die Grüne Hütte, wo es Zeit für eine Pause wurde. Wen es interessiert konnte in diesem Bereich, der zum Lehrwald Rittnert gehört, auf Infotafeln etwas über die unterschiedliche Baumarten erfahren, die hier gezielt angepflanzt wurden.

Wir steuerten den Weiler namens Thomashof an, gingen in Richtung Batzenhof und dabei auf einem bequemen Weg durch eine hügelige Feldlandschaft.

Der Batzenhof bietet Gelegenheit zum Einkauf, hatte damals aber erst ab 15 Uhr geöffnet.

Unser Wendepunkt war in Hohenwettersbach, ein Ort der zu den Karlsruher Höhenstadtteilen zählt. Hier nahmen wir uns auch Zeit für eine längere Mittagspause.

Zurück konnten wir immer im Schatten des angrenzenden Waldes laufen. Im nächsten Ort lud ein Café zu einer Nachmittagspause bei Kaffee und Kuchen ein, bevor wir über den Rittnertweg das tief unten liegende Durlach erreichten.

In diesem Karlsruher Ortsteil durchquerten wir den Schlössle-Park, bis die meisten etwas müde dem Ausgangspunkt zustrebten.

Zum Einkehr finden sich im historischen Durlach genügend nette Straßencafés und Gaststätten zur Abschlusseinkehr. Wir fanden jedenfalls ein gutes Lokal mit einheimischem Moninger Bier und großen Speisenauswahl. Das hatten sich alle nach 14 Kilometer auch verdient.

http://www.karlsruhe-tourismus.de/Media/Attraktionen/Turmberg
http://ka.stadtwiki.net/Rittnerthof
http://www.gut-batzenhof.de/laden.html

44

Rundtour ab Weingarten über den Michaelsberg

Weithin sichtbar - auch von der Autobahn A 5 Karlsruhe-Bruchsal - steht die Kapelle auf dem Untergrombacher Michaelsberg, dem höchsten Punkt des westlichen Kraichgaues. Der Aussichtspunkt selbst liegt an der Wander-Rundstrecke Weingarten - Obergrombach - Untergrombach - Weingarten.

Auf dem Michaelsberg wurden 1884 die ersten prähistorischen Funde gemacht. Ab 1888 begannen systematische archäologische Ausgrabungen. Man entdeckte zahlreiche Siedlungsgruben innerhalb einer Umwallung aus der Zeit von vor 3'500 Jahren. Teile von Tongefäßen und Tierknochen zeugen von der einstigen Siedlungstätigkeit. Nach der Fundstätte auf dem Michaelsberg wird diese jungsteinzeitliche Kultur inzwischen die „Michelsberger Kultur" genannt.

Start und Ziel ist der Parkplatz am Bahnhof in Weingarten, der mit dem Auto oder mit der Straßenbahn gut zu erreichen ist.

Zuerst läuft man durch die Stadt, kommt in die Vorbergzone und auf schmalen Pfaden bei leichten Steigungen zum Katzenberg, 249 Meter. Von nun geht auf fast flachen Wegen zum Hinterkatzenberg, 253 Meter. Vor dem Pfadberg biegen wir links ab und kommen in den Ort Obergrombach.

Wahrzeichen des Ortes ist die Burg und das Schloss. Das Schlossgebäude wird heute noch benützt und steht für Feiern zur Verfügung. Zudem sind Burg und Schloss im Rahmen „Tag des offenen Denkmals" zu besichtigen.

Wir queren den Ort, treffen auf einen breiten, unspektakulären Fahrweg, dem wir aufwärts folgen, bis wir auf dem Michaelsberg sind. Hier lädt ein Café-Restaurant zur Einkehr ein. In die Michaelskapelle, mit dem aus dem Jahr 1792 stammenden Kreuzaltar, sollte auch ein Blick geworfen werden. Zudem gibt es rund um die Kirche genügend Platz für eine längere Rast und zum Verschnaufen. Dabei erfreut den Wanderer der Blick in westlicher Richtung in die weite Rheinebene.

In der Fortsetzung geht es wieder abwärts, vorbei am Kindlesbrunnen nach Untergrombach, ein Stadtteil von Bruchsal.

Der Sage nach wurden alle neugeborenen Untergrombacher erst vom Klapperstorch aus dem Kindlesbrunnen geholt.

Wir erreichen den Ort, laufen den Odenwaldweg, immer in der Vorbergzone nach Weingarten. Fast am Ende der Tour stehen wir auf einer Hochfläche und überblicken die Stadt. Lohnenswert ist auf den Wartturm zu steigen, bevor man in die Stadt hinunter geht.

Auffallend und ein seltenes Bild sind die zwei friedlich nebeneinander stehenden evangelisch und katholische Kirchen.

Selbst ein Bummel durch die Altstadt von Weingarten, eine Stadt mit vielen historischen Häusern und mehreren Restaurants ist ein guter Tipp.

Die Rundtour geht etwas über 20 Kilometer und weist nur moderate Steigungen mit rund 500 Höhenmetern auf, was im stetigen Auf und Ab kaum auffällt.

http://ka.stadtwiki.net/Michaelsberg.

http://www.weingarten-baden.de

http://www.bruchsal.de/,Lde/Home/Touristik+_+Kultur/Obergrombach.html

http://www.bruchsal.de/,Lde/Home/Touristik+_+Kultur/Untergrombach.html

45

Über die Höhe von Pfinztal-Söllingen zum Turmberg
Noch eine leichte Wanderung bietet dieser Tipp.
Günstiger Startpunkt ist am Bahnhof in Pfinztal-Söllingen, wohin man mit der Straßenbahn aus Karlsruhe oder anderen Richtungen kommt. Orientierung finden wir mit der gelben Raute. Dabei ist erst Ort dann die Bundesstraße 10 zu queren und es geht in die Obst- und Weinberge des Ortes. Wir wandern auf leicht ansteigen Wegen zum Höhenrücken oberhalb des Tales und erreichen den Pfinztalblick. Unter uns sehen wir Berghausen, einen weiteren Ortsteil von Pfinztal. Auf der anderen Talseite fällt der Gebäudekomplexe der Frauenhofer Gesellschaft auf. Meines Wissens wird dort zu und über Sprengstoff geforscht und experimentiert.
Abwechselnd durch Streuobstwiesen und Wald kommen wir nach einigen Kilometern erst zum Karlsruher Schützenhaus, danach zum Turmberg oberhalb vom Karlsruher Stadtteil Durlach – siehe Tour 43.
Vom Turmberg haben wir eine traumhafte Sicht über Karlsruhe, zum Hardtwald und ins weite Umland. Das Schloss ist zu sehen und andere markante Bauten der Badischen Residenz.
Dies ist eine Wanderung durchs Grüne und vielleicht begegnen uns unterwegs ein paar scheue Feldhasen und Fasanen oder andere Wildtiere.
In der Fortsetzung halten wir uns Richtung Rittnerthof, kommen zum Thomashof, sowie am „Dreimärker" vorbei. Durch das Hirschtal finden wir nach Söllingen zurück.
Die Runde hat knapp 20 Kilometer, ist aber, wegen der geringen Höhenunterschiede relativ leicht zu laufen und somit auch für größere Kinder gut geeignet.
http://www.pfinztal.de/pfinztal/pfinztal_portrait_ortsteile_soellingen.php
http://www.pfinztal.de/pfinztal/pfinztal_natur_wanderwege.php

Blick vom Turmberg auf Karlsruhe-Durlach

Blick auf Weingarten mit zwei Kirchen in friedlicher Nachbarschaft

Die Pfalz ist ein beliebtes Wandergebiet

46

Erlebnisreicher Dahner Felsenpfad

Im Sommer 2007 hatte ich zur Wanderung auf dem kurz zuvor eröffneten Dahner Felsenpfad eingeladen und 31 Teilnehmer gingen mit.

Die Felsen rund um den Luftkurort Dahn sind überragende, mächtige, bizarre Steingebilde. Dem Wanderer erschließen sich auf dem knapp 13 Kilometer langen Pfad der ganze Zauber an Formen und Farben des roten Wasgauer Bundsandsteins.

Begonnen haben wir am Wanderparkplatz beim Sportpark und Parkplatz Felsenland. Gleich in der Nähe finden wir "Braut und Bräutigam", eine der besonderen Felsengruppen.

Die gute Beschilderung des Premiumweges weist uns zuerst zum Pfaffenfelsen. Hier bekamen wir den ersten Eindruck, was uns an Aussichten noch erwarten wird. Danach führte uns der Weg wieder dem Ort zu, bevor wir zum Schwalbenfelsen kamen. Dabei mussten wir erst durch einen schmalen Felsdurchbruch und anschließend über eine Brücke auf die Aussichtskanzel.

Weiter gingen wir durch den schattigen Laubwald zu immer wieder neuen Aussichtsplätzen, dann abwärts und durch die Weihersebene zur urigen Dahner Hütte. Die Hälfte der Strecke lag da schon hinter uns und wir konnten in diesem Haus unsere Mittagspause einlegen. Der Wirt spendierte hinterher auf Kosten des Hauses ein Römerglas gefüllt mit einem Liter Rosé, der mit viel Hallo rundum gereicht und geleert wurde.

Schade, dass dieses Lokal in der Mitte der Wanderstrecke lag und nicht am Ende. Ein stimmungsvoller Abschluss wäre uns garantiert sicher gewesen.

Auf dem weiteren Weg lagen Schusterbänkel und die Hirschfelsen. Nach einer längeren Etappe trafen wir auf den Rothsteigbrunnen, wo die Flaschen nachgefüllt werden konnten. Nächste Etappe - wiederum durch einen Felsspalt zu erreichen - die Ungeheuerfelsen und, nach einem Aufstieg, die mächtige Felsbarriere der Büttelfelsen. Eine Stahlleiter hilft hinauf zum Aussichtspunkt zu kommen.

Die Lämmertfelsen waren am Weg und im letzten Teil wurde es wieder erst flacher und dann leicht aufwärts. Durch das Wieslautertal marschierten wir zum Wachtfelsen. Der etwas steilere Aufstieg auf die Kanzel kostete manchen nun etwas Überwindung, dafür war die Aussicht umso traumhafter. Wir konnten im Rundblick gut die am Tag zurückgelegte Wanderstrecke erahnen. Zuletzt waren es von da aus nur noch ein paar Meter zu „Braut und Bräutigam", der letzten Felsengruppe, und unserem Ausgangspunkt.

Die Schillerfelsen gab es noch am Weg. Dort finden wir eine Gedenktafel zum 100. Todestag des Dichters, die Schlangenfelsen oder der Elwetritschefels wären zu nennen - eine Reminiszenz an das Fabeltier der Pfälzer - und mehr. Es ist wirklich eine grandiose Felsenlandschaft mit einmaligem Flair.

Unseren Abschluss machten wir im Restaurant des Haus des Gastes. Es finden sich im Ort aber weit mehr Möglichkeiten zur Auswahl und überall erwartet uns Pfälzer Gast- und Gemütlichkeit.

http://www.dahner-felsenland.net/?id=174

46.1

Noch einmal Dahner Felsenpfad, aber in erweiterter Runde

Auch für anspruchsvollere Konditionstouren ist Dahn eine gute Adresse. Der Dahner Felsenpfad mit 14 Felsformationen - siehe 46 – und etwa 13 Kilometern wurde bei dieser Tour um zwei Varianten ergänzt; erstens zur Burgruine Neudahn. Das sind zusätzlich etwa 8 Kilometer -und zweitens zum Großer Eyberg mit Aussichtsturm, nochmals etwa 8 Kilometer. So ergibt sich eine Gesamtstrecke von etwa 30 Kilometern. Dabei sind 850 Höhenmetern zu überwinden.

Auch dazu startet man am besten bei "Braut und Bräutigam", da sich in deren Nähe genügend Parkplätze finden. Eine andere Möglichkeit wäre beim Touristenbüro und man läuft dann noch einen Kilometer durch den Ort und folgt dabei dem Hinweisschild und Zeichen des Dahner Felsenweges.

Für den Abzweig zur Burgruine Neudahn gehen wir vom Pfaffenfelsen hinunter ins Wieslautertal, weiter zum Neudahner Weiher, von wo wir auf einem schmalen Pfad im Laubwald zur Burgruine aufsteigen können.

Die Burgruine bietet mit dem begehbaren Turm eine tolle Aussicht zu den anderen Felsengruppen und über die Höhen der waldreichen Pfalz.

Weiter geht der Weg zum Sängerfelsen, von dem wir ebenfalls eine Topaussicht haben. Anschließend müssen wir wieder hinab in das Wieslautertal. Vom Schillerfelsen folgen wir zunächst wieder dem ausgeschilderten Dahner Felsenpfad.

Der zweite Abzweig ist am Ungeheuerfelsen. Dort verlassen wir den Felsenpfad zum Großer Eyberg, 513 Meter. Vom Am Hundel geht es steil bergauf und ein Stichweg führt zum Aussichtsturm, von dem wir gleichfalls einen weiten Blick über die Felsenlandschaft dieser Region im Pfälzer Wald haben.

Beim Abstieg wandern wir am Kleinen Eyberg vorbei, um nahe Büttelwoog wieder auf den Felsenpfad zurückzukehren. Von da kommt man zum Parkplatz zurück und der Kreis schließt sich.

Bei unserer Tour kehrten wir in der Gaststätte beim Campingplatz ein, wo wir mit griechischen und Pfälzer Spezialitäten schnell und gut bedient wurden.

Zurück nach Bühl fuhren wir jetzt auf der französischen Nebenstrecke L 498 durch Bundenthal und L 478 Bobenthal in den nördlichen Vogesen nach Wissembourg und Lautenbourg, dann die französische Autobahn bis zur Ausfahrt Forstfeld, um über die Staustufe Iffezheim wieder auf deutsches Gebiet zu wechseln.

Informationen zur Burgruine Neudahn und kunstvolle Formen der Natur am Weg finden Sie auf der Webseite:

http://www.wanderkompass.de/wanderweg/pfalz/dahner-felsenland-wanderroute

Faszinierend sind die vielfältigen Formen bizarrer Felsen im Pfälzer Wald

47

Hambacher Schloss zum Kalmit und Burgruine Erfenstein

Eine knackige, sehr lange Tour mit 24 Teilnehmern begann für uns am Treffpunkt beim Parkplatz der Burgschänke Rittersberg, unterhalb des Hambacher Schloss.

Von da gingen wir zuerst durch das Klausental zum Aussichtsturm Kalmit, auf 673 Meter oberhalb von Maikammer. Es ist der höchste Berg im Biosphärenreservat Pfälzerwald.

Nach einer Rast bei toller Rundumsicht hielten wir uns in Richtung Ludwigshafener Höhe und zur Totenkopfhütte auf 514 Meter. Während der nächsten Etappe kamen wir zu einem Highlight der Runde, durch das „Felsenmeer" und dann zu den Ruinen Spangenberg. Die Ruine Erfenstein folgte, die hoch und erhaben auf einem Sandsteinfelsen thront. Man fürchtet insgeheim, dass diese fragile Gebilde jeden Augenblick in sich zusammen stürzen müsste.

Nicht weit unterhalb der Ruine Erfenstein sind wir im Tal, gingen ein Stück durch den Ort, wechselten in das Erfensteinertal nach Esthal, links ab Richtung Wolfschluchthütte und weiter nach Breitenstein.

Zwischendurch hatten wir eine längere Pause verdient, bevor wir durch den Kirrweilerwald zur Hubertushütte gingen, Saupferch kam, der Schuhmacherstiefel und der Schafskopf auf 617 Meter.

Unser Wandertag war im November und zurück zur Burgschänke am Platz beim Hambacher Schloss liefen wir die letzte Stunde völlig im Dunkeln. Es hatte sich doch sehr lange hingezogen. Dank der Trittsicherheit aller Teilnehmer stolperte niemand über fiel über Wurzeln und Steine.

Insgesamt dürften es über 40 Kilometer gewesen sein. Einschließlich der Pausen waren wir mehr als 10 Stunden unterwegs.

Nach dem weiten Weg durften sich unsere Beine bei einem guten Essen in der Burgschänke erholen und neben Schorle wählten viele einen gut gekühlten, süffigen Pfälzer Schoppen.

http://www.hotel-rittersberg.de

48

Wanderung auf dem Pfälzer Keschdeweg
Eine weniger anstrengende Tour bietet das wandern auf dem Pfälzer Keschdeweg am Rande des Pfälzer Waldes. Der gesamte Weg hat insgesamt rund 52 Kilometer und ist besonders im Herbst zu empfehlen, wenn der Laubwald sich in den schönsten Farben zeigt und viele Straußenwirtschaften geöffnet haben.
Startpunkt für ein Teilstück auf dem Keschdeweg ist der Bahnhof in Neustadt und wir gehen von dort nach links über den Busbahnhof, folgen dem Hambacher Treppenweg aufwärts. Nach 100 Meter geradeaus biegen wir in die Waldstraße ab und nun können wir uns am Schild Pfälzer Keschdeweg orientieren.
Nach den letzten Häusern geht es bergan und auf schönen, abwechslungsreichen Wegen dreieinhalb Kilometer zum Hambacher Schloss. In der Burgschänke beim Parkplatz wäre eine Einkehr oder ein Zwischenstopp möglich.
Danach biegen wir beim Parkplatz rechts ab und folgen immer dem Zeichen Keschdeweg, kommen in eine kleine Schlucht, wo nach 500 Meter ein Waldweg abzweigt, den wir aufwärts gehen, dabei dem Hinweisschild Wetterkreuz folgend.
Ein Abstecher zum Wetterkreuz lohnt sich, da sich dort ein herrlicher Ausblick bietet.
Wieder zurück auf dem eigentlichen Weg biegen wir nach einigen Minuten scharf links ab und kommen zur Klausentalhütte, die der Pfälzerwald-Verein bewirtschaftet.
Kurz vor der Hütte geht unser Weg rechts ab und steil hinunter ins Tal, dabei links abbiegen, den Wald verlassen und fortan durch die Weinberge laufen. Dabei sind wir auf dem aussichtsreichen Weg gleichzeitig auf einem Weinlehrpfad.
Wir kommen hinunter nach St. Martin, biegen im Ort links ab und erreichen über die Maikammerer Straße eine Bushaltestelle.
Das wäre die kürzere Variante.

Wir können aber auch auf dem Keschdeweg bleiben und halten uns weiter an das Hinweisschild. Dabei kommen wir auf einen schönen Höhenweg und am Hotel Weinberg vorbei.

Bergan auf einem urigen Naturpfad und am Frauenbrunnen vorbei, über viele Holzbrücken und durch eine Schlucht, weiter auf Weg und Sträßchen, mit dem roten Balken als Wegmarkierung, erreichen wir die Kropsburg. Hier ist wiederum eine Einkehr möglich.

Zuletzt geht es von da bergab nach St. Martin und im Ort auf der Maikammerer Straße zur Bushaltestelle.

Es gibt regelmäßige Verbindungen nach Neustadt.

Je nach gewählter Variante ist die Streckenlänge 11 oder 15 Kilometer. Die Höhenmeter sind nicht nennenswert. Trittsicherheit ist allerdings in einigen Passagen durchaus nötig. Wer den längeren Weg zur Kropsburg wählt hat allerdings 150 Höhenmeter zusätzlich zu gehen.

http://www.neustadt.eu/Wein-Tourismus

http://www.maikammer-erlebnisland.de/wandern/themenwege

http://www.sankt-martin.de

Wanderungen im hügeligen Kraichgau

49

Rund um die Burg Ravensburg in Sulzfeld

Für unsere Herbstwanderung mit 34 Personen im Jahr 2003 hatten wir "Rund um die Ravensburg" in Sulzfeld gewählt.

Es war kein strahlender Sonnentag aber trocken. Die Sicht und vor allem die Stimmung waren bestens. Den Teilnehmern wurde die Strecke von rund 14 Kilometer durch die Weinberge, mal auf breiten Wegen zwischen Wald und Reben oder auf schmalen Pfaden durch den Laubwald, sehr kurzweilig, mehr ein Spaziergang, da auch kaum nennenswerte Höhenmeter zu meistern waren.

Start war am Bahnhof in Sulzfeld, der mit der Straßenbahn S 4 aus Karlsruhe gut zu erreichen ist.

Gleich führte der Weg aus dem Ort hinaus und auf fast flachen Wegen durch die Flur. Ein markanter Aussichtspunkt mit Kriegerdenkmal kam, oberhalb des Nachbarorts Kürnbach.

Dort hat man uns mit Bier und Brezeln überrascht und auch unterwegs machte mancher „Willi" (Williamsschnaps) seine Runden. Ruhebänke und Aussichtsplätze fanden sich zwischendurch auch. Vorteil der relativ kurzen Wegstrecke war, sie erlaubte uns häufige Pausen und mit so vielen Personen gibt es eh häufig einen Stopp.

Die Verbindungsstraße vor Kürnbach wurde gequert und auf der anderen Seite gingen wir ein Stück ins Tal, dann auf der anderen Talseite leicht ansteigend in einer großen Schleife zwischen Wald und Reben nach Sulzfeld zurück.

Immer wieder öffneten sich neue Perspektiven auf die hügelige Landschaft, die weitläufigen Weinberge des Kraichgaus, speziell in einem Bereich, wo noch in der Grenzregion Badischer Wein angebaut wird.

Die Burg Ravensburg lag ziemlich am Ende der Strecke, doch immer wieder im Blickfeld und diente so als Orientierungspunkt.

Sowohl vom Turm, wie auch auf der weitflächigen, bewirtschafteten Terrasse, bietet sich eine schöne Sicht auf die Stadt und in die Region.

Die Streckenlänge auf diesem Panoramaweg hatte nur 14 Kilometer und kaum Höhendifferenzen; somit ist es eine reine Plaissiertour.

Abschluss am späten Nachmittag folgte in der Besenwirtschaft Brüssel, wo uns ein reichhaltiges Buffet mit regionalen Spezialitäten erwartete und eine Weinprobe mit 6 ausgewählten Weinen aus eigener Erzeugung.

Umrahmt wurde das Ganze von zwei leidenschaftlichen Musikern mit Akkordeon und stimmgewaltigen Sängern.

Es ging schon gegen Mitternacht, bis die letzten Teilnehmer sehr beschwingt die Straßenbahn nach Karlsruhe bestiegen und den Heimweg antraten.

Auch so kann eine Wanderung in der Gruppe Spaß machen und ist doch mit Bewegung in einer zauberhaften Landschaft verbunden.

http://www.weingut-bruessel.de

http://www.kraichgau-stromberg.com/kst/die-region/Rund-um-den-Wein.php

http://www.burgrestaurant-ravensburg.de

Burgruine Ravensburg in Sulzfeld

50

Oberderdingen über Maulbronn und Sternenfels

Treffpunkt und Start und Ziel dieser geführten Wanderung war in der Ortsmitte in Oberderdingen. Am Freibad fanden sich genügend Parkplätze für die Teilnehmer.

Von dort gingen wir in der Stadionstraße in Richtung Büschlehof, kamen auf Fahrwegen durch Wiesen und Wald im Naturpark Stromberg-Heuchelberg ins Weissacher Tal, dann überquerten wir die Weissach im Ortsteil Hohenklingen.

Vorbei am Ortsrand erreichten wir die Gewanne Stockach und Roter Rain, kamen in der Fortsetzung in den Forchenwald und dann nach Maulbronn.

Im Unesco-Weltkulturerbe Kloster Maulbronn erwartete uns eine professionelle Führung. So erhielten wir aus erster Hand auf diesem Wege viele interessante Informationen zu der imposanten Anlage vermittelt.

Sie gilt „als die am vollständigsten erhaltene, mittelalterliche Klosteranlage der Zisterzienser nördlich der Alpen".

Zu unserer Wandergruppe gehörten geübte, stimmkräftige Sängerinnen und Sänger, sodass wir es uns nicht nehmen ließen, in den Gewölben des Klosters einige Lieder mehrstimmig vorzutragen. Dem Beifall der anderen Gäste nach zu urteilen, hörte es sich ganz gut an. Die einmalige Akustik hatte natürlich dazu beigetragen.

Den Rückweg nahmen wir nun über Salzacker und Graubrunnen zum Scheuelberg und zwischen den Orten Diefenbach und Freudenstein kamen wir nach Sternenfels, wo wir in der Besenwirtschaft Ritterbesen einkehrten und uns mit deren eigenen Spezialitäten verwöhnen zu lassen.

Die restlichen Kilometer zum Ausgangsplatz nahmen die Meisten locker. Wir hatten aber auch rechtzeitig Autos für einen Kurierdienst abgestellt, um den zu müden Wanderern eine Fahrgelegenheit zu bieten. Ein Quartett war schon in Maulbronn ausgestiegen und hatte sich direkt zur Besenwirtschaft fahren lassen. „Jeder soll so weit gehen wie er will und kann", ist unsere Devise bei solchen Unternehmungen, wenn wir mit größeren Gruppen unterwegs sind - und Überraschungen oder Unvorhergesehenes gibt es fast immer.

Wir haben etwa 27 Kilometer zurückgelegt. Die Höhendifferenz war, wie wir es im hügeligen Kraichgau kennen, nicht nennenswert.

http://www.oberderdingen.de/website/de/tourismus/wandern_radfahren/wandern

http://www.kloster-maulbronn.de/start

http://www.ritterbesen.de

51

Rundweg Sulzfeld nach Kürnbach und Zaberfeld auf dem historischen Weg der Eppinger Linie

Eine weitere Wanderung mit 25 Personen startete ebenfalls am Bahnhof in Sulzfeld zu einer Rundtour und auch diesmal reisten viele mit der Straßenbahn an.

Zuerst gingen wir in südlicher Richtung auf fast flachen Wegen durch die Felder, kamen zum Kriegerdenkmal oberhalb von Kürnbach - siehe 49 - und dann nach einer kurzen Pause hinunter in den Ort.

Einst verlief die Grenze zwischen Baden und Württemberg mitten durch den diesen traditionellen Weinbauort.

Über die Austraße erreichten wir den Wanderparkplatz Morfoster Weg. Von dort sind es rund 300 Meter zum Eppinger Linienweg. Links steht die Skulptur Weitblick, wo uns in der Tat eine weite Aussicht auf die Weinberge und flachen Hügel des Kraichgaus erwartete.

Das Markierungszeichen der Hauptroute ist eine stilisierte Chartaque Wachturm, (schwarz auf weißen Grund). Wo der Rundweg von der Hauptroute abweicht, ist er durch eine braune Chartaque auf hellbraunem Grund gekennzeichnet.

Eine reizvolle Landschaft und mit an vielen Stellen noch original vorhandene Schanzanlagen in eindrucksvoller Ausprägung kennzeichnen den Rundwanderweg. Besonders erwähnenswert sind die im Original vorhandenen Fundamente einer Chartaque am Kürnbacher Altenberg, etwa 50 Meter vom Kunstwerk Weitblick entfernt im Wald.

Das Kriegsgeschehen rund um den Bau der Eppinger Linien, insbesondere die Zerstörung ganzer Landstriche am Oberrhein im 17. Und 18. Jahrhundert, prägte die Region durch jahrzehntelange Kriegshandlungen, Devastationen, Hungersnöte und bäuerliche Armut - ganz im Kontrast zum Prunk der barocken höfischen Gesellschaft. Die historischen Geschehnisse in der Region können - zumindest aus europäischer Sicht - als weltgeschichtliche Ereignisse gelten, Geschichte verbunden mit spannenden Geschichten. Zugleich lassen sich vielfältige aktuelle Bezüge herstellen, von der „Erbfeindschaft" bis zum deutsch-französischen Freundschaftsvertrag 1963, von zerstörerischen Kriegsfolgen zu den Errungenschaften der 70-jährigen deutsch-französischen Friedensperiode oder von barocker Nationalstaaterei zum vereinten Europa.

Nach weiteren Plünderungen und Brandschatzungen durch die Franzosen übertrug Kaiser Leopold 1693 das Oberkommando an Markgraf Ludwig Wilhelm von Baden; der legendäre Türkenlouis. Dieser ließ zwischen Pforzheim und Neckargemünd eine Verteidigungslinie errichten, die möglichst leicht und mit wenigen Truppen zu verteidigen war; die erwähnte Eppinger Linie. Damit sollte der Kraichgau als Einfallspforte zwischen Schwarzwald und Odenwald geschlossen werden.

Gerade die spannenden, geschichtlichen Hintergründe in Verbindung mit den noch vorhandenen historischen Anlagen zeichnen den Eppinger Linienweg aus und machen ihn für Wanderer interessant.

Nach so vielem geschichtlichem Hintergrundwissen gingen wir in Richtung Leonbronn weiter - ein Ortsteil von Zabernfeld - und nach Sternenfels. Auf einem befestigten Waldweg kamen wir zum Sportplatz, dann Richtung Ochsenburg, Nordwest und zu einem Parkplatz am Trimm-Dich-Pfad im Ochsenburger Wald.

Auf Feldwegen hielten wir uns auf der restlichen Strecke wieder westlich nach Sulzfeld. Vom Eppinger Ortsteil Mühlbach aus orientierten wir uns an der Ruine Ravensburg, die weithin sichtbar als Zielpunkt vor Augen stand.

Das Burgrestaurant lädt zur Einkehr ein, zumindest wenn die schattige Gartenterrasse bewirtschaftet ist. Zwischendurch sollte auch ein Besuch des Turms gemacht werden. Aber auch da gibt es zeitweise Einschränkungen und zwar dann, wenn gerade ein Falken-Pärchen brütet und deshalb der Turm eine gewisse Zeit geschlossen bleibt.

Wir hatten jedoch Glück und fanden keine Einschränkungen. Wenn aber keine Einkehr möglich sein sollte, gibt es im Ort sicher irgendwo eine Besenwirtschaft, wo im schattigen Innenhof Gäste willkommen sind und ein verdienter Abschluss möglich ist.

Wir sind etwa 20 Kilometer - bei mäßigen Steigungen - gewandert und zum Abschluss-Einkehrschwung wählten wir diesmal den Badischer Hof in Sulzfeld.

http://www.kuernbach.de

http://www.tourismus-bw.de/Media/Touren/Der-Eppinger-Linienweg-Eppinger-Linien-Weg-Kunst.-Natur.-Geschichte

Touren in den Tälern von Acher und Rench

52

Von der Kalikutt zum Mooskopf und Kornebene
Start einer im Juli 2002 geführten Tour war beim Parkplatz in der Nähe
des Höhenhotel Kalikutt auf rund 600 Meter. Das Hotel ist auf einer
Nebenstraße erreichbar, über die B 28 und beim Hinweisschild in Op-
penau-Ramsbach rechts abbiegen.
Die blaue Raute wies uns den Weg und es ging dabei mäßig, aber stetig aufwärts, bis die Kuppe am Mooskopf erreicht war. Am Zenit
kommt links ein Abzweig und ein kurzer, steiler Aufstieg auf einem fel-
sigem Pfädchen folgt, dann ist der höchste Punkt erreicht. Wir sind auf
dem Mooskopf, den ein Aussichtsturm ziert. Der Mooskopf, 878 Meter
hoch, ragt weit zwischen Kinzig und Renchtal in die Rheinebene hinein
und ist von da aus auch gut auszumachen.
Noch waren zu diesem Zeitpunkt mehrere Rotten Holzfäller rund um
den Berg damit beschäftigt, die immensen Orkanschäden von „Lothar"
am 2. Weihnachtstag 1999 zu beseitigen. Gerade diese nach Südwes-
ten ausgerichtete Erhebung war besonders stark betroffen. Dem
Sturm fielen allein in Baden-Württemberg 30 Millionen Festmeter zum
Opfer. Die gesamte Hochfläche war infolge dieses Ereignisses hinter-
her kahl und bietet seither immer noch einen ungehinderten Blick ins
Tal. Der Turm steht wieder völlig frei, wie es nach dem 2. Weltkrieg
schon einmal der Fall war.
Damals hatten die Franzosen die Höhen kahlschlagen lassen und das
Holz als Reparation ins Nachbarland transportiert. In den 50 Jahren da-
nach war wieder ein stattlicher Hochwald herangewachsen und die
mächtigen Fichten ragten teils über den Turm hinaus oder waren zu-
mindest gleich hoch, so dass die Aussicht zunehmend etwas einge-
schränkt war.
Jetzt ist die Sicht aber wieder für längere Zeit frei und nach dem Turm-
aufstieg erwartete uns eine gigantischer Rundumblick über die Höhen
des Mittleren Schwarzwaldes, nach Freudenstadt, zum Feldberg, ins

Renchtal, ins Kinzigtal, in die Rheinebene und hinüber zu den Vogesen, in deren Vordergrund ist die Silhouette des Straßburger Münster ganz gut zu erkennen. Wenn man ausgesprochenes Glück hat, sieht man an Tagen mit guter Fernsicht sogar die Alpenkette.

Nach einer ausgiebigen Rast setzten wir die Wanderung auf der östlichen Bergseite fort, gingen abwärts in den Geißschleifsattel. Dort kommt nach 150 Meter das Grimmelhausen-Denkmal, dem Verfasser des Simplizissimus gewidmet.

„Grimmelshausen wird als „der bedeutendste Dichter des Barock", bezeichnet. Er war im 17. Jahrhundert 9 Jahre Schultheiß in Renchen.

Wer will, kann hier noch einen Kilometer anhängen und weiter geradeaus, leicht aufwärts gehen und kommt zum Lothar-Denkmal, das auf dem benachbarten Siedigkopf errichtet wurde. Er soll die Nachwelt an den erwähnten, verheerenden Orkan erinnern.

Wir hielten uns aber rechts und gingen zur rund 3 Kilometer entfernten Kornebene hinunter. Dort erwartet den Wanderer das Naturfreundehaus Kornebene auf einem weitläufigen Platz mit Brunnen, wo in und außerhalb des Hauses Rastmöglichkeiten bestehen. In der Hütte gibt es auch ein paar einfache Übernachtungsplätze.

Gestärkt und ausgeruht ging es weiter auf dem Harzweg, dann dem Höhenweg, der auf der östlichen Seite des Mooskopfs verläuft. Bei einer nicht zu übersehenden Weggabelung hielten wir nach links und kamen so auf die Renchtalseite. Die Himbeeren waren reif und unsere Wanderer waren kaum zu halten, sich immer wieder von den aromatischen Früchten zu bedienen. Auf dem Grenzweg und zuletzt steil abwärts hatten wir das Höhenhotel Kalikutt wieder erreicht.

Ein zünftiger Abschluss im Restaurant rundete unsere Tagestour ab. Die Einkehr ist besonders lohnenswert, denn man erwartet nicht, in dieser entlegenen Gegend auf ein Hotel dieser Güte zu treffen; mit einer ausgesprochen reichhaltigen Speisekarte – und die Schwarzwälder Torte des Hauses ist legendär.

Die gesamte Rundstrecke ist etwa 16 Kilometer. Die rund 300 Höhenmeter im Auf und Ab sind nicht nennenswert.

http://www.kornebene.de
http://www.kalikutt.de

53

Alexanderschanze zum Mummelsee auf dem Westweg
Im Mai 2003 beteiligten sich 35 Personen bei einer Wanderung von der Alexanderschanze - nahe dem Ort Kniebis - zum Mummelsee. Wir gingen dabei einen Abschnitt auf dem Westweg, jedoch in entgegengesetzter Richtung.

Auch auf dieser Strecke boten sich uns, dank der durch Orkan „Lothar" entstandenen Freiflächen, immer wieder weite Blicke über die Hochfläche nach Freudenstadt und Seefeld oder im Westen in die Rheinebene und zu den Vogesen. Es ist sicher einer der landschaftlich interessantesten Teile des bekannten Höhenweges.

Kurz nach diesem Wandertermin wurde zudem an der Strecke ein besonderes Highlight eröffnet: Der abenteuerliche Lotharpfad, einem 800 Meter langen Erlebnispfad, der dem Besucher zeigen soll, wie sich die Natur nach dem Orkan wieder dynamisch erholt und eine große Artenvielfalt entwickelt, wenn der Mensch nicht eingreift. Der Weg geht über und unter umgestürzten Bäumen. Aussichtsplattformen geben einen guten Überblick. Tausende Besucher sind jährlich seither diesen Pfad gegangen. Regelmäßig stehen Busse am rustikalen Naturtor.

Nach dem Start gingen wir in westlicher Richtung und unser erster Anlaufpunkt waren die Gebäude an der Zuflucht, wozu eine Jugendherberge gehörte. Später wurde es zu einem preiswerten Hotel umgewidmet. Das Haus bietet sich ideal heute geradezu für Wanderer auf dem Westweg an, nachdem das Haus an der Alexanderschanze seit Jahren geschlossen ist.

Von diesem Punkt schwenkten wir in Richtung Norden. Nach einigen Kilometern, zwischendurch leicht ansteigend, lag rechts das Wellnesshotel Schliffkopf am Weg und kurz oberhalb ist die Bergkuppe nach dem das Hotel benannt ist. Die Kuppe auf 1'054 Meter ziert sogar ein Gipfelkreuz.

Leider überraschte uns hier ein herannahendes Gewitter, so dass die sonst für eine Rast einladende Hochfläche nicht optimal war. Alles strebte schleunigst dem Ruhestein zu, denn dort bieten die Häuser besseren Schutz und ein Dach. Bis wir jedoch dort waren, war das Gewitter schon wieder vorüber gezogen. Trotzdem haben wir eine Rast eingelegt und wer nichts zu essen dabei hatte konnte sich in der Ski- und Wanderhütte stärken und etwas zu trinken besorgen.

Einige nahmen für den weiteren Weg bequem den Skilift am Hang, andere liefen den im Zickzack den leicht ansteigenden Fahrweg, um auf der Höhe zur Darmstädter Hütte zu halten.

Der letzte Wegabschnitt, vorbei am Seibelseckle, wo sich im Winter unzählige Skifahrer tummeln, war auch bald geschafft. Dann folgte ein letzter, kurzer Anstieg, der dem einen oder anderen nun etwas mehr Mühe machte. Dann waren alle am Ziel, dem sagenumwobenen Mummelsee und Karsee am Fuße der Hornisgrinde.

Im Nordschwarzwald gab es einst rund 40 solcher Karseen, die aus der letzten Eiszeit übrig blieben; die meistens sind inzwischen verlandet. Gegenwärtig gibt es noch 10 bedeutende Karseen und der Mummelsee gehört als Bekanntester dazu. Sie zu schützen, hat sich der Naturschutz zu Recht als Ziel gesetzt und das Umdenken in den letzten Jahrzehnten in der Landschaftserhaltung hilft dabei maßgeblich.

Gerade am Hotel eingetroffen, begann das nächste Gewitter und jetzt auch noch mit heftigem Hagelschauer. Wir waren aber am Ziel, konnten ins Trockene flüchten und ließen es uns bei Spanferkel am Spieß und anderen Köstlichkeiten gut gehen.

Später wurde bei einem Brand das Haus total zerstört, ist aber inzwischen schöner und vor allem moderner aufgebaut worden. Heute wird es voll dem gigantischen Rummel gerecht, der an schönen Tagen über diesen See hereinbricht.

Unsere Wanderstrecke betrug 22 Kilometer, bei etwas über 600 Höhenmetern.

http://www.schwarzwald-tourismus.info/Media/Touren/Westweg-Etappe-04-Unterstmatt-Alexanderschanze
http://www.schwarzwaldhochstrasse.de/22-0-Lotharpfad-.html
http://www.hotel-zuflucht.de
http://www.schliffkopf.de/de
http://mummelsee.de/berghotel

54

Rund um Bottenau im Renchtal

Sprichwörtliches Bilderbuchwetter hatten wir bei unserer Herbstwanderung 2004, für dessen Start ich das Herztal in Oberkirch-Nußbach gewählt hatte.

Unser Weg führte weitgehendst durch bekannte Weinberge der Oberkircher und Durbacher Weingärtner, die wir gerade eifrig bei der Lese sahen.

Beginnend im Herztal wanderten wir durch die Weinberge erst zur St. Wendelinus-Kapelle hoch, wir kamen in den Wald, am Herbstkopf vorbei und wieder auf Wegen durch die Durbacher Weinberge zum Schloss Staufenberg, oberhalb dem idyllischen Ort Durbach.

Das Schloss und weitläufige Rebflächen im Ort gehören dem Markgrafen von Baden. Die erzeugten Weine gewannen schon viele Auszeichnungen und reihen sich ein in die nationalen und internationalen Erfolge ehrgeiziger Durbacher Winzer, die ihre Weine selbst vermarkten.

Von der Schlossterrasse bot sich uns eine einmalige, weite Sicht in die sanften Täler von Durbach und in die Rheinebene. Viele der Teilnehmer hätten hier gerne längere Rast gemacht. Der Weg war aber noch weit und es war noch zu früh am Tag.

Vom Schloss aus kamen wir zu einer kleinen Kapelle, direkt am Pass der Straße von Bottenau nach Durbach. Kurz darauf erreichten wir den urigen Bauergasthof Hummelswälderhof, auf der anderen Talseite, wo wir nun die Mittagspause einlegten.

Der Hof war einst legendär für bäuerliche Spezialitäten, wie den Bibiliskäse und bot gelegentlich Spanferkel am Spieß. Allerdings war dazu eine Anmeldung und Mindestanzahl an Teilnehmer erforderlich – logisch auch an einem Spanferkel ist ordentlich was dran.

Nach der Pause fiel der steile Weg hinauf zum Geigerskopfturm auf 435 Meter doch dem Einen oder Anderen etwas schwerer, denn mit vollem Magen läuft es sich nicht so gut. Dafür lohnte aber wiederum die Rundumsicht vom Turm. Nicht alle wollten auch zur Turmspitze aufsteigen. Wen wunderte es, wenn man auch so schon viel gesehen hat.

Dann hielten wir uns talwärts und kamen an stattlichen Bauernhöfen vorbei, die im Hofausschank bei Selbstbedienung Schnäpse „Schnaps-brünnele" genannt, aus eigener Herstellung feilboten.

Dazu gehörte das edle Zibärtle. Das ist neben dem sogenannten Ross-ler oder Topinambur ein typischer Schnaps, der meines Wissens aus-schließlich hier in der Mittelbadischen Region hergestellt wird.

Die Zibarte ist ein Baum mit kleinen, blauen Pflaumen und die Äste sind mit Stacheln bewehrt. Die Sorte soll es schon in der Jungsteinzeit gegeben haben. Die Ausbeute ist spärlich. Das rechtfertigt den höhe-ren Preis für diese absolute Spezialität.

Das Zibärtle hat ein äußerst feines Aroma und ist deshalb unter Ken-nern begehrt, auch wenn der Schnaps seinen Preis hat. Immer mehr Liebhaber entdecken wieder diese alte Sorte. Im Tal blieben aus frühe-ren Jahrzehnten noch Bäume mit dieser an Schlehen erinnernden Frucht erhalten und neuerdings werden wieder junge Bäume ge-pflanzt, so dass die Art gerettet ist und hoffentlich auch erhalten bleibt.

Nachdem wir das Tal Bottenau durchschritten hatten, ging es wieder leicht auf der anderen Seite aufwärts und über den Berg ins Herztal zu-rück. Die meisten waren froh am Ziel zu sein und alle kehrten freudig in der Straßenwirtschaft Weingut Herztal ein.

Dort wurde neuer Wein serviert, aber auch ausgereifter Jahrgangs-wein, sowie bäuerlich, deftiges Essen. Einer unserer Teilnehmer spielte mit dem Akkordeon auf und je länger der Aufenthalt dauerte, umso stimmgewaltiger wurden bekannte Volkslieder mitgesungen.

Längst war die Anstrengung des Tages und die kraftraubenden Anstie-ge vergessen.

Die Strecke war mit 12,5 Kilometer mäßig lang und die Höhenmeter eher moderat.

http://www.weingut-herztal.de

http://www.schloss-staufenberg.de

http://www.durbach.de

http://www.hummelswaelder-hof.de/de/index_de.htm

55

Rundwanderung von Oberkirch über den Sulzbacher Grat
Diese Wanderung im Renchtal beginnt am Bahnhof in Oberkirch. Zuerst geht es der blauen Raute folgend geht durch die Fußgängerzone, vorbei am Frechen Hus - ein Burgbühne für die Kulturszene - und dem romantischen, mit bunten Blumen geschmückten Gewerbekanal entlang. Beim Hotel Obere Linde überqueren wir die Hauptstraße und erreichen den Stadtgarten, in dem wir allerlei Kunstwerken sehen und deren Betrachtung ruhig etwas Zeit in Anspruch nehmen darf.
Von da halten wir an die gelbe Raute, kommen zum Haus Pfaff und in der Straße In der Höll, biegen am Haus Nr. 2 d rechts ab. Ein schmales Pfädchen verläuft durch die Wiese und am Waldrand aufwärts. Es ist ein wenig steiler, bis wir nach 200 Höhenmetern – belohnt mit bester Aussicht auf die Stadt und das vordere Renchtal – das Schwalbenstein Husaren-Denkmal erreicht haben.
Weiter zeigt uns der Wegweiser zur Schwalbensteinhütte und wir nehmen nun den Oberer Schauenburgweg. Wieder ist die blaue Raute unsere Orientierung und wir kommen an Mühlebur vorbei, Oberer Spitzberg zum Simmersbacher Kreuz. Dieser Abschnitt ist identisch mit dem Renchalsteig, der zu den Allerheiligen Wasserfällen geht.
Zuvor sehen wir unterhalb am Waldrand die Bergvesperstube Zum Fiesemichel. Ein spezieller Typ. Wanderer vom Simmersbacher Kreuz kommen dorthin oder Besucher aus dem Tal erreichen das Haus von Lautenbach. Von der B 28 zweigte eine schmale Straße ab und geht hier hoch.
Vom Simmersbacher Kreuz folgen wir dem Hinweis zum Sohlberg. Wer will, kann von dort einen kurzen Abstecher - es sind 500 Meter je Strecke - zum Berggasthaus Wandersruh machen und einkehren.
Vom Sohlberg, 781 Meter, wandern wir zum Knappeneck. An diesem Wegkreuz steht eine Hütte mit Vorplatz, Tische und Bänke, die auch einer größeren Gruppe Platz genug für eine Rast bieten.
Noch rund einen Kilometer müssen wir leicht bergauf der gelben Raute folgen, bevor wir dann nur noch abwärts gehen dürfen.

Ein leicht versteckter Pfad zweigt vom Fahrweg nach rechts ab und auf einem sehr steilen Pfad erreichen wir unterhalb das Wegkreuz Knappeneck.

Achtung, beim Wochenendhaus müssen wir an der rechten Seite vorbei und geradeaus den Pfad über die Wiese gehen, wo knorrige, wetterharte Obstbäumen stehen. Einen Kilometer weiter im Wald kommt schließlich der Pilatusfelsen.

Leider ist dieses Felsareal, wie zuvor schon der Weg über den Grat, ziemlich mit Büschen und Gestrüpp zugewachsen und verwildert, deshalb sollte man besser unterhalb auf dem Pfad bleiben. Schön wäre es, wenn Freiwillige dieses markante Felsenareal, den exponierten Punkt in der Landschaft, wieder einmal freilegen würden.

Vom Felsen aus haben wir zwei Möglichkeiten zum Badwald abzusteigen; entweder links am Pilatusfelsen kurz aufwärts, dann 100 Meter steil im Wald nach unten und bei der Weggabelung rechts halten. Die andere Möglichkeit ist, wir gehen rechts am Pilatusfelsen vorbei und folgen dem Pfad, bis der Wegweiser den schmalen Pfad zum Badwald anzeigt.

Dort am Wegkreuz müssen wir links in Richtung Hubacker weitergehen. Nach rund 3 Kilometer sind wir schließlich im Tal, an der Bundesstraße 28, die wir queren.

Gegenüber ist eine Stahlbrücke und wir überqueren dort die Rench. Unmittelbar danach biegen wir an den Gleisen rechts auf den Radweg. Bis zum Bahnhof Oberkirch sind es 5 Kilometer und auf halber Strecke liegt Lautenbach auf der anderen Seite der Rench.

Wer noch Kraft und Zeit hat, kann im Ort die Wallfahrtskirche Mariä Krönung besichtigen. Sie stammt aus dem 15. Jahrhundert und soll die wohl schönste und bedeutendste Kirche der Region sein. Häufig wird sie als „wahres Juwel spätgotischer Sakralbaukunst" bezeichnet.

Sonst bleiben wir auf dem Weg, gehen rechts über die Renchbrücke und sofort links auf dem Damm nach Oberkirch. Links und rechts sehen wir ausgedehnte Obstplantagen, die teils mit Netzen gegen Hagel geschützt werden. Das Renchtal ist eine gesegnete Gegend für Obst aller Art. Äpfel haben einen großen Anteil, aber auch Kirschen und großflächige Erdbeerplantagen finden sich; die endlosen Rebflächen wurden schon an anderer Stelle erwähnt.

Diese Runde misst 25 Kilometer und wir legen knapp 1'000 Höhenmeter zurück.

Zum Abschluss ist das Restaurant Pfauen zu empfehlen, nur wenige Meter vom Bahnhof entfernt. Es bietet ein gemütliches Ambiente und ein reichhaltiges Angebot exzellenter Speisen, dazu die hervorragenden Oberkircher Weine.

http://www.tourismus-bw.de/Media/Touren/Oberkirch-Rundwanderung-ueber-das-Sulzbacher-Grat

http://www.renchtal-tourismus.de/Wandertouren.html

http://www.fiesemichel.de

http://www.gasthof-pfauen.de

56

Kappelrodeck auf dem Ortenauer Weinpfad nach Oberkirch

Das Acher- und Renchtal wird als wahres Wein- und Obstparadies bezeichnet. Unsere Wanderung führt bergauf, bergab und mitten hindurch. Dabei sind wir nicht nur auf dem Ortenauer Weinpfad, sondern auch auf einem Schnapsweg unterwegs.

Wir beginnen am Kappelrodecker Bahnhof und folgen der Beschilderung des Weinpfades - der roten Raute mit einer blauen Traube.

Am Bildstock St. Niklaus von Myra vorbei geht es durch den Ort und nach einem kurzen Anstieg kommen wir zum Kappelrodeck Venedig auf 212 Meter. Von hier haben wir eine freie Sicht auf das Zuckerbergschloss und das Schloss Rodeck, wobei letzteres in Privatbesitz ist und nicht besucht werden kann – aber wie ein Märchenschloss aussieht.

Auf dem weiteren Weg haben wir eine schöne Sicht auf zwei bekannte Weinlagen der Gemeinde Kappelrodeck mit dem Ortsteil Waldulm. Neben der Hex vom Dasenstein ist der Spätburgunder Waldulmer längst Kult.

Wir kommen zu einem Steinkreuz das die Jahreszahl 1619 trägt. Auffallend beim Passieren des Ortes sind ferner die schönen Fachwerk-

häuser im Weindorf und sehenswerte Relikte aus alter Zeit, wie Back-
häusle, Obstpressen und kupferne Schnapsbrennkessel.
Dann folgt ein etwas steilerer Anstieg zum Ringelbacher Kreuz und auf
dieser Kuppe kreuzen wir die Badische Weinstraße. Jetzt geht es in den
Wald und auf einer beliebten Bikerstrecke streben wir dem Maibach-
weg zu. Wenn sich der Wald lichtet sehen wir schon auf die Stadt
Oberkirch und das vordere Renchtal. Weit oberhalb erkennen wir den
Moosturm auf dem Mooskopf.
Auf dem Panoramaweg kommt die Fatimakapelle, wo wir gut eine Rast
einlegen können. *Die Kapelle zeugt, wie die vielen Bildstöcke in der Region, als Kleinode von der tiefen Religiosität und Frömmigkeit, insbesondere innerhalb der ländlichen Bevölkerung. Sie waren immer mehr
wie andere von der Natur abhängig und vertrauten auf den Beistand
Gottes.*
Nach einem steilen Abstieg treffen wir auf ein weiteres Wegekreuz
und wir betreten die Stadt. Unser Weg führt durch die Randbereiche
von Oberkirch. Vor der Bahnlinie kommen wir noch zu einem Original-
Brenngerät aus der Frühzeit der Schnapsbrennerei. Die Stadt zählt zu
den führenden Orten in Deutschland, was die Schnapsbrennerei betrifft.
*Das Schnapsamt betreut rund 7'000 Brennereien in der Ortenau. Das
beweist, wie wichtig das Brennrecht und für Bauern im Mittleren
Schwarzwald ist und das Brennen von Obst zu Schnaps als zusätzliche
Einkommensquelle immer schon war.*
Die Wanderstrecke beträgt etwa 12 Kilometer bei kurzen, steilen An-
stiegen aber moderater Höhendifferenz.
http://www.wanderkompass.de/Baden-Wurttemberg/ortenauer-
weinpfad.html
http://www.kappelrodeck.de/index.php?id=77
http://www.renchtal-tourismus.de/Schnaps.html

57

Der beliebte Mühlenweg in Ottenhöfen

Mehrfach war ich mit Wandergruppen auf dem weithin bekannten und viel begangenen Mühlenweg in Ottenhöfen unterwegs. Zehn historische Mühlen, liebevoll gepflegt und teilweise noch völlig intakt, finden sich schön verteilt am Weg.

Ein paar Schnapsbrünnele - und auch mit Schwarzwälder Most von den Streuobstwiesen - laden unterwegs zum Genießen ein. Aber Vorsicht, die Schuhe werden schnell "rund".

Begonnen wird in der Regel in Furschenbach bei der Rainbauernmühle. Da gibt es normalerweise ausreichend Parkplätze und wir sind schon bei der ersten, der restaurierten Mühle.

Der Weg ist gut beschildert und führt anfangs etwas oberhalb vom Bach zu den ersten Häusern, wo auch schon ein Schnapsbrünnele wartete. Weiter geht es zum Mühlenhof und ins Tal Lauenbach zur Bühler Mühle. Hernach queren wir das Tal und treffen auf die Schulze-Bure-Mühle. Nachdem auch das Gewann Unterer Simmersbach passiert ist, geht es das Tal hinaus und In den Höfen bis zum Blustweg.

Im Ort steuern wir der Kirche zu und halten uns dann links vom Bach, bis talaufwärts die Hammermühle kommt. Dort gilt es die Hauptstraße zu queren und wir gehen aufwärts bis Hagenbruck. Die Mühle am Hagenstein ist die nächste Etappe, bevor wir noch etwas steiler aufwärts müssen, um zum Zielberg zu kommen und wir den Köningerhof links am Weg erreicht haben.

Eine Einkehr ist allemal lohnenswert, zumal es zu bestimmten Zeiten neben Most und Schnaps auch Kuchen, Kaffee und andere Getränke gibt oder im Herbst Glühwein.

Der Alkohol kann ein wenig die Beine lähmen und sie werden bleischwer. Das verläuft sich aber schnell, denn es geht immer noch einen längeren Wegabschnitt aufwärts, dann durch einen Buchenwald und erst auf der Höhe das Tal auswärts.

Wir sehen von der anderen Seite auf den Ort und in seine grünen Seitentäler, sowie ins vordere Achertal. Dann kommt nach anstrengenden

Höhenmetern die rustikale Benz-Mühle am Bach; eine weitere Möglichkeit sich niederzulassen und etwas zum Trinken bestellen.
Von nun an wird es leichter; der Weg geht abwärts zum Schmälzlehof, wo wir den verdienten Einkehrschwung machen und preiswert essen können.
Da die Wanderstrecke nicht so weit ist, darf man getrost an der einen oder anderen Stelle einkehren. Für Spaß ist garantiert; besonders wenn die Runde mit einer größeren Gruppe gelaufen wird. So wird es zum „echten Event", wie es heute neudeutsch heißt und viele, die einmal gelaufen sind, schwärmen noch nach Jahren davon.
Bei der Planung kann aber durchaus der eine oder andere Schwenk angefügt werden, so dass ohne Mühe von normalerweise 16 Kilometern und 500 Höhenmetern - auch eine Rundstrecke von 22 Kilometer und mehr heraus kommen können. So eine Möglichkeit wäre zum Beispiel mit der Tour schon in Kappelrodeck zu beginnen.
http://www.ottenhoefen-tourismus.de/112-0-Der+Muehlenweg.html
http://www.ottenhoefen-tourismus.de/68-0-Muehlenweg.html
http://www.koeningerhof.de/start.html
http://www.schmaelzle-hof.de/index2.htm

58

Wanderung zu den Deckerhöfe und Vollmersmühle
Dies ist noch eine interessante Tour, die uns ein wenig in die bäuerliche Geschichte und Tradition führt.
Wir wandern diesmal auf dem Achertäler Heimatpfad von Ottenhöfen über Seebach zur Deckerhof-Mühle, dann über Tannenteich zur Vollmersmühle. Beide Mühlen ergänzen die Runde - wie unter 57 beschrieben. Dabei sind wir im reizvollen hinteren Achertal unterwegs. Hoch über uns thront die Hornisgrinde, dessen Sendeturm ein markantes Zeichen setzt.
Die Streckenlänge beträgt nur 15 Kilometer und es sind lediglich 300 Höhenmeter zu überwinden.

Start ist am Bahnhof in Ottenhöfen und wir gehen talaufwärts, zuerst durch den Kurpark zur Kirche. Die beschilderte Strecke geht am Hilda-heim vorbei und auf der Albert-Köhler-Straße in die freie Landschaft. Bald kommt das Gasthaus Sternen und wir müssen auf die linke Stra-ßenseite wechseln und erst etwas abwärts gehen, dann auf den Weg nach Seebach einschwenken.

Wir folgen immer der blauen Raute und gehen entlang dem Flüsschen Acher aufwärts bis Viehbrücke kommt, dann der Schroffen und Boh-nertshöfen. Beim Weg um das Sägewerk erreichen wir den Kurpark von Seebach, wo wir nach Hinterseebach abbiegen. Wir bleiben dem Weg am Bach treu und bei der Brücke Gewerbegebiet finden wir das Hinweisschild zu den Deckerhöfen und kommen zur Deckerhof-Mühle. Es ist eine Hofmühle, die 1792 nahe dem Deckerhof erbaut und vor ei-niger Zeit liebevoll restauriert wurde.

Sind wir bei Über den Deckerhöfen angelangt, ist dem Hinweis Tan-nenteich auf der Sommerseite zu folgen, nach Grimmelwald. Jetzt hal-ten wir uns an die gelbe Raute. Über Tannenteich und Hintere Eck, 590 Meter, kommen wir zur Pumpstation Elsaweg, wo der höchste Punkt auf 605 Meter bei dieser Wanderung erreicht ist.

Hier gibt es einen Bildstock und eine Rastbank sowie nützliche Infor-mationen zu Grimmerswald. Neben der schönen Aussicht lädt zudem ein „Schnapsbrunnen" ein. Zu viel sollte man aber nicht probieren, denn der Weg geht noch weiter.

Am Busterbach stoßen wir dann auf den Wegweiser zur Vollmersmüh-le und wir müssen auf einer Teerstraße talwärts, wo wir links in die Fahrstraße abbiegen, um nach wenigen Metern bei der historischen Mühle zu sein. Die Mühle ist voll intakt und erzeugt nebenbei eigenen Strom, so wie es in früherer Zeit gang und gäbe war. Übrigens erzeugt auch die oben erwähnte Deckermühle eigenen Strom.

Nach der Besichtigung geht es am Grimmersbächle entlang abwärts und beim Lorenzenhof wechseln wir die Talseite und kommen zum Schroffen. Ab da bleiben wir auf dem Achertäler Heimatpfad und ge-hen zum Ausgangspunkt zurück.

In Seebach wäre noch das „Internationale Trachtenmuseum" zu be-sichtigen. Ferner gibt es eine sachkundige Führung in den Erzstollen Sil-

bergründle im Maisental. Ein rund 167 Meter langer Stollen gibt Hinweise *zu den einstigen Bergbauaktivitäten, die bis ins 18. Jahrhundert andauerten.*
www.seebach-tourismus.de
www.vollmersmuehle.de
www.bergwerk-seebach.de

59

Rundweg über die Allerheiligen-Wasserfällen zum Schliffkopf

Über Oppenau im Renchtal und im Ort links ab ins Lierbachtal erreichen wir den unteren Parkplatz der Allerheiligen-Wasserfälle. Die ausreichend vorhandenen Parkplätze sind kostenfrei und auch zu den Wasserfällen wird kein Eintritt verlangt – nicht selbstverständlich ist in unserer kommerzialisierten Welt.

Den wildromantischen, sehenswerten Wasserfällen in der engen Schlucht dürfen wir ruhig etwas mehr Zeit widmen. Der Lierbach fällt 90 Meter über sieben Stufen in die Tiefe, in ausgewaschene Gumpen. Die Wasserfälle bilden, besonders wenn oberhalb die Schneeschmelze begonnen hat oder ausgiebiger Regen für genügend Wasser sorgt, ein beeindruckendes Schauspiel.

Die Schlucht oder Kaskaden werden neuerdings sogar von Sportlern für Canyoning genützt, da heißt, Mutige im Neoprenanzug rutschen über die Abstürze im Wasser nach unten und lassen sich in die Gumpen fallen.

Mit viel Fantasie ist in der gegenüber senkrecht aufragenden Felswand ein Gesicht zu erkennen und eine Informationstafel berichtet über den Hintergrund der damit zusammenhängenden Sage.

Die 233 Stufen erfordern etwas Kondition, doch oberhalb der Wasserfälle geht es dann gemächlicher aufwärts, bis wir bei den Ruinen der frühgotischen Klosteranlage Allerheiligen angekommen sind.

Sie sind es wert, sich etwas mit der Geschichte zu befassen. Vielleicht will man auch im Restaurant einkehren und eine längere Pause machen.

Unser Weg geht oberhalb weiter durch die Wiese und an der neueren Kapelle vorbei und wir treffen auf ein Pfädchen im Wald. Im etwas steileren Anstieg ist der Molkereikopf die nächste Etappe, dann laufen wir relativ flach den Vogelskopf-Rundweg zum Ruhestein.

Nach einer kurzen Pause schwenken wir auf den gerne gegangenen Westweg und orientieren uns an der roten Raute, bis wir auf dem Schliffkopf auf 1'055 Meter sind.

Er soll „der schönste Aussichtsberg der Gemarkung Baiersbronn mit einem unvergleichlichen Blick in die Landschaft sein". Auf dem höchsten Punkt finden wir sogar ein Gipfelkreuz - auch wenn dieser Berg ohne Pickel und Seil bestiegen werden kann. Zuvor begegnen wir links - vom Ruhestein aus gesehen - einem monumentalen Felsen. *Es ist ein Kriegergedächtnismal von 1928 des Schwäbischen Schneeschuhbundes.*

uf der ausgedehnten Hochfläche zwischen Erika - und Heidelbeersträucher findet sich bei gutem Wetter sicher ein schöner Platz für eine ausgiebige Rast. Einkehr ist auch im Schliffkopfhotel, das heute ein Wellnesshotel ist, möglich.

Auf dem Pionierweg - oder Tausend-Meter-Weg – gehen wir der blauen Raute nach wieder steil abwärts zum Allerheiligen-Parkplatz.

Diese Wanderstrecke hat etwa 20 Kilometer und es sind etwas über 500 Höhenmeter zu bewältigen.

www.schwarzwald-tourismus.info/Media/Touren/Oppenau-Sagenrundweg-Allerheiligen-Wasserfaelle-und-Klosterruine
www.klosterruine-allerheiligen.de

60

Zu den Edelfrauengrab-Wasserfällen und Karlsruher Grat

Idealer Startpunkt in Ottenhöfen ist beim Gasthaus Sternen, außerhalb am Ortsrand in Richtung Seebach. Dort gibt es Parkplätze und nach der Rückkehr lädt das Haus zum Einkehrschwung ein. Werden mehrere Fahrzeugen abgestellt, ist die Information im Hotel sinnvoll. Mit Hinweis auf die spätere Einkehr ist die Genehmigung sicher.

Von hier gehen wir über den Gottschlägbach auf die andere Talseite und dort oberhalb aufwärts, dem Wegweiser zum Edelfrauengrab folgend.

Wir kommen an Bauernhöfe vorbei und in Höhe des Steinbruchbetriebes müssen wir ins eng gewordene Tal. Unser Weg geht am Gottschlägbach entlang und wir sehen kurz oberhalb schon die wildromantischen Edelfrauengrab-Wasserfälle.

Der Sage nach hat hier einst ein Ritter nach seiner Rückkehr vom Kreuzzug seine untreue Frau in eine Höhle eingemauert und auf diese Weise mit dem Tode bestraft. Eine Informationstafel am Wasserfall berichtet von der traurigen Geschichte.

Über Treppen gehen wir an den Wasserfällen aufwärts und im oberen Bereich folgen wir dem stetig ansteigen Pfad bis sich das bewaldete Tal wieder lichtet, eine Wiese kommt und wir links ein „Schnapsbrünnele" sehen.

Ein cleverer Bauer aus der Nachbarschaft bietet an diesem Platz dem Wanderer Bier, Mineralwasser, Cola und andere Getränke zur Selbstbedienung an, aber auch Hochprozentiges aus eigener Herstellung - und alles zu einem moderaten Preis.

Da kann man gar nicht vorbei gehen, ohne sich zu bedienen – vor allem, wenn wir in netter Gesellschaft unterwegs sind. Doch Vorsicht, der Schnaps geht schnell in die Beine und wir haben noch einen etwas steileren Aufstieg vor uns.

Der Herrenschrofen kommt, an dem wir einen schönen Überblick ins Tal haben. Der schmale Pfad geht im Wald weiter, bis wir bei den ersten Barrieren der Felsengruppe Karlsruher Grat sind. Der fordert nun ein wenig Kletterei und gute Balance über einzelne Passagen.

Für nicht ganz so Trittsichere verläuft aber auch unterhalb ein Pfädchen.

Wer es bis zum Quergrat geschafft hat und sicher im Klettern ist, sollte es sich nicht nehmen lassen, entlang des Felsens zum Kreuz auf der Talseite zu klettern.

Mit unserer Hochgebirgstouren-Gruppe haben wir vor Jahren an diesem Felsen häufig Seiltechnik, abseilen und klettern geübt, bevor wir in der Saison zu Hochgebirgstouren aufgebrochen sind.

Noch weitere Passagen auf dem Felsenweg kommen, bevor wir an einer Weggabelung den Weg links zum Bosenstein nehmen. Noch rund 500 Meter und wir sind beim Gasthaus Bosenstein, in dem wir einkehren können.

Talwärts folgen wir wieder der blauen Raute und gehen dabei erst über eine Weideflächen. Im Wald finden wir einen ausgewaschenen Pfad, den wir steil abwärts laufen. Der Brennter Schrofen mit Aussichtspunkt liegt am Weg, bevor wir über Wiesen, vorbei an alten Streuobstbäumen, ins Tal gelangen und direkt auf das vorerwähnte Hotel Sternen treffen.

Wenn es das Wetter zulässt, lädt die Gartenterrasse unter schattigen Linden ein, gemütlich ein Weizenbier oder Apfelsaftschorle zu trinken.

Das Haus bietet eine große Speiseauswahl zu moderaten Preisen und - ein wesentlicher Vorteil - wir wurden bei vielen Besuchen immer schnell und gut bedient.

Der Rundweg geht über 12 Kilometer, mit etwa 800 Höhenmetern.

http://www.ottenhoefen-tourismus.de/106-0-Edelfrauengrab-Wasserfaelle.html

www.ottenhoefen-tourismus.de/69-0-Geniesserpfad+Karlsruher+Grat

www.gasthausbosenstein.de

www.hotelsternen.de

61

Große Grunde zum Karlsruher Grat und den Allerheiligen Wasserfällen

Auch bei dieser Tour starten wir am Gasthaus Sternen am Ortsende von Ottenhöfen – siehe 60.

Zwischen den Häusern auf der anderen Straßenseite führt der Weg auf der rechten Seite vom Gottschlägbach auf einem Wald- und Wiesenpfad aufwärts. Oberhalb vom Steinbruchbetrieb kommen wir wieder in den Talgrund. Nach wenigen hundert Meter am Bach entlang sind wir schon bei den Edelfrauengrab-Wasserfällen.

Über viele Treppen am tosenden Wasser aufwärts, gehen wir durch den Wald ins Gottschlägtal. Unterwegs erwartet uns die schon erwähnte „Getränke-Tankstelle", an der wir uns dann links halten auf einem steilen Pfad immer bergauf zum Karlsruher Grat kommen. Bis hierher ist der Weg wie unter - 60 - beschrieben, identisch.

Nach den Felsen gehen wir aber den tendenziell in gerader Linie verlaufenden Weg durch den Wald und auf Freiflächen immer bergauf, bis wir auf dem Schliffkopf, 1'055 Meter sind. Unterwegs queren wir dabei die Verbindungsstraße vom Ruhestein zu den Allerheiligen-Ruinen.

Auf der höchsten Kuppe des Berges finden sich genügend Sitzplätze und nebenbei eine fantastische Rundumsicht. Das lädt zu einer verdienten Pause und Stärkung ein.

Nun halten wir uns an die Wegmarkierung zu den Allerheiligen-Wasserfällen. Da schmale Pfade von breiten Wegen abzweigen ist eine sorgfältige Orientierung und hin und wieder etwas Suche nach dem Hinweisschild nötig.

Im Restaurant bei den Allerheiligen-Ruinen besteht wieder eine Möglichkeit den Flüssigkeitspegel aufzufüllen, sich Kaffee und Kuchen oder ein Eis zu gönnen.

Nebenbei kann man sich über die aus dem 12. Jahrhundert stammenden,frühgotische Prämonstratenser-Chorherrenstift-Klosteranlage - und seit 1657 Abtei - informieren. Sie wurde 1804 vom Blitz getroffen und dabei weitgehend zerstört.

Wer will und bei guter Kondition ist, kann den Umweg zu den Wasserfällen machen, muss dann aber den gleichen Weg wieder zurück. Das lohnt sich wirklich nur für diejenigen, die noch nie die Wasserfälle gesehen haben.

In der Fortsetzung unseres Weges wird es wieder etwas beschwerlicher. Wir gehen über den Hang, an der neueren Kapelle vorbei aufwärts, queren die Verbindungsstraße nach Ottenhöfen und auf zum Teil breiten Fahrwegen kommen wir über Molkereibrunnen und Langebene zum Blöchereck, dann über die Höhe oberhalb des Gottschlägtal zum Ausgangspunkt hinunter und zurück.

Ein geselliger Abschluss im Gasthaus Sternen lohnt sich immer. Wir bekommen gute und preiswerte Gerichte und haben dafür kostenlos
beim Haus parken dürfen.
Die Streckenlänge war 22 Kilometer und wir bringen 900 Höhenmeter
hinter uns.
http://www.ottenhoefen-tourismus.de/107-0-Naturerlebnis+Karlsru-
her+Grat.html
http://www.schliffkopf.de/de/aktiv-im-nationalpark/wandern /wan-
derrouten

Klosterruine Allerheiligen

62

Von Seebach zum Mummelsee und Ruhestein

Weiter hinter im Achertal starten wir bei dieser Tour in Seebach an der Mummelseehalle. Dort geht es erst durch den Kurpark, dann aufwärts zum Friedhof und wir treffen auf den Elsaweg. In kräftiger Steigung geht es nun durch Streuobstwiesen und Mischwald bergan. An der Nato-Pumpstation lädt erstens ein Aussichtspunkt und zweitens ein „Schnapsbrünnele" zur ersten Rast ein.

Nach kurzem durchschnaufen gehen wir weiter zur Busterbächer Hütte mit Brunnen und aufwärts zum Hohfelsen mit Gipfelkreuz.

Das Edelstahlkreuz wurde von einem Seebacher Unternehmer spendiert.

Ein Aufstieg zum Gipfelkreuz gehört allgemein dazu und wird durch eine gute Aussicht belohnt.

Weiter auf dem Elsaweg wird die Schwarzwaldhochstraße erreicht und wir sind am Mummelsee.

Wer will, kann den See umrunden. Leider oder „Gott sei Dank" - wie immer man es will - ist er nicht mehr naturnah rustikal und man muss nicht mehr über Stock und Stein balancieren, wie es einst war, sondern neuerdings ist der Weg eingeebnet, gut angelegt und auch für Rollstuhlfahrer und ältere Menschen geeignet. Es ist jetzt ein bequemer Bohlenweg mit einer ausreichend großen Aussichtsplattform auf der dem Hotel gegenüber liegenden Seite.

Wir gehen nach der Rast auf dem Westweg weiter, der roten Raute folgend und hinunter zum Seibelseckle. Von da folgen wir dem leicht ansteigenden Weg am Westhang zur Darmstädter Hütte, auf der Hochfläche und 1'030 Meter gelegen. Hier ist ein Rastpunkt am Westweg mit Übernachtungsmöglichkeit.

Zuvor kommen wir am höchsten Punkt des Weges beim „Lothar-Denkmal" vorbei. Es wurde zum Gedenken an den verheerenden Sturm, von dem gerade die nach Westen ausgerichteten Bergvorsprünge besonders hart betroffen waren, errichtet.

Dieser Platz bietet dem kurz Verweilenden eine freie Sicht hinunter nach Seebach, ins Achertal und weit in die Rheinebene. Auf der rechten Seite sehen wir das Mummelsee-Hotel und oberhalb die Türme und Aufbauten der Hornisgrinde.

Nach einer Stärkung in der Darmstädter Hütte gehen wir in östlicher Richtung zum Euting-Grab. Von hier sehen wir den tief unten liegenden, wildromantischen Wildsee, wie ein dunkles Auge im seit über 100 Jahren geschützten Bannwald.

Wer will und gut zu Fuß ist kann direkt zum See absteigen. Der Abstieg fordert Trittsicherheit und gute Kondition und es sind etwa eineinhalb Kilometer, die auch wieder zurückgelaufen werden müssen. Für den Umweg sollte gut eine Stunde Zeit einkalkuliert werden.

Mit oder ohne diese Exkursion geht es mühelose in südlicher Richtung auf der Hochfläche weiter. Bevor wir zum Ruhestein absteigen, sehen wir auf der anderen Talseite eine Skisprungschanze, die unter anderem für die Nordische Kombination und neuerdings sogar von den Ladies COC benützt wird. Weiter rechts schlängelt sich die Schwarzwaldhochstraße in Kurven aufwärts und verführt mutige Motorradfahrer richtig aufzudrehen.

In den Sommermonaten kann der rechts an unserem Aussichtspunkt sichtbare Sessellift benützt werden, um knie- oder energiesparend nach unten zu kommen.

Das Naturschutzzentrum hält interessante Informationen über die Region des Nordschwarzwaldes bereit. Dafür sollte man sich auch kurz Zeit nehmen.

Es folgen 3 Kilometer der blauen Raute nach zum Höhengasthof Bosenstein. Wer Lust hat, geht von dort dann direkt nach Seebach zurück oder nach Ottenhöfen. Von Ottenhöfen muss man aber wieder vom Hotel Sternen nach Seebach - siehe 58 - zurück laufen.

Für konditionsstarke Wanderer lohnen sich jedoch noch der Umweg und ein Abstecher über den alpin anmutenden Karlsruher Grat - siehe 60 und 61.

Die Länge der Tour ist 18 Kilometer und mit dem Abstecher zum Karlsruher Grat sind es etwa 3 Kilometer mehr. Die zu überwindenden Höhenmeter liegen auch jenseits der 1'000 Meter-Marke.

Nach so einer Tour trafen wir uns mit einer größeren Gruppe im Gasthaus Grindestube in Obersasbach zum Abschluss. Nach dieser Heraus-

forderung schmeckten die absolut frisch zubereiteten Speisen und natürlich Bier und Wein - oder auch nur ein Apfelsaftschorle besonders
gut.

www.schwarzwald-nationalpark.de
www.schwarzwaldhochstrasse.de/68-0-Naturschutzzentrum-Ruhe-
stein.html
www.darmstaedter-huette.de

63

Vom Bischenberg rund um Hohritt oberhalb Sasbachwalden

Wir beginnen die Tour im Hoheitsbereich von Sasbachwalden beim
Gasthaus Bischenberg; in der Vorbergzone. Rund um das Gasthaus finden sich Parkplätze und im Haus kann zum Schluss zum Abschluss ein-
gekehrt werden.

Durch ausgedehnte Kastanienwälder verläuft der Weg. Somit lohnt es
sich vor allem im Herbst hier zu wandern, wenn unten die Trauben reif
sind und oben die Kastanien von den Bäumen fallen. Die bunte Farbenpracht der Weinberge und Laubwälder erfreut das Auge und ein
oder zwei Kilo Kastanien finden sicher im Rucksack noch Platz. Sie geben ein schmackhaftes Maronen-Essen oder bilden im Winter eine
willkommene Beilage zu Wildgerichten.

Oberhalb der Gaishöll die Straße In den Erlen oder die nächste, den
Felsenweg nehmen und wir gehen aufwärts zum Schlossberg, genie-
ßen zwischendurch die Ausblicke ins Achertal und in die Weite der
Rheinebene.

Wir schreiten weiter aufwärts und kommen zum Fuchsschrofen auf
über 700 Meter. Dabei handelt es sich um einen etwa 315 Millionen alten Granitfelsen.

Kurz darauf sind wir auch schon an den Resten der Burgruine Hohenrode, 750 Meter, landläufig „Brigittenschloss" genannt. Weiter geht es
auf dem Weg in Richtung am Glöckelshof, abwärts über Weidmatt und
vorbei am Berghof Grüner Baum auf der Brandmatt. Wir halten uns da

in Richtung Schindelskopf und kommen unterhalb dieses Berges auf
dem Weg mit der blauen Raute über Hohritt zum Bischenberg zurück.
Diese Runde hat etwa 14 Kilometer und durchaus steile Auf- und Ab-
stiege. Im Grunde sind es aber nur wenige hundert Höhenmeter Differenz und somit für gute Wanderer moderat und nicht nennenswert.
Den Ausgleich bietet dafür die üppige Natur, die sehenswerte Landschaft, Ruhe und eine würzige, sauerstoffreiche Schwarzwaldluft.
www.gasthaus-bischenberg.de
www.sasbachwalden.de/Wandern-Aktivitaeten/Wandertouren

64

Rundweg Obersasbach nach Sasbachwalden

Start für diese leichte Runde ist in der Ortsmitte von Obersasbach.
Wir gehen in Richtung Klammbosch, kommen in Sasbach an der Heim-
schule Lender vorbei - ein konfessionell geführtes Gymnasium – sowie
beim Turenne-Denkmal. Dieses ist einem berühmten französischen
General, der hier 1675 gefallen ist, gewidmet.
Weiter geht es in südlicher Richtung auf leichtem Weg in den Illenauer
Wald, oberhalb der Stadt Achern. Es kommt der Illenbach und Wald-
see, dann die Antonius-Kapelle in Oberachern, deren Ursprung auf das
Jahr 1751 datiert.
Wir verlassen den Ort und laufen durch den klimatisch begünstigten
Hang den Bienenbuckel aufwärts - die mit 318 Meter höchste Erhe-
bung von Oberachern.
Dabei haben wir einen schönen Blick über diesen Ortsteil von Achern.
Weiter geht es durch Weinberge und schließlich Mischwald, wir wechseln in nördliche Richtung, kommen auf den Sandweg und so nach
Blumberg und zum Schelzberg. Alle Passagen sind im Grunde gemütlich und wir können uns der Natur und den Aussichten widmen. Schon
sind wir im berühmten Wein- und Blumendorf Sasbachwalden, das
sich durch seine vielen, guterhaltenen und gepflegten Fachwerkhäuser
auszeichnet.

Die Blumenpracht leuchtet in den buntesten Farben von den Hausbalkon der Häuser. Dabei haben wir zwischendurch den Blick frei ins Rheintal oder rückwärts in die Vorbergzone. Weit oben ist die Hornisgrinde wie ein wuchtiges Gebirge auszumachen.

Wer will und es die richtige Zeit ist, kann im Ort den Winzerkeller Alde Gott besuchen und einige Tropfen der berühmten Weinlagen probieren oder kehrt in die Klosterschenke Schelzberg ein.

Die Route misst 14 Kilometer und hat nur wenige hundert Höhenmeter Differenz.

Wer nicht mit öffentlichen Verkehrsmittel zurück will, sondern zu Fuß gehen möchte, kann dies von der Ortsmitte aus über am Werth tun und kommt zum Bildstöckel Alde Gott, wo er eine Hinweis zur Sage findet und wie es zu diesem Namen kam. Hier biegt der Weg links ab und geht über Winterbach nach Obersasbach-Mitte.

Das sind noch einmal rund 5 Kilometer extra, doch außer dem Weg bis zum Bildstöckel geht es tendenziell immer gemächlich leicht abwärts.

http://www.sasbach.de/pb/,Lde/233628.html

www.aldegott.de

www.sasbachwalden.de/Media/Gastronomie/Ausflugslokal-Sasbachwalden-Klosterschaenke-Schelzberg

Touren im Schwäbischen bei Freudenstadt

65

Vom Kniebis nach Freudenstadt

Auch das Gebiet rund um Freudenstadt bieten viele Möglichkeiten für anspruchsvolle, vor allem aber für abwechslungsreiche Wanderungen. Wir beginnen diese Tour auf der Höhe des Nordschwarzwaldes direkt an der B 28 bei der Kniebishütte. Sie ist vis à vis dem Informationszentrum am westlichen Ortsrand, oberhalb von Kniebis und wurde erst vor ein paar Jahren neu errichteten.

Gegenüber am Waldrand steht das symbolische Tor „Heilklimapforte Freudenstadt-Kniebis", das wie ein Fensterrahmen den Blick in die Landschaft fokussiert.

Vorbei am Rand des Ortes Kniebis, öffnet sich uns zwischendurch ein Blick auf einen Karsee, wie es sie viele im Nord- und Hochschwarzwald gibt und die noch Relikte aus der Eiszeit sind.

Bald sind wir an der Wasserfallhütte und dort bietet sich uns ein interessanter Umweg; ein Abstieg zum Naturdenkmal Sankenbachwasserfall und noch tiefer, zum Sankenbachsee. Da der Bach nicht immer genügend Wasser führt wird er gestaut, und wer will kann das einfache, aber wirkungsvolle Wehr öffnen und mit dem zuvor gestauten Wasser den Wasserfall richtig zur Geltung bringen. Das bringt vor allem für größere Kinder und zukünftige Wasserbaumeister einen riesigen Spaß. Der Weg hinunter zum See ist ein Umweg von jeweils einem Kilometer und geht steil am Wasserfall vorbei. Dabei ist unbedingt Trittsicherheit nötig. Im Tal und flachen Teil am Sankenbachsee bietet ein Grillplatz Gelegenheit für ein Picknick oder eine Vesperpause, bevor der leicht schweißtreibende Rückweg anzutreten ist, denn wer nicht das Tal hinaus nach Baiersbronn will, muss den gleichen Weg wieder hoch.

Wieder auf dem ursprünglichen Weg gehen wir durch den Wald und es bietet sich zwischendurch die Sicht ins Christophstal. In der Ferne ist die Kulisse von Freudenstadt schon auszumachen. Ein Denkmal an die einstige Grenze zwischen dem katholischen Baden und dem protestantischen Württemberg liegt am Weg. Dann gehen wir am Haus Bärenschlössel vorbei und kommen in das Christophstal.

Das Tal war einst bedeutend im Bergbau. Überall trifft man auf historische Spuren aus dieser Zeit der Frühindustrialisierung. Es wurde Silber- und Kupfererze, Schwerspat und Eisenerz abgebaut. Hier soll auch der Ursprung für "Das kalte Herz" sein; das Märchen von Wilhelm Hauff.

In Freudenstadt ist Zeit für eine Rast am Marktplatz, verbunden mit einem Bummel durch dessen Arkaden. Angeblich ist er „der größte umbaute Marktplatz in Deutschland".

Zurück gehen wir in Richtung Zwieselberg und wir bewegen uns dabei auf dem historischen Grenzweg zum Kniebis. *Dieser Grenzweg markiert die einstige Grenze zwischen Baden und Württemberg. Viele gut erhaltene Grenzsteine erinnern an diese vergangene Zeit.*

Beim Lesen der Infotafeln längs des Grenzweges geht diese Tour erholsam und mit vielen nachhaltigen Eindrücken zu Ende.

Der Rundweg mit 27 Kilometern hat nur - mit Ausnahme des kleinen Umwegs am Wasserfall - mäßige Steigungen.

Zum Abschluss bietet sich die neu errichtete Kniebishütte, 935 Meter für eine Einkehr an. Sie hat eine Außenterrasse, was besonders an einem schönen Tag eine extra Einladung wert ist.

Gleich nebenan ist das Besucherzentrum Schwarzwaldhochstraße, das uns weitere Informationen bieten kann, wenn wir an diesem Tag nicht schon genug Eindrücke verarbeitet haben sollten.

Eine andere Möglichkeit für den zünftigen Abschluss ist das Hotel am Mummelsee.

www.kniebishuette.de

www.kniebis.de

www.freudenstadt.de/de/Freudenstadt-Portal

http://www.schwarzwald-tourismus.info/Media/Touren/Rundweg-Christophstal

Blick auf das Freudenstädter Stadtpanorama und unten auf dem Grenzweg

66

Rund um die Kinzigquelle in Loßburg

Es ist eine kleine Rundtour, die gut mit Kindern gemacht werden kann. Das Besondere daran ist sicher, auf eine echte Quelle zu stoßen, in die man sogar stehen kann. Es gibt auch sonst viel Wasser am Weg und manches Sehenswerte.

Wir beginnen in Loßburg, nahe Freudenstadt am Parkplatz beim Freibad und wandern zuerst zum Kurgarten und Loßburger Zauberland.

Nach einer kurzen Wanderstrecke sind wir an der Quelle der Kinzig. Hier entspringt der Fluss, der von hier durch Alpirsbach, Hausach und an Offenburg vorbei fließt und bei Kehl in den Rhein mündet. Der 93 Kilometer lange Fluss hat somit hier als kleine Quelle seinen Ursprung.

Unabhängig von der Flusslänge zählte einst die Kinzig zu den bedeutendsten Gewässern des Schwarzwaldes, denn über Jahrhunderte diente sie dazu, die im Raum Freudenstadt und im Wolftal geschlagenen, stattlichen Schwarzwaldtannen zu flößen und über den Rhein nach Holland zu transportieren. Die sogenannten „Holländertannen" waren einerseits als Schiffsmasten für Großsegler begehrt und andererseits dienten sie als Pfähle zur Gründung von Städten, wie Amsterdam und anderen.

Idyllisch liegt der Kinzigsee am Weg, wir kommen zu einer Schutzhütte und an vielen Spiel- und Erlebnisstationen für Kinder vorbei. Da die Rundtour relativ kurz ist, kann man sich getrost bei den einzelnen Elementen mehr Zeit lassen.

Es geht leicht aufwärts und der Vogteiturm gehört zu den Attraktionen dieser Runde. Die Besteigung bringt den Kreislauf zusätzlich in Schwung, sollte jedoch ein „Muss" sein, denn Lohn ist der uneingeschränkten Panoramablick über die weite Hochfläche bis Dornstetten und zum Band der Schwäbischen Alb am Horizont.

Der Turm wurde zum 100-jährigen Jubiläum des Schwarzwaldvereins Ortsverein Loßburg errichtet.

Gemächlich nähern wir dem Ausgangspunkt und wir können anschließend noch den schön angelegten Kräuterhügel erklimmen und umrunden.

Bei diesem Tipp sind nur 5 Kilometer zu laufen, bei moderaten Höhenunterschieden. Das kann man locker auch mit Kindern machen, zumal das erwähnte Zauberland und sonst manches Abenteuer am Weg die Kinder begeistern.

www.lossburg.de/de

https://de.wikipedia.org/wiki/Kinzig_%28Rhein%29

www.schwarzwald-tourismus.info/Media/Touren/Durchs-Lossburger-Zauberland-Vogteiturm

67

Auf dem Renchtalsteig von Freudenstadt zum Buchkopfturm

Ausgangspunkt ist beim Besucherzentrum in Freudenstadt. Dank des Schwarzwaldvereins können wir einfach der Beschilderung bis kurz vor der Alexanderschanze folgen. Wir orientieren uns an der roten Raute bis zur B 28, die wir dort überqueren.

Nun sind wir auf dem Renchtalsteig. Der Premiumweg hat insgesamt rund 98 Kilometer und kann in 5 Abschnitte gelaufen werden. Dafür existiert ein eigenes Wegzeichen.

Wir orientieren uns an diesem Zeichen und gehen abwärts, dabei kommen wir zur Renchquelle, Ursprung der Rench, einem weiteren Nebenfluss des Rheins. Der Fluss fließt an Oberkirch vorbei und mündet bei Lichtenau in den Rhein.

Faszinierende Ausblicke in das Renchtal bieten sich an manchen Stellen und wir bewegen uns dabei immer im Nationalpark Nordschwarzwald. Im Tal der Wilden Rench erreichen wir am Rohrenbach den tiefsten Punkt der Wanderung und kurz danach sind wir bei der Renchtalhütte angelangt, wo eine Rast möglich ist.

Die ursprüngliche Hütte brannte vor Jahren ab, wurde aber liebevoll und unter Verwendung alter Holzbalken aus einem Abrisshaus wieder im rustikalen Stil aufgebaut. Es ist eine Dependance des auf der ande-

ren Talseite liegenden, gut sichtbaren Dollenberg, ein exklusives 5-Sterne-Hotel. *Die Betreiber stellen auch das Personal für die Hütte und somit ist gehobenen Service garantiert; von der schönen Lage und grandiosen Sicht ganz zu schweigen.*

Es gibt jedoch auch einen nicht weit entfernt schönen Rastplatz - das Wiesensteigportal - für jene die nicht einkehren wollen und/oder mit Rucksackverpflegung unterwegs sind. Von diesem Platz ist der 2015 errichtete Buchkkopfturm schon gut zu erkennen ist und dorthin wollen wir.

Nach der verdienten Pause geht es aufwärts zum Buchkopfturm, 927 Meter. Er liegt im Oppenauer Stadtwald, oberhalb Bad Antogast. Seine oberste, überdachte Plattform bietet uns einen wunderbaren Ausblick in das Rheintal, das Maisacher Tal und über die Höhen des Schwarzwaldes.

Der Turm hat 8 Stockwerke in moderner Brettsperrholzbauweise. Die Hülle besteht aus Weißtanne und passt somit ideal in den Nationalpark. Die etwa 140 Treppen lassen sich relativ mühelose bewältigen.

Nach diesem Stopp müssen wir noch etwas weiter aufwärts gehen und passieren den Startplatz der Oppenauer Gleitschirmflieger. Der Renchtalsteig verläuft nun ein Stück parallel zur Verbindungsstraße Oppenau - Zuflucht.

Gleich hinten dem Hotel - wo auch noch eine Rast möglich wäre - rechts abbiegen und wir treffen auf den Westweg mit der roten Raute, auf dem wir gemächlich zur nicht mehr weit entfernten Alexanderschanze kommen. Großfläche Heidebüsche und einzeln stehende, Wind und Wetter trotzende Birken und Bergkiefern zieren den Weg.

Von der Alexanderschanze kommen wir zum Kniebis und laufen von nun an den Am Grenzweg und Alter Gleißweg weiter. So kommen wir auf unbeschwerlichen Wegen zum Besucherzentrum in Freudenstadt zurück.

In Freudenstadt darf man ruhig noch ein wenig den angeblich „größten umbauten Marktplatz in Deutschland" besehen und - wenn es das Wetter zulässt - einen Espresso oder Cappuccino mit Kuchen auf der Terrasse des Cafés genießen.

Dieser Rundweg hat etwas über 19 Kilometer und die Höhendifferenz beträgt nur etwa 400 Meter.
http://www.schwarzwald-tourismus.info/Media/Touren/Wanderung-des-Monats-Ueber-Renchtalsteig-zum-neuen-Buchkopfturm-zurueck-ueber-den-Westweg
www.renchtalsteig.de
www.renchtalhuette.de
http://www.oppenau.de/,Lde/startseite/Kultur+_+Tourismus/Buchkopfturm.html

68

Sechster Abschnitt auf dem Ortenauer Weinpfad

Start war bei einer von mir geführten Wanderung auf einer Teiletappe des Ortenauer Weinpfad der Parkplatz der Volksbank im Offenburger Ortsteil Zell-Weierbach. Vom Bahnhof Offenburg gibt es hierher eine Busverbindung. Allerdings fahren die Busse sonntags nicht oder nicht immer.

Die blaue Raute zeigt den Weg aufwärts in die Weinberge. Ein Kunstwerk markiert auf halber Strecke den 8. Längengrad, den wir hier überschreiten. Weiter oberhalb hielten wir uns nach rechts und es wird flacher. Zwischen Wald und Reben gingen wir in Richtung Ortenberg. Schon da eröffnete sich uns eine weite Sicht über die Rebflächen der Ortenauer Vorbergzone, über Offenburg, weit ins Rheintal und wir sehen Straßburg mit dem Vogesenkamm im Hintergrund.

Auf einem der Wege oberhalb vom Offenburger Ortsteil Fessenbach kamen wir nach Ortenberg und sind dabei etwas oberhalb der mitten im Weinberg stehenden Burg.

Die Ursprünge der Burg gehen ins 11./12 Jahrhundert zurück. Das heutige Schloss wurde aber erst Mitte des 19. Jahrhunderts neu erbaut und ist heute eine Jugendherberge. Im Turm werden zudem regelmäßig Trauungen abgehalten.

Wer sich die Zeit nehmen will, sollte auf den Turm steigen und von oben die Aussicht auf das vordere Kinzigtal und die gesegnete Obstlandschaft der weiten Ebene auf sich einwirken lassen. Bei schönem Wetter sieht der Betrachter im Rheintal bis zum Odilienberg und zur Hochkönigsburg auf der Vogesenseite.

Wir hielten uns dann Richtung Gengenbach und kamen über urige Pfade, durch Wiesen und auf geteerten Wegen nach Ohlsbach. Bevor man in den Ort hinunter geht, sollte zuvor ein kurzer Abstecher zur Kapelle Maria im Weinberg gemacht werden. Ein Unternehmer aus der Region hat sie in den 80er Jahren des letzten Jahrhunderts zum Dank für die Genesung von schwerer Krankheit gespendet und bauen lassen.

Durch Obstanlagen kamen wir nach Reichenbach. Ein längerer Waldabschnitt folgte und dem Wolfsweg, vorbei an einer Klinik, kamen wir hinunter nach Gengenbach, passierten das obere Stadttor und strebten dem Marktplatz zu.

Die Strecke war nicht zu lang, so dass wir uns noch die Zeit nehmen konnten, die „Perle unter den Fachwerkstädtchen" mit seinen drei gut erhaltenen Stadttortürmen zu besichtigen. Die 6. Etappe dieses Themenweges hat 18 Kilometer und die Höhenunterschiede sind moderat. In der Stadt finden sich nette Cafés und gute Restaurants, um nach der Wanderung einen gebührenden Abschluss zu machen.

Bei dieser von mir geführten Wanderung fuhren wir allerdings mit dem Linienbus nach Ortenberg und kehrten im Landgasthaus Krone ein. Bei schönem Wetter lässt es sich dort gemütlich in der Gartenterrasse sitzen.

www.ortenberg.jugendherberge-bw.de/de-DE/Portraet
www.schwarzwaldverein.de/wege/fernwanderwege/ortenauer-weinpfad
www.stadt-gengenbach.de
http://www.krone-ortenberg.de

69

Siebter Abschnitt des Ortenauer Weinpfad

Die nächste Etappe, die ich auf diesem abwechslungsreichen Wanderweg mit Wandergruppe ging, führte vom Bahnhof in Gengenbach nach Diersburg.

Wir brauchten nur dem Hinweisschild mit der roten Raute und blauer Traube folgen, das Kennzeichen für den Ortenauer Weinpfad, der teilweise identisch ist mit dem Kandelweg - roter Raute mit „K".

Wir verließen den sehenswerten, historischen Stadtkern durch das Kinzigtor, überschritten die Kinzigbrücke und nach etwa zweihundert Meter schwenkt unser Weg nach rechts. Bis zum Ortsrand ist es nicht mehr weit und es kommt eine Rad- und Fußgängerbrücke über die B 33, danach sind wir am Ziegelwaldsee.

In diesem Bereich finden sich Spuren aus der Römerzeit. Eine alte Kochstelle wurde freigelegt.

Kurz darauf trafen wir am Waldrand auf eine Teerstraße, der wir rechts in Richtung Bermersbach folgten. Beim Kreuz wechselten wir auf die andere Talseite und gingen auf dem leicht ansteigenden Fahrweg durch Streuobstwiesen etwas aufwärts, bis rechts ein Pfädchen in die Wiesen abzweigt. Nach rund 100 Meter passierten wir eine Imkerei, gingen wenige Meter weiter nach rechts und den Hang entlang um den Bergrücken, bis der Weg an einem Wildgehege entlang geht.

Jetzt wurde es nach den Häusern kurz etwas steiler. Auf dem befestigten Fahrweg und im Zickzack durch Weinberge kamen wir zum höchsten Punkt. Während der Verschnaufpause blickten wir auf das silberne Band der Kinzig unten im Tal, auf die mittelalterlichen Türme und Häuser von Gengenbach, links strahlte das Ortenberger Schloss, auch „Tor zum Kinzigtal" genannt, im Licht der Sonne. In Richtung Nordost war der Mooskopf mit seinem Aussichtsturm gut auszumachen, der alles überragt.

Das sind die Augenblicke, wo dem Wanderer das Herz höher schlägt und die dazu beitragen können, innerlich Ruhe und Frieden zu finden; zu entschleunigen, wie es heute neudeutsch heißt.

Auf der anderen Seite des Bergrückens mussten wir zuerst wieder kurz abwärts, dann zweigte unser Weg im rechten Winkel ab und geht am Waldrand entlang, dann dem Tal zu, bis links ein Rast- und Spielplatz erreicht ist. Er war ideal für die Mittagspause, bevor wir kurz unterhalb auf die Talstraße stießen.

Diese mussten wir etwa zweihundert Meter bergauf, bis der Wegweiser nach rechts zeigt und wir wieder auf einem leicht steileren Weg aufwärts durch die Weinberge hielten.

Eine holzgeschnitzte Informationstafel gab uns im Weiler Heiligenreute neu Orientierung. Ein Sitzbank und ein Bildstock markieren den Übergang von einem Tal ins andere. Rechts geht es hinaus der Kinzig zu. Wir hielten uns aber nach links und kamen zur Barrackhütte. Zuletzt folgte ein steiler Abstieg durch den Wald und nach wenigen Kilometern waren wir in Diersburg. Auch dies ist ein Ort der für seinen Weinbau und gute Weine bekannt ist.

Das Weinbaumuseum im Weingut Freiherr Roeder von Diersburg gibt zum Thema Weinbau, der hier seit 1357 betrieben wird, ausführliche Inforationen.

Das war nun der letzte Abschnitt auf dem Ortenauer Weinpfad, der in Gernsbach im Murgtal beginnt und über rund 100 Kilometer und 7 Etappen bis hierher in den Ort führt. Er endet am Diersburger Rathaus. Diese letzte Etappe hat etwas über 10,5 Kilometer und nur wenige hundert Meter Höhenunterschiede.

Der Gasthof Linde, direkt am Endpunkt unserer Tour und direkt an der Talstraße, bietet einen schönen Innenhof, wo wir an diesem heißen Wandertag mit 35° C gerne im Schatten den gemeinsamen Abschluss machten.

Leider ist die Verkehrsanbindung nach Diersburg nicht optimal, so dass wir vor Beginn der Tour am Ziel mehrere Fahrzeuge für die Rückfahrt zum Startpunkt abstellten. Zum Glück für die Fahrer gibt es heute das Weizenbier auch alkoholfrei.

http://www.weinparadies-ortenau.de/ortenauer-weinpfad
www.linde-diersburg.de
www.weinparadies-ortenau.de/weinbaubetriebe/freiherr-roeder-v-diersburg-weingut

69.1

Längere Etappe auf dem Ortenauer Weinpfad

Den 6. Und 7. Abschnitt des Ortenauer Weinpfad führte ich auch mit Gruppen als 1-Tagestour. In diesem Falle schließt sich der Etappe von Zell-Weierbach in Gengenbach die Fortsetzung nach Diersburg gleich an, so dass wir insgesamt 30,5 Kilometer unterwegs waren.

Es ist eine durchaus machbare und nicht sonderlich schwierige Gesamtstrecke.

70

Rundtour von Gengenbach nach Heiligenreute
Von Gengenbach bis Heiligenreute führte ich ebenso Wandergruppen auf dem gleichen Weg - wie bei 69 beschrieben - jedoch als leichte Rundtour nur bis Heiligenreute und von dort zurück.
Wiederum ist Beginn am Bahnhof in Gengenbach. Die Anfahrt ist somit per Bahn möglich und Parkplätze finden sich ausreichend in diesem Bereich.
Für die Teilnehmer, die von Karlsruhe bis aus dem hinteren Kinzigtal, ebenso aus dem Elsass kamen, lohnte es sich, zuerst die alten Fachwerkhäuser der historischen Altstadt zu besichtigen und diese ehemals „freie Reichsstadt" etwas näher unter die Lupe zu nehmen. Das kann aber auch am Ende der Tour gemacht werden - je nach Lust und Laune - zumal die Strecke mit 14 Kilometern nicht sonderlich lang und auch nicht sehr herausfordernd ist.
Wir folgten den Hinweisschildern des Ortenauer Weinpfad, der anfangs identisch mit dem Kandelweg ist, mit roter Raute und einem „K". Nach der Stadtbesichtigung verließen wir die Innenstadt durch das Kinzigtor, gingen auf der Straßenbrücke über die Kinzig und hielten uns nach rund 200 Meter rechts in die Seitenstraße.
Am Stadtrand und nach Querung der B 33 über die Wirtschaftsbrücke kamen wir zum Ziegelwaldsee.
Hier fallen die Reste einer alten Ziegelbrennstelle aus der Römerzeit auf, die archäologisch freigelegt wurden. Die Brennstelle wurde wahrscheinlich 260 nach Christus durch Alemannen zerstört.
Die Kirschen waren gerade reif und verführten manche zum Naschen. Nicht weit entfernt ist der Waldrand und dort folgten wir dem Fahrweg nach rechts, um am Ende die Ziegelwaldstraße nach Bermersbach zu erreichen.
Hier verließen wir den Kandelweg, wechselten auf die andere Straßenseite zu dem frei stehenden Kreuz, das an die Gefallenen der beiden Weltkriege erinnert. Nur ein kurzes Stück muss man auf der Teerstraße aufwärts gehen, bis rechts ein Pfädchen abzweigt und wir über die

Wiese zu einer Imkerei kamen. Dabei stoßen wir auf einen Hang und dort zweigt ein unscheinbarer Pfad rechts ab, geht um den Bergrücken und an einem Damwild-Gehege vorbei.

Nach dem Bauerngehöft geht es etwas steiler bergauf und auf einem Zickzack-Weg durch die Weinberge, auf der nördlichen Seite zum Übergang auf die Berghauptener Talseite.

Der Höhenrücken lädt nicht nur zum Verschnaufen ein, sondern bietet auch einen wunderschönen Ausblick auf das vordere Kinzigtal. Links ist das Ortenberger Schloss, halbrechts Gengenbach, schön eingebettet zwischen Weinberge und Kinzig; der Fluss der dem Tal den Namen gibt. Die Landschaft ist geprägt von Obstplantagen im Tal und Weinbergen entlang der Hänge, oberhalb schließen sich weitläufige Waldflächen an, immer mehr ansteigend bis hinauf zum Mooskopf, der markanten Bergkuppe zwischen Renchtal und Kinzig.

Nach dem Übergang gingen wir es etwas abwärts und am Waldrand wechseln wir die Richtung scharf rechts. Etwas unterhalb liegt der schön angelegte Wanderplatz Klingelhalde, wo wir eine längere Rast einlegten. Erholt und gestärkt gingen wir die letzten Meter ins Tal; zur Dorfstraße im Ort Berghaupten.

Hier mussten wir aufwärts, bis ein Hinweisschild die Wegfortsetzung nach rechts anzeigt. Wieder kamen wir in die Weinberge, nun auf der anderen Talseite. Es ist nicht sehr steil geht aber stetig ansteigend, bis der Zinken Heiligenreute erreicht ist.

Auf diesem Weg sind unterhalb im Talgrund noch Relikte der alten Bergbaugeschichte zu sehen. Vor langer Zeit wurde hier tatsächlich Kohle geschürft.

Am Kreuzpunkt des Wanderweges mit der Möglichkeit in verschiedene Richtungen zu gehen, informiert eine hölzerne Hinweistafel. Wir hielten uns oben am Teich aber rechts nach Bottenbach und gingen den kurzen Weg nach Heiligenreute.

Dort verließen wir den Ortenauer Weinpfad und wandern die Teerstraße das Tal hinaus. Vorbei an stattlichen Bauernhöfen kamen wir in die Talaue der Kinzig. Dort schwenken wir rechts zur Brücke und nach Querung der Bundesstraße 33 verlief der letzte Teil unseres Wegs gemächlich auf dem Hochwasserdamm der Kinzig nach Gengenbach zurück.

Für den obligatorischen Abschluss kehrten wir im Winzerstüble im Winzerhof ein; mitten in der Gengenbacher Altstadt. Zu dieser Zeit wurde das Lokal von einem Italiener geführt. Trotz größerer Personenzahl wurden wir schnell, sehr gut und preiswert bedient.

Erfahrungsgemäß ist es bei geführten Wanderungen sehr wichtig, dass nach der Ankunft alle Teilnehmer möglichst schnell ein Getränk bekommen. So eine Wanderung macht schließlich durstig und hungrig. Für mich hat es sich gut bewährt, dass ich nach dem Ablaufen der geplanten Wanderstrecke uns immer schon im ausgesuchten Lokal anmeldete. Gegen Mittag am Wandertag gebe ich dann telefonisch die exakte Anzahl der Teilnehmer durch. So können sich die Wirtsleute darauf einrichten, die Plätze reservieren und alles geht schneller.

Erst wenn neben der ausgewählten Wanderstrecke auch der Abschluss optimal ist, verlief die Wanderung rund und wurde allen Teilnehmern zum bleibenden Erlebnis; das Ziel jedes Wanderführers.

http://www.stadt-gengenbach.de/de/stadt/geschichte

http://berghaupten.de

https://de.wikipedia.org/wiki/Berghaupten

www.winzerstueble.de

Blick zum Ortenberger Schloss und die sanften Weinberge

71

Drei-Türme-Tour von Ortenberg nach Gengenbach

Im Rahmen unserer Konditions-Wandertouren starteten wir zu diesem Vorhaben beim Gasthaus Krone in Ortenberg. Es bietet am Ende eine gute Einkehrmöglichkeit und dafür darf man tagsüber parken. Wenn man sich angemeldet hat, ist es gar kein Problem.

Gewohnt flott gingen wir zum oberhalb kommenden Ortenberger Schloss und wir konnten schon von da den ersten Ausblick genießen. Bei der nächsten Etappe wurde uns richtig warm. Zuerst geht der Weg noch durch die Weinberge und mündet dann in einen schmalen, steilen Pfad. Der erste Turm, zu dem wir wollten, steht auf dem Hohes Horn auf 530 Meter.

Der Aufstieg war im Grunde schon das steilste Stück dieser Strecke. Ein Besuch der Plattform des Stahl-Turmes ist quasi ein „Muss", denn der Rundumblick vom Offenburger Hausberg lohnt es allemal. Wer das nicht will, findet einen Rastplatz in und um die Schutzhütte zu dessen Fuß.

Unser Wandertag war außerordentlich heiß, so dass es alle als angenehm empfanden, weite Abschnitte im schattigen Wald laufen zu können. Auf schmalen Pfaden erreichten wir dabei den nächsten, den Brandeck-Turm auf 693 Meter. Rund um den Turm ist auf rustikalen Bänken selbst für eine größere Wandergruppe genug Platz, um ohne Probleme eine Rast- und Ruhepause einlegen zu können.

Es folgte ein längerer Abschnitt von mehreren Kilometern, vorbei am Brandeck-Lindle und Späneplatz und zuletzt am westlichen Hang des Mooskopfs aufwärts. Oben angelangt, sind wir beim Moosturm auf 872 Meter, der dritte Turm.

Immer wieder belohnten uns Plätze mit weiter Sicht ins Land und die Landschaft. Die drei Aussichtstürme garantieren, wenn das Wetter mitspielt, eine phantastische Sicht ins Rheintal, das Kinzigtal und seine Seitentäler, ins Renchtal und über die Schwarzwaldhöhen, sogar bis zum Feldberg oder bei etwas Glück und gutem Wetter zum Alpenkamm. Wir sehen in Täler der Vogesen und erkennen in der Ferne den

Odilienberg und die Hochkönigsburg im Dunst. So ein Panoramablick ist einfach immer wieder überwältigend und zeigt die vielfältige Topographie dieser Region; links und rechts des Rheingrabens.

Im Abstieg auf der anderen Bergseite kamen wir nach etwa hundert Meter zum Denkmal in Erinnerung an den Schriftsteller Grimmelshausen, dem Schöpfer des Simplicissimus – ich habe es anderweitig schon erwähnt.

Hier an diesem Kreuzungspunkt besteht die Möglichkeit noch ein paar hundert Meter weiter auf den gegenüber liegenden Siedigkopf zu gehen. Dort wurde ein „Lothar-Denkmal" errichtet, zur Erinnerung an die katastrophale Verwüstung, die der Orkan am 2. Weihnachtstag 1999 angerichtet hat.

Vom erwähnten Grimmelshausen-Denkmal hielten wir uns rechts und auf einem gesplitteten Fahrweg kommt 3 Kilometer talwärts ein bedeutender Kreuzungspunkt, die Kornebene, von wo aus sternförmig die Wege in alle Richtungen abzweigen.

Spannend war zwischendurch die Sicht auf den gegenüber liegenden Bergrücken, wo wir aufgestiegen sind. So konnten wir erahnen, welche weite Strecke wir schon gelaufen sind. Dabei staunte mancher, welche immensen Entfernungen ein Mensch zu Fuß doch im Laufe eines Tages zurückzulegen im Stande ist.

Auf der Kornebene bietet das Naturfreundehaus Getränke und einfaches Essen, sowie Übernachtungsmöglichkeiten, hat aber nicht ganzjährig täglich geöffnet.

Von nun an hielten wir uns an den Kandelweg - mit roter Raute und einem „K" – und nach einigen Kilometern leicht abwärts sind wir beim Pfaffenbacher Eck. Hier gibt es wieder mehrere Abzweigungen und Möglichkeiten. Eine Variante ist, den kürzeren Weg durch das Haigerachtal nach Gengenbach zu nehmen.

Wir blieben aber auf dem Kandelweg. Dieser bietet eine Abzweigung - der gelben Raute folgend - über den Katzenstein.

Den Felsgrat ziert eine verwitterte Bank, auf dem ich schon als Schüler anfangs der 50er Jahre des letzten Jahrhunderts mit meinen Schulkameraden gesessen bin. Unser Schulzimmer wurde damals an schönen Tagen einfach in die Natur verlegt. Der Weg von Nordrach hierher und

Blick ins Tal eigneten sich bestens für einen praxisnahen Naturkunde-unterricht.

Nach diesem kurzen Stopp gingen wir hinunter nach Schwaibach und dieses langgezogene Tal hinaus. Der Weg zog sich sehr hin und wegen der Hitze war die Teerstraße nicht gerade ideal. So freuten sich alle, den schattigen Stadtgarten am östlichen Stadtrand erreicht zu haben. Zum Bahnhof war es ein weiterer Kilometer. Bis der Bus fuhr, der uns nach Ortenberg bringen sollte, kühlte zwischendurch ein großer Eisbe-cher, ein Apfelsaftschorle oder Bier in einem Straßencafé in der Stadt-mitte - man gönnt sich ja sonst nichts.

Wir waren bei der Variante Kandelweg etwa 27 Kilometer unterwegs. Bei der anderen sind es etwa 2 Kilometer weniger.

Unter normalen Bedingungen lohnt sich immer noch ein Bummel durch die schöne Altstadt, mit seinen Fachwerkhäusern, urigen Gassen und markanten Türmen. Blumen schmücken die Fenster oder Vorgärt-chen. Bei dieser Hitze hatte jedoch niemand mehr Lust dazu.

Noch ein Tipp: Wenn man in der Adventszeit nach Gengenbach kommt, bietet das Rathaus mit seinen 24 Fenstern einen überdimensionalen Adventskalender. Die Bildmotive werden jährlich gewechselt. Der Event lockt jährlich tausende Besucher in die Stadt.

Mit dem Linienbus kamen wir preisgünstig nach Ortenberg und wir kehrten zum Abschluss im Landgasthof Krone ein. Zum Schluss spen-dierte uns die nette Wirtin sogar einen kostenlosen Obstler. Leider war es auch dafür etwas zu warm. „C'est la vie" sagen die Franzosen „das ist das Leben".

www.nordrach.de/pb/,Lde/158415.html
www.stadt-gengenbach.de
www.krone-ortenberg.de

72

Wanderung von Biberach zur Ruine Hohengeroldseck
Zu dieser Konditionstour starten wir am Bahnhof in Biberach im Kinzig-tal. Alternativ wäre auch der Parkplatz an der B 415 - jenseits der Kin-

zig – eine Möglichkeit. Dann haben wir schon rund 2 Kilometer Geh-
weg gespart.

Unser Weg verläuft rechts der Kinzig, vorbei am Kieswerk und ins langgezogene Tal in den Ortsteil Prinzbach. Immer leicht aber stetig ansteigend erreichen wir von oberhalb dem Landgasthof Kinzigstrand den
Kachelberg, gehen durch den Ort auf die andere Talseite und durch
das Obertal zum Kambacher Eck. Hier treffen sich auf der Höhe die
Wege von Steinach, Schuttertal und Seelbach. Der Platz ist derzeit als
geplanter Standort für Windkraftanlagen im Gespräch.

Wir gehen weiter zum Sodhof und kommen schließlich zum Schönberg, dem Pass zwischen dem Kinzigtal und Schuttertal und an der B
415.

*Die Serpentinenstraße von Lahr nach Biberach hat übrigens Tulla ge-
baut, der auch für die Rheinregulierung verantwortlich zeichnete. Und
am Pass steht das urkundlich erwähnte „Ältestes Gasthaus Deutschlands", die Herberge Zum Löwen – den Titel macht man sich allerdings
mit einem Haus in Freiburg streitig, wobei es wohl um reine Wortklau-
berei geht. Das Haus auf dem Schönberg existiert seit dem Jahr 1231.*

Von dort beginnt der Aufstieg auf der anderen Seite zur Ruine Hohengeroldseck, 524 Meter. Wir können links über den Rebberg hochgehen
- es hat allerdings keine Reben, nur Obstbäume - und wir kommen
dann von der Südseite zur Ruine oder wir gehen rechts die Straße
Schlossberg hoch und kommen oberhalb dem Emersbachtal ans Ziel.

Vom flacheren Teil müssen wir den letzten Abschnitt in Serpentinen
steil nach oben. Die Aussichtspunkte auf den Mauerresten der Ruine
bieten uns atemberaubende Aussichten in die Landschaft und man
kann sich gut in die Lager der mittelalterlichen Ritter versetzen, die
hier alles überblickten und Feinde schon von weitem kommen sahen.

Haben wir genug Mittelalter geschnuppert, führt die nicht ganz leichte
Tour mit rasantem Abstieg hinunter nach Fußbach, dort gehen wir das
Tal hinaus zum Gasthof Rebstock und in der Ebene weiter zur Kinzig,
um auf der Fahrbrücke über den in diesem Bereich gemächlich dahin-
fließenden Fluss zu gelangen.

Schon sind wir auf der anderen Seite des Tales. Dort erwarten uns
nach leichterem Anstieg in lieblichem Wald und Flur von Fröschbach

und Bruch das letzte Wegstück zum Bahnhof – oder wir müssen jetzt wieder über die Kinzig und auf der anderen Seite zum Waldparkplatz gehen.

Man könnte von der Ruine die Strecke auch etwas abkürzen und ins Erzbachtal abwärts gehen und so schneller ins Tal kommen. In diesem Falle kommen wir bei alten B 33 heraus - der Verbindungsstraße von Fußbach nach Biberach, halten uns rechts und bleiben auf dieser Seite des Flusses. So kommen wir direkt nach rund einem Kilometer zum Waldparkplatz, der weiter oben ist.

Oder, wenn wir am Bahnhof geparkt haben, überqueren wir die Kinzig-brücke, halten uns bei den ersten Häusern links und gehen auf einer Nebenstraße durch den Ort. Nach rund 500 Meter sind wir bei einer Bahnunterführung und direkt danach, ein paar Meter parallel zu den Gleisen, erreichen wir den Bahnhof.

Die Strecke ist anspruchsvoll und hat eine Länge von rund 34 Kilometer. Dabei sind fast 1'000 Höhenmetern zu überwinden.

http://www.biberach-baden.de
www.gasthaus-loewen.jimdo.com
www.burgruine-hohengeroldseck.de

73

Von Zell über die Kuhhornhütte zum Mühlstein

Bei dieser Tour bewegen wir uns auf traditionsreichem Boden. Beginnen wollen wir beim Gasthaus Adler in Zell-Unterharmersbach. Dort in der Nachbarschaft finden sich Parkplätze.

Zuerst halten wir uns an die Beschilderung zur Kuhhornhütte und dazu müssen etwas steiler aufwärts. Dabei haben wir vom Waldrand aus schon einen schönen Blick ins Tal und auf die andere Bergseite; zum Brandenkopf mit seinem Aussichtsturm, Sendeturm und Windrädern.

Bei der Kuhhornhütte auf 553 Meter haben wir das steilste Stück schon hinter uns gebracht und können auf dem Kuhhorn etwas verweilen und erholen.

Danach geht der Weg moderat erst durch den Wald, dann auf Streuobstwiesen und vorbei stattlichen Kirschbäumen. Wir bewegen uns auf dem Höhenrücken zwischen Nordrach- und dem Harmersbachtal.

Dabei kommen wir zu einem Aussichtspunkt, an dem die Magdalena, Tochter des „Vogt auf Mühlstein" um das Jahr 1785 häufig in ihrem Schmerz verweilte und mit Tränen in den Augen ins Tal blickte, weil sie - nach der Erzählung von Pfarrer Heinrich Hansjakob - nicht den Mann heiraten durfte, den sie liebte. Stattdessen war sie dem reichen Hermesburg versprochen. Schließlich starb sie an gebrochenem Herzen. Der hartherzige Vogt ist im Jahr 1800 nur wenige hundert Meter vom Stollengrundhof entfernt erfroren.

Unser Weg geht auf der Höhe weiter und wir kommen zum Höhenwirtshaus Vogt auf Mühlstein. Hier trug sich, nach der Schilderung des Heimatschriftstellers Hansjakob, das vorerwähnte Drama zu.

Wenn das Haus geöffnet hat, sollte man unbedingt einkehren und die original erhaltene, uralte Holzvertäfelung der Gastwirtschaft betrachten und sich ein wenig mit der Geschichte des Hauses befassen. Nebenan lädt die zum Haus gehörende kleine Kapelle zur stillen Einkehr ebenfalls ein.

Von hier geht es weiter die Schottenhöfen hinaus, dem Tal zwischen Nordrach und Oberharmersbach.

Hier im Tal wurde bis ins letzte Jahrhundert im Bergbau Schwerspat geschürft.

Wir haben ein langgezogenes Tal vor uns, durch das wir laufen und kommen an alten, stattlichen Traditions-Bauernhöfen vorbei.

Sie zeugen noch immer vom einstigen Reichtum der Waldbesitzer. Der Wald war die „Sparkasse" des Bauern und einige im Mittleren Schwarzwald brachten es um das 18. Jahrhundert zu immensem Reichtum. Wohlgemerkt, die großen Bauern waren reich durch Waldbesitz und nicht vom Ertrag der kargen Felder. Heute bieten sie zum Teil „Ferien auf dem Bauernhof" oder im Haus mit Ausschank Vesper und Most an; zumindest saisonal als Besen- oder Straußwirtschaft. In früheren Zeiten spielte sich das Leben im Mittleren Schwarzwald auf den Höhen ab. Viele Gewann-Bezeichnungen rund um den Mooskopf, Löcherberg, Schäfersfeld, Flacken und Mühlstein zeugen davon und an

manchen Stellen finden sich Mauerreste der Höfe aus jener Zeit im frü-
hen Mittelalter. In den Tälern herrschte damals noch Wildnis und Ur-
wald.

Das Tal weitet sich je weiter wir hinaus kommen und dann sind wir
auch schon am Ausgangspunkt im Ortsteil Unterharmersbach.

Bei der Rückfahrt sollte ein Stopp in Zell eingelegt werden und ein kurzer Rundgang durch das Städtchen gemacht, mit Besichtigung des
Storchenturms, Reste der Stadtmauer und vielen guterhaltenen Fachwerkhäusern.

Zell war einst eine Freie Reichsstadt, was nicht unwichtige Privilegien
mit sich brachte.

Diese Rundstrecke geht über rund 12 Kilometer und etwas mehr wie
600 Höhenmeter.

www.tourismus-bw.de/Media/Touren/Zell-a.-H.-Ueber-Kuhhornkopf-
zum-Muehlstein

www.ortenau-tourismus.de/Media/Tourenfinder/Zum-Vogt-auf-Mu-
ehlstein

www.original-schwarzwald.de/Media/Schwarzwald-Touren/Zum-Vogt-
auf-Muehlstein

74

Von Zell über die Nillhöfe zum Brandenkopf und Durben

Bei diesem Tipp wandern wir vom Bahnhof in Zell auf dem „ältesten
Naturlehrpfad Deutschlands" zum Brandenkopf.

Dazu folgen wir dem Wegweiser zum Grieseneck. Ab dem Kohlplatz
laufen wir den Hansjakobweg, mit dem „Schwarzen Schlapphut" gekennzeichnet.

Heinrich Hansjakob lebte im 17./anfangs des 18. Jahrhunderts, war
Pfarrer in Haslach, Abgeordneter im Badischen Landtag und ein Best-
sellerautor. Über 70 Bücher zeugen von seiner Liebe zur Heimat, dem
Mittleren Schwarzwald, den alten Sitten und Bräuchen in der Bevölke-
rung. Er war der «meistgelesene Autor Badens». Vehement wetterte er
gegen Obrigkeit und Kirche und galt als «Rebell im Priesterrock». Mit

etwa 2 Meter war er ein stattlicher Mann; ein Hüne unter den Menschen seiner Zeit.

Diesem Mann ist der Weg gewidmet, eine Teilstrecke von 2 Hansjakobwegen - der Große Hansjakobweg mit etwa 100 Kilometer und der Kleine Hansjakobweg mit 56 Kilometer in 3 Etappen.

Wir kreuzen zudem den Jakobsweg von Loßburg nach Kehl und kommen zur Häusergruppe der Nillhöfe. Wenn geöffnet ist, kann man hier eine kurze Rast einlegen oder das mitgebrachte Vesper genießen.

Weiter geht der Weg über den Schwarzenbachsattel zum Brandenkopf, 945 Meter, auf dem ein Sendeturm des SWR steht und sich drei Windräder für regenerative Energie drehen. Interessanter ist aber der steinerne Aussichtsturm, der eine atemberaubende Sicht über die Schwarzwaldhöhen und in die Täler, das Kinzigtal mit seinen Nebentälern Oberharmersbach und Nordrach bietet.

Vis à vis im mächtigen Berggasthof des Schwarzwaldvereins kann übernachtet werden und es werden einfache Speisen gereicht. Bei schönem Wetter bieten sich draußen ausreichend genug Sitzplätze und Tische für eine Rast, auch wenn an schönen Tagen der Berg sehr stark frequentiert ist.

Im Weiteren folgen wir dem Wegweiser in den Durben. Wir treffen auf einen urigen Bauernhof mit Vesper-Ausschank, der unbedingt besucht werden sollte. Er bietet deftige Spezialitäten des Hauses aus eigener Erzeugung. Bestellen sie einen Schwarzwälder Vesperteller mit Riemlespeck und dazu ein Krug Most von den Streuobstwiesen. Hinter darf es ruhig auch noch ein hausgemachter Schnaps zur Verdauung sein. Wenn gerade vorrätig, dann sollte ein Zibärtle probiert werden. Dies ist ein besonders aromatisches Wässerchen, der meines Wissens nur in der Region des Mittleren Schwarzwaldes hergestellt wird.

Wer danach nicht direkt nach Zell zurück laufen will, kann die kürzere Strecke nach Oberharmersbach nehmen und von da mit dem Bähnle nach Zell fahren.

Die Wanderstecke ist mit etwas mehr als 10 Kilometer nicht allzu weit, somit kann sich jeder viel Zeit lassen.

www.kinzigtal.com/Entdecken/Kinzigtal-aktiv/Wandern/Fernwander
wege/Grosser-Hansjakobweg www.brandenkopf.com/Media/Gastro-
nomie/Alm-Berggasthof-Zell-am-Harmersbach-Vesperstube-Durben
http://www.schwarzwald-informationen.de/brandenkopf.html

75

Der Obstbrennerweg in Nordrach

Noch eine spezielle Tour voll hinein ins bäuerliche Leben des Schwarzwaldes bietet der Obstbrennerweg, von Brennhisli zu Brennhisli.
Die Gesamtstrecke um das Tal bemisst sich auf etwa 20 Kilometer.
Startpunkt des 2009 eröffneten Weges ist bei der Hansjakobhalle in
der Dorf-Mitte, nahe dem Rathaus und der St. Ulrich-Kirche.
Der Weg ist gut beschildert und verläuft rund um das Tal. Dabei kommen wir an verschiedenen Höfen vorbei, wo Informationstafeln alles
über die Brennerzeugnisse und wie sie hergestellt werden erklären.
Vom Startpunkt geht es dorfaufwärts, dann nach links ins Ernsbachtal
und der Schwarzhof ist der erste Anlaufpunkt. Nächstens kommen der
Kohlberg, die Störgeiß und der Merkenbach, dann geht es über den
Hasenberg in die Moosmatte. Von hier führt übrigens ein Fahrweg
hoch zur Kornebene, über die an anderen Stellen schon mehrfach berichtet wurde.
*Geschichtlich bedeutender für diesen Ortsteil ist, dass es im 18 Jahr-
hundert eine Glasfabrik gab. Quarz, Pottasche und Holz waren reichlich vorhanden. Dadurch kam Leben in das entlegene Tal. Nachdem
aber der Wald abgeholzt und im Glasofen verfeuert war, wurde die
Produktion eingestellt, die Bevölkerung verarmte. Anfang des 19. Jahrhunderts mussten etwa 150 Bürger den Ort zwangsweise verlassen
und wanderten nach Amerika aus. Mehr wie die Hälfte kam schon
während der Überfahrt ums Leben.*
*Das Buch: „**Westwärts, Wellenreiter**" von Gottfried Zurbrügg schildert
spannend diese besonderen Umstände der damaligen Zeit.*
Aber zurück zum Weg: Beim Gasthaus Adler wechseln wir auf die andere Talseite und es beginnt die 2. Hälfte - die Hintertalstrecke. Wir

gehen aufwärts in den Bärhag und unterhalb der Rautschhütte in das Wippersbächle, kommen zum Stollenberg und zum Stollengrundhof.

Für diesen stattlichen Bauernhof habe ich schon als Jugendlicher in den 60er Jahren des letzten Jahrhunderts beim „Chrise breche" (Kirchen pflücken) ausgeholfen und nebenbei Geld verdient. Die geernteten Kirschen wurden traditionell zu Kirschwasser gebrannt. Hier und bei anderen Gelegenheiten lernte ich direkt und hautnah das bäuerliche Landleben kennen.

Siehe mein Buch:

„Leben ist Glück genug" - vom Schwarzwald zur Seefahrt bei der Marine.

Die weitere Etappe führt auf der Höhe talauswärts zum Rutschbühl, Simonsebene, Flackwald und zu den Höhenhöfen der Flacken. Nächste Station ist der Mühlstein, mit dem schon erwähnten Tradition-Gasthof und Bauernstube Vogt zum Mühlstein.

Nachdem mein Schulkamerad Josef Erdrich, der dieses Haus in der dritten Generation bewirtschaftete, mit 70 Jahren gestorben ist, fand sich zum Glück wieder ein Wirte-Ehepaar, das seit 2014 diese Traditionswirtschaft weiter betreibt.

Zuletzt geht es gemächlich durch den Hutmacherdobel ins Tal. Unterhalb des Wohngebiets Grafenberg steht die Maile-Gießler-Mühle und wir kommen wenig weiter oberhalb durch den Kurpark zum Ausgangspunkt zurück.

Neben den etwa 20 Kilometer haben wir über 600 Höhenmeter hinter uns.

In der Gemeindeverwaltung ist ein Flyer zu diesem Weg erhältlich und auch im Internet als PDF-Datei ausdruckbar.

http://www.kinzigtal.com/Entdecken/Kinzigtal-aktiv/Wandern/Themenwege-Erlebnispfade/Obstbrennerweg-Nordrach

Traditionshöfe in Nordrach, hier im Stollengrund und...

Maile-Gießler-Mühle in Dorf

76

Von Hausach über den Berg nach Oberharmersbach

Wir erreichen Hausach im Kinzigtal mit der Bahn oder von Offenburg auf der B 33 mit dem Auto und wir starten am Bahnhof.

Die Stadt wird von mehreren Fernwanderwegen tangiert, unter anderem vom Westweg und dem Großen Hansjakobweg.

Nach dem Start gehen wir über die Kinzig und wandern in der Frohnau steil hoch zum Basilisbühl und später zu den Spitzfelsen. Beim Hofberg stoßen wir auf den Hansjakobweg; mit dem Schlapphut als Zeichen. Auf diesem Weg erreichen wir die Hohenlochenhütte, die sich für eine erste Rast anbietet.

Weiter kommen wir über den Kreuzbühl - immer so auf 500 Meter - zur Ruhgutsch, 657 Meter, Ebenacker und immer noch aufwärts zum Hirzwasen auf 735 Meter. Im weiten Schwenk im Laßgrund erreichen wir den höchsten Punkt auf dem Brandenkopf, 945 Meter – siehe 74.

Im Wanderheim können wir Einkehr halten, bevor wir als nächstes in den Schwarzenbachsattel, 781 Meter, absteigen. Am weiteren Weg liegt die schon erwähnte Bauerngaststube Durben, wir kommen über den Billersberg und am Ende entlang dem Heimbächle auf dem Häldeleweg ins Dorf nach Oberharmersbach.

Wer noch Kraft, Zeit und Muße hat, kann im Ort das Museumsareal Historischer Speicher / Alte Mühle besichtigen.

Das „Bähnle" - eine Nebenstreckenbahn der SWEG - bringt uns nach Biberach und von dort fahren wir mit der Schwarzwaldbahn zum Ausgangspunkt zurück oder nach Hause.

Zuvor sollte man aber im Hotel Bären einkehren und sich von der Wanderung erholen und etwas stärken.

Die zurückgelegte Strecke beträgt etwa 22 Kilometer, bei einer Höhendifferenz von über 1'000 Meter.

www.gastliches-kinzigtal.de/Entdecken/Gastliches-Kinzigtal/ Hausach/ Aktivurlaub/Wandern

www.baeren-oh.de

77

Rundwanderung oberhalb Hornberg

Den erstmals auf den 3. Oktober 1990 festgelegten Feiertag „Tag der Deutschen Einheit" nützten wir mit einer größeren Wandergruppe zu einer Rundtour oberhalb der Stadt Hornberg.
Treffpunkt und Start war am Bahnhof in Hornberg, der Stadt für das Hornberger Schießen bekannt.

Im 16. Jahrhundert soll der Legende nach der Herzog von Württemberg seinen Besuch angesagt haben. Wurde in der Ferne eine Staubwolke ausgemacht, donnerten die Kanonen. Es war aber nur eine Postkutsche, ein Krämerkarren oder eine Rinderherde. Bis endlich tatsächlich der Herzog kam, war das Pulver verschossen; es gab keinen Salut. Seitdem ist das Hornberger Schießen ein geflügeltes Wort für viel Getöse, bei dem nichts heraus kommt.

Trotzdem es an diesem Tag bei der Anfahrt regnete, hatte sich eine größere Gruppe beim Treff eingefunden und mit dabei waren auch mehrere Teilnehmer aus dem Elsass. Der Regen hörte auf und es blieb den ganzen Tag über kühl aber trocken.
Unser Weg ging über die Franz-Schiele-Straße aufwärts und teils in Serpentinen stetig ansteigend zum Schachen, dann zur Windeckhütte. Immer noch leicht ansteigend erreichten wir die Immelsbacher Höhe und so um die 700-Meter-Höhenmarke die Philippsruhe. Danach wurde es flacher und wir kamen zur Berta-Quelle. Auf dieser Höhe blieben wir und kamen zum Feierabendfelsen mit Aussichtspunkt. Um die Höhe Althornberg wanderten wir zum Schlossfelsen und anschließend zu den Rappenfelsen. Dabei handelt es sich bei der letzten Felsengruppe um ein ausgewiesenes Naturdenkmal. Tief unten waberten aufsteigende Nebelschwaden und gaben dem Bild ein etwas mystisches Gepräge. Trotzdem war die Sicht einigermaßen gut und es blieb zum Glück tagsüber trocken.
Über Storeck wanderten wir zum Windkapf, zu den Igellochfelsen, dann das Schwanenbachtal hinaus, wieder zur Immelbacher Höhe und nach Hornberg zum Ausgangspunkt zurück.

Unterwegs wären Einkehrmöglichkeiten im Gasthaus Deutscher Jäger auf dem Windkapf gewesen oder im Gasthaus Lamm im Schwanenbachtal.

Die Stecke mit rund 17 Kilometern und etwa 500 Höhenmeter verlief auf schönen Waldwegen, bei vielen Aussichtspunkten und war im Kreis der illustren Runde überaus kurzweilig.

Der Abschluss folgte im gastlichen Hotel Schöne Aussicht auf dem Karlstein, etwa 5 Kilometer von Hornberg entfernt. Die Fahrt dahin mit den PKW's war es uns wert.

www.hornberg.de

www.schoeneaussicht.com

78

Von Triberg nach Hornberg

Dies ist noch eine Tour, zu der mit der Bahn der Ausgangspunkt am Bahnhof in Triberg angefahren werden kann.

Wir wandern der blauen Raute folgend auf dem Gutachtalweg - auch „Franz-Göttler-Weg" genannt, gehen auf einem sehr ausgebauten Fußweg hoch über dem rauschenden Fluss Gutach talwärts, kommen dabei an einem Brunnen und Wasserfall vorbei und zu einem Felsen, der eine Gedenktafel in Erinnerung an den Erbauer des Weges trägt.

Nach kurzem steilem Abstieg kommen wir zum nächsten Wegweiser.

Wir folgen nun der gelben Raute nach rechts und erreichen Steinbiss, gehen weiter in Richtung am Bach und durch ein Naturschutzgebiet bei Gremmelsbach. Danach überqueren wir den Hippensbach und Obergießbach, den Niedergießbach und kommen weiter unten in den Ort Niederwasser-Dorf.

Das Gasthaus Rössle an der Landstraße wäre eine Adresse zur Einkehr.

Der weitere Weg geht eine Weile auf der Dorfstraße und wir kommen zum Schwimmbad in Höhe von am Rubersbach, vorbei an Duravit, dem bekannten Hersteller von Badkeramik.

Bemerkenswert ist deren weltweit größte Toilettenschüssel als Blickfang auf dem Betriebsgelände.

Noch ein Stück durch das Städtchen - bekannt durch das „Hornberger Schießen" - das jährlich auch in Theateraufführungen auf der Freilicht- bühne gezeigt wird - und wir erreichen den Bahnhof. Dieser liegt etwas oberhalb auf der rechten Talseite - in Talrichtung gesehen. Es sind mehrere Varianten möglich. Die kürzere misst etwas über 10 Kilometer und geht mehr abwärts wie aufwärts. Bei der längeren Vari- ante ab der Steinbiss-Säge und über die Rappenfelsen – siehe 77 – sind es über 15 Kilometer und größere Steigungen dabei.
www.triberg.de
www.schwarzwald-tourismus.info/Media/Touren/Von-Triber- g-nach-Hornberg
www.roessle-niederwasser.de

79

Von Hornberg über die Prechtaler Schanze nach Hausach
Mit der Bahn fuhren wir mit einer größeren Wandergruppe von Offen- burg bis Hornberg zu diesem Vorhaben.
Zuerst gingen wir auf die andere Talseite und hoch zum Schloss, be- kannt für das "Hornberger Schießen" – siehe 77. Unterhalb vom Schloss finden jährlich die Freilichtspiele statt, die das Ereignis nach- spielen.
Vom Hotel zur Aussicht am Turm sind es nur wenige Meter. Dafür hat man hier den besten Blick auf die Stadt und dabei besonders fällt das Viadukt der Bahn auf.
Wir wanderten auf dem Dreitälerweg, mit rot-blauer Raute gekenn- zeichnet, zum Offenbacher Eckle und machten an der Schutzhütte eine erste Rast. Dann folgten wir dem Weg über den Fährlefelsen, 743 Me- ter, Hirzdobel, Huberfelsen aufwärts zum Horniskopf.
Besonderheit am Weg ist die historischen Prechtaler Schanze, 764 Me- ter, die noch aus dem 30-jährigen Krieg stammt und einen Aussichts- punkt bietet. Der Höhenrücken, Übergang vom Kinzig - ins Elztal, war ein wichtiger, strategischer Punkt im Spanischen Erbfolgekrieg.

Über Haselberg kamen wir zur „Schanz und Wachthaus auf dem Höchst" weit oberhalb dem Ort Gutach. Wir gingen auf und ab zum Büchereck und Richtung Haslach zum Schmiederkreuz.

Einige Unermüdliche machten mit mir noch einen Abstecher steil aufwärts zum Farrenkopf 789 Meter, dem Hausberg von Hausach.

Wieder als Gruppe komplett hielten wir ins abwärts, kamen ins Hauserbachtal und hinaus nach Hausach. Unterwegs überraschte uns ein Wanderkamerad mit Kaffee und Kuchen. Er hat weit hinten im Tal ein Wochenendhäuschen nebst Forellenteich.

Eine Teilstrecke dieser Route ist am Westweg Pforzheim-Basel, 7. Etappe von Hausach – Wilhelmshöhe und mit der roten Raute gekennzeichnet, das heißt unser Dreitälerweg ist teilweise identisch mit dem Westweg, jedoch in umgekehrter Richtung.

Für die Abschlusseinkehr hatten wir das Gasthaus Blume in der Nähe des Bahnhofs gewählt.

Wir waren diesmal über 20 Kilometer unterwegs und hatten gut 400 Höhenmeter zu überwinden, den Abstecher zum Farrenkopf nicht mitgerechnet.

www.wanderbares-deutschland.de/wanderwege/wanderwege
www.outdooractive.com/de/wanderung/mittelschwarzwald/westweg-1-hausach-schonach/1558158/
www.hotelblume.de

80

Rundweg von Haslach über die Heidburg

Zu einer anderen Rundtour auf den Spuren Heinrich Hansjakobs, der in Haslach Pfarrer war und bekanntester Volksschriftsteller Badens im 19. Jahrhundert, starteten wir bei der Sparkasse mitten in Haslach im Kinzigtal. Die Stadt ist mit der Schwarzwaldbahn Offenburg-Konstanz gut zu erreichen oder mit dem Auto über die B 33.

Zuerst bummelten wir gemächlich durch die Fußgängerzone und hielten uns dann Richtung Hofstetten. Bergan kamen wir auf den Gehrenberg, 538 Meter. Die ersten Höhenmeter zum Einlaufen hatten wir da längst hinter uns. Der Pfusbühl, 559 Meter kam als Nächstes und wir gingen den leicht ansteigenden Weg zum Rotebühl.

Nicht weit entfernt ist der Schwarzbühl und hier soll auch in der Nähe einst die Burg Heidburg gestanden haben, die Heinrich Hansjakob in seinen Büchern erwähnte und wo er oft verweilt haben will, wenn er auf der Höhe die einsam liegenden Bauernhöfen besuchte.

Wir kamen auf die Passhöhe Heidburg, 520 Meter, wo wir die B 294 querten.

Der Pass ist der Übergang vom Kinzigtal ins Elztal und eine Hautroute nach Freiburg. Sie war früher Bistumsgrenze und die direkte Verbindung vom Breisgau nach Schwaben. Wir befinden uns also an einem besonders geschichtsträchtigen Boden.

Wenn das Café geöffnet hat, kann man sich vielleicht ein wenig stärken und den Flüssigkeitspegel auffüllen.

Wir blieben auf der Höhe und hielten uns in östlicher Richtung zum Finsterkapf, 690 Meter, Benediktskopf und Holzerkopf, Lehrscheide und Kirchberg und immer in Richtung Landwassereck. Dabei befanden wir uns ständig so auf einer Höhe um die 600 Meter. Am Landwassereck, 666 Meter gibt es ein Landgasthof mit uralter Tradition, wo Wanderer willkommen sind.

Im Bereich Mühlweiher gingen wir nach links zum Hörnle, 614 Meter und Nautenberg und kamen so nun wieder nach Mühlenbach ins Tal.

Von dort gilt es nur noch das Tal hinaus zu laufen und es kommt der Waldsee, wo nochmals eine Einkehrmöglichkeit besteht.

Wer hinterher noch Lust hat, sollte unbedingt den verkehrsberuhigten Altstadtbereich von Haslach mit seinen gepflegten Fachwerkhäusern besichtigen, ebenso das mit Bildmotiven geschmückte Rathaus, das unter anderem den Leutnant von Hasle zeigt, dem Hansjakob ein literarisches Denkmal setzte.

Auch wenn man schon 28 Kilometer und 1'000 Höhenmeter hinter sich hat, lohnt sich der abschließende, kurze Stadtrundgang.

Einkehrmöglichkeiten bestehen in der Waldsee-Terrasse, besonders im Sommer, wenn ein Aufenthalt im Freien angenehm ist oder wir lehren im Traditions-Gasthaus Kanone in der Hauptstraße ein, nicht weit vom Startpunkt entfernt. Dort sehen wir wiederum außen und innen an den Wänden viele Bildmotive von Thoma, einem berühmten Haslacher Kunstmaler.

alpregio.outdooractive.com/ar-kinzigtal/de/
alpregio.jsp#i=2806580&tab=TourTab
www.urlaub-schlosshof.de
www.gasthaus-kanone.de
www.waldsee-terrasse.de

81

Schneckenwanderung bei Triberg

Ohne Frage ist das eine originelle Bezeichnung für einen schönen Wanderweg. Der Name wurde in der Tat von den Initiatoren bewusst gewählt, weil er dazu dienen soll, zu entschleunigen. Das ist so ein neudeutsches Modewort und soll nichts anderes heißen, wie „die Natur genießen und Handys ausgeschaltet lassen".

Startpunkt ist in Triberg am Parkplatz Adelheid, am oberen Einstieg zu den Wasserfällen. Von dort gilt es über die B 500 zu überqueren und einfach der Beschilderung folgen.

Man kann aber auch unterhalb in der Stadt einen Parkplatz suchen und den Weg an den Triberger Wasserfälle hoch laufen. Es ist ein besonderes Erlebnis, die Wassermassen, die über 163 Höhenmeter in die Tiefe stürzen dabei auf sich einwirken zu lassen. Dies lohnt sich jedenfalls für alle, wenn man nicht schon an den Wasserfällen gelaufen ist.

Vom Bahnhof zum Startpunkt könnte man gleichfalls auch öffentliche Verkehrsmitteln nehmen.

Auf dem eigentlichen Schneckenweg kommt nach etwa 5,5 Kilometer der Blindensee. Er darf nur über den Bohlenweg begangen werden. Eine Besonderheit ist, der See wird nur durch Regen gespeist und liegt in einem Naturschutzgebiet. Nach 5,9 Kilometer stoßen wir auf den berühmten Westweg, der dieses Gebiet auch tangiert.

Auf der Höhe von 1'050 Meter treffen wir direkt am Weg in Richtung Martinskapelle auf die Elzquelle. Die Elz fließt von hier ins Prechtal und dem Rhein zu. Nur 800 Meter weiter steht die Martinskapelle und da ist zudem die Quelle der Breg, einem der Quellflüsse der Donau.

„Brigach und Breg bringen die Donau zu weg", lernten wir schon als Schüler. Dieses kleine Rinnsal wird tatsächlich zum zweitgrößten Strom Europas.

Auf der Weißenbacher Höhe ist die Straße zu überqueren und wir müssen einige Meter das Sträßchen entlang laufen, dann der blauen Raute folgen.

In einem Hochtal des Schwarzwaldes besuchen wir den Heilklimatischen Ort Schönwald, der auch über 1'000 Meter liegt und sich als *„der höchstgelegene Ort Deutschlands" bezeichnet.*

Zur Einkehr liegt das Gasthaus Zur Martinskapelle am Weg, oder alternativ der Kolmenhof und der Reinertonishof bei Weißenbach, wo der Gast beste Hausmacherkost serviert bekommt und den Flüssigkeitspegel auffüllen kann.

Der Weg hat rund 22 Kilometer - ohne die Zugabe über die Wasserfälle - und etwa 600 Höhenmeter Differenz.

Die einmalige Landschaft und die vielen sehenswerten Naturschönheiten am Weg sind Belohnung genug, für die etwa 7 Stunden - ohne Pausen. Diese Wanderung ist durchaus im Schongang zu machen. Das Ziel zu entschleunigen dürfte somit erreicht werden.

www.schwarzwald.com/sehenswertes/triberg
www.original-schwarzwald.de/Media/Schwarzwald-Touren/Schneckenwanderung

82

Talwärts von St. Georgen nach Hornberg

Für diese Wanderung hatte sich am Bahnhof in Offenburg eine größere Wandergruppe eingefunden. Ziel mit der Bahn war der St. Georgen im Schwarzwald.

„Die Bahnstrecke von Hornberg nach St. Georgen mit seinen 33 Tunneln gehört zu den schönsten Strecken des Schwarzwaldes", sagt man.

Unsere Wanderstrecke betrug etwa 20 Kilometer und ging, vom kurzen Anstieg gleich nach dem Start in der Stadt auf die Höhe, tendenziell abwärts.

Vom Bahnhof gingen wir kurz durch den Ort und orientierten uns am Zeichen für den Mittelweg mit roter Raute und weißem Balken. Wir kamen auf der Höhe zum Gasthof Staude und legten eine erste Pause ein. Nächster Punkt war am Lindenbüble. Hier verließen wir den Mittelweg und hielten uns an den Querweg Lahr - Rottweil mit rot-blauer Raute auf gelbem Grund.

Oberhalb Birkenbühl war es Zeit für eine längere Rast. Länger deshalb, weil Elsässer als Teilnehmer dabei waren und die bestehen auf eine Mittagspause von eineinhalb Stunden - wenn das Wetter mit macht. *„Wir sind schließlich nicht auf der Hetze"* sagten sie gerne oder maulten auch schon mal: *„Ihr Ditsche mit oerer cheibe Hetz".*

Einer unserer Freude aus dem Elsass hatte sicher 30 Kilo Gepäck dabei und breite ein 7-gängiges Menü - von Shrimps als Vorspeise bis Fromage zum Nachtisch, nebst einer Flasche Vin Rouge - vor sich aus. Na ja, er war auch gut 2 Meter groß, kräftig gebaut und brauchte das sicher.

Gemächlich gingen wir anschließend über Gründlehöhe, Zimmerwald, Hornberger Höhe zur Philippsruhe, dann vorbei am Gesundbrunnen zur Immelsbacher Höhe.

Zuletzt kamen wir immer weiter abwärts und in die schon bekannte Franz-Schiele-Straße in der Nähe des Bahnhofs.

Wir hatten 19 Kilometer hinter uns und 400 Höhenmetern im Aufstieg, dagegen über 800 Höhenmeter im Abstieg.

Bei einem gemeinsamen, geselligen Abschluss im Gasthaus Krokodil in Hornberg ließen alle gutgelaunt den „Tag der deutschen Einheit" ausklingen.

http://alpregio.outdooractive.com/ar-schwarzwald/
de/alpregio.jsp#i=9070616&tab=TourTab
www.gasthaus-krokodil.de

83

Von Schiltach zum Moosenmättle und Wolfach

Für eine andere Tour im hinteren Kinzigtal – wieder mit vielen Teilnehmern - erreichten wir auch dieses Mal unseren Ausgangspunkt in Schiltach mit der Bahn.

Nach einem kurzen Rundgang durch die historische Altstadt, mit engen, malerischen Gässchen und sehenswerten, alten Fachwerkhäusern begann die Wanderung.

Der eigentliche Start war an der evangelischen Kirche und wir orientierten uns an den Zeichen für den Mittelweg Pforzheim – Waldshut. Anfangs ging es noch stetig bergauf und wir kamen zum Kirchberg, 688 Meter, Dornacker und über das Reichenbächle zum Kahlenberg.

Hier trafen wir auf einen Markstein der alten Grenze zwischen Württemberg und Fürstenberg.

Schöngrund wurde passiert und die Passhöhe zwischen Reichenbach und Eulersbachtal und er Weg ging am Gasthaus Heuwiese vorbei auf 740 Meter. Wir blieben dabei immer noch auf dem Mittelweg, bis ein großer Sandstein kam. Dort schwenkten wir auf die Teerstraße und hielten uns nun an der blauen Raute mit weißem Senkrechtstrich. Das Moosenmättle, 780 Meter auf der Hochfläche war nächste Etappe.

Im Gasthaus besteht Gelegenheit zur Einkehr. Wir hatten aber unsere Rucksackverpflegung dabei und zogen es vor an anderer Stelle zu rasteten.

Nach der Pause orientierten wir uns an der blauen Raute, identisch mit dem Jakobsweg - mit der Muschel als markantes Wegzeichen. Dieser führte auf der Höhe über Grubhöhe, 760 Meter, wo sich ein fantastischer Panoramablick auftat. Im Weiteren ging es talwärts zum Horben, gleich danach wechselten wir nach links auf einen Pfad und kamen zur Waldkapelle St. Jakob. Die Kapelle im Wald ist sehr gut schon vom Tal aus und der Bundesstraße 294 zu erkennen.

Es dauerte aber noch eine halbe Stunde, bis wir abwechselnd auf Fahrstraße und Wanderwegen in Wolfach ankamen und beim Bahnhof waren.

Der Zug brachte uns über Hausach nach Offenburg und dort wählten wir in der Nähe ein Lokal zum gemeinsamen Einkehrschwung.

Etwa 16 Kilometer betrug diese Strecke und mit etwa 550 Höhenmetern war sie als relativ moderat zu bezeichnen.

84

Von Schapbach auf dem Kleinen Hansjakobweg nach Schenkenzell

Für eine DAV-Konditionstour fuhren wir mit der Bahn über Offenburg nach Hausach, stiegen in den Zug nach Wolfach um und zuletzt in den Bus nach Schapbach.

Beginn war beim Rathaus und wir orientierten uns am Kennzeichen mit dem Schlapphut; dem Kleinen Hansjakobweg.

Zuerst führte unser Weg etwas das Tal auswärts, entlang der Wolf, bis ein Wegweiser nach links zeigte und wir steil den Hang aufwärts mussten. Trotz Minusgraden an diesem Tag wurde dabei allen schnell warm. Wir gingen über Wildschapbach, Ochsenwirts-Eiche, Holdersbach, Waldhans und Kohlplatz und kamen nach St. Roman. Unterwegs lagen Mitte März auf den Höhenwiesen und in Mulden noch an vielen Stellen Schneereste und die Sonne schaffte es noch nicht, überall den Raureif an schattigen Plätzen wegzutauen. Das schuf dafür eine besondere Stimmung und ein abwechslungsreiches, farbiges Bild.

Für unsere Mittagspause - bei strahlendem Sonnenschein - hatten wir uns auf dem sonnigen Vorplatz der oberhalb im Ort stehenden Kirche ausgebreitet.

Es sollte aber unbedingt auch ein Blick in das Innere geworfen werden.

Die schlichte Möblierung ist der Bedeutung des Holzes für diese Region angemessen und hebt sich in den Elementen etwas von anderen Kirchenräumen ab.

Bemerkenswert ist, dass Waldbesitzer in dieser Region im 18. Jahrhundert steinreich wurden, indem sie die alten, stattlichen Tannen – bekannt als „Holländer Tannen" – abholzen ließen und sie über die Bäche der Täler und auf den Flüssen Wolf, Kinzig und Rhein bis nach Holland flößten.

Nach unserer Rast ging es wieder aufwärts, der Teufelsstein, 740 Meter lag am Weg, dann hinunter zum ehemaligen Floßweiher im Heubach, wo eine Infotafel an die erwähnte Zeit der Flößerei erinnert.

Überreste einer Schwallung, die zum Stau des Wassers für die Flößerei diente sind an dieser Stelle noch erhalten.

Der Orientierungspunkt Salzlecke kam und wir trafen dort auf den Jakobsweg von Loßburg nach Kehl. Bald danach erreichten wir Hinter Wittichen im Tal. Bevor wir nach Schenkenzell kamen, passierten wir das Kloster Wittichen und man könnte sich zudem dort ein wenig mit der Geschichte und dem ehemaligen Bergbau beschäftigen. Kaum vorstellbar ist, dass sich in diesem entlegenen Winkel einmal urbanes Leben abspielte. Dazu wurde Bergbau betrieben. Der still gelegte Stollen dient heute anderen Zwecken.

In dem mehrere hundert Meter in den Berg gehenden Stollen werden heute hochwissenschaftlich die weltweiten Erdbebenaktivitäten registriert und gemessen. Jede noch so geringe Erdbewegung im pazifischen Raum ist hier nachweisbar.

Zu einer Besichtigung des Klosters und dem Stollen blieb leider keine Zeit mehr. Wir kamen ins Tal der Kleinen Kinzig und um eine Bergnase, bevor die ersten Häuser von Schenkenzell vor uns auftauchten. Die letzten paar hundert Meter konnten wir direkt am Wasser entlang gehen und der Weg führt direkt zum Bahnhof.

Überall an der Strecke luden immer wieder schöne Aussichtspunkte und Hütten zum Verweilen ein, so dass die 26 Kilometer nie lang oder langweilig wurden.

Das Hotel Waldblick ist in der Nachbarschaft zum Bahnhof und lag somit ideal für unseren Abschluss, bevor wir mit dem Zug die Heimfahrt über Hausach und Offenburg antraten.

Der Große und Kleine Hansjakobweg ist dem Heimatschriftsteller und Bestsellerautor, aber auch „Rebell im Priesterrock", Abgeordneter im Badischen Landtag, Pfarrer in Haslach und anderem gewidmet.

Hier in dieser Region lebten die von ihm in seinen Büchern „Erzbauern", „Waldleute" und „Abendleuten" erwähnten Protagonisten. Er liebte das Hintere Kinzigtal und hat Ende des 19., Anfang des 20. Jahrhun-

derts das Gebiet oft erwandert oder mit der Pferdekutsche durchfahren.

Der Kleine Hansjakobweg verläuft über insgesamt 56 Kilometer und kann gut in 3 Etappen gelaufen werden.

Den Großen Hansjakobweg läuft man in der Regel in 5 Etappen und er geht über 100 Kilometer; rund über die Höhen des Kinzigtals.

http://www.kinzigtal.com/Entdecken/Kinzigtal-aktiv/Wandern/Fern-wanderwege/Kleiner-Hansjakobweg

http://www.hotel-waldblick.de

http://www.schenkenzell.de/de/Tourismus/Wandern/Kleiner-Hansja-kob-Weg

85

Besuch des Glaswaldsees im Hinteren Kinzigtal

Dieser Karsee – auch als „blaues Auge" bezeichnet, liegt versteckt zwischen Bad Peterstal-Griesbach und Bad Rippoldsau auf 839 Meter und ist umgeben von hohem Fichten- und Tannenwald; eine wahre Oase der Stille.

Ausgangspunkt ist am Bahnhof in Bad Peterstal-Griesbacher Ortsteil Bad Peterstal und wir laufen ein Stück der Freiersbacher Straße L 93 entlang. Der Weg biegt bald nach links ab auf den Kirchbergweg und führt uns über den Kirchberg zum oberhalb befindlichen Aussichtspunkt Badkanzel. Hier haben wir eine schöne, freie Sicht auf den Badeort.

Nun gehen wir weiter und kommen über den Mülbensattel, 702 Meter zum Untere Seeebene-Strässchen und zur Seeebene auf 960 Meter Höhe. Dem Seeweg folgend steigen wir zum Glaswaldsee hinunter.

Der Glaswaldsee ist ein Karsee auf 840 Meter und gehört zu den Schönsten im Schwarzwald. Das sollte uns die kleine Runde um den See wert sein.

Den See muss man jedoch nicht ganz umrunden, sondern kann links hinauf zum Spenglers-Weg gehen, weiter bis Heidenstadt. In der Kurve als nächstes links abbiegen in den Weiherlochweg.

Man trifft auf den Westweg mit der roten Raute und folgt dem bis zur Lettstädter Höhe 966 Meter, geht über den Bärenfelsen, 949 Meter, Marienruhen zum Haberer Turm auf dem Kreuzkopf.

Vom wuchtigen Sandsteinturm auf 691 Meter bietet sich eine wunderschöne Aussicht über das Obere Renchtal.

Über den Waltersweg gelangen wir zum Bahnhof Bad Griesbach. Den Rückweg von Bad Griesbach zum Ausgangspunkt können wir entweder mit dem Bus oder der Bahn machen und auch zu Fuß gehen, dann sind es 4 Kilometer mehr.

Bei dieser Variante bringen wir etwas über 7 Kilometer hinter uns, sowie über 700 Höhenmeter auf und 650 Höhenmeter abwärts.

http://www.schwarzwald-informationen.de/glaswaldsee.html

http://www.wanderkompass.de/Schwarzwald/bad-peterstal-griesbach-wanderroute-1.html

http://www.schwarzwald-tourismus.info/entdecken/Wandern/ Westweg/Die-Etappen/Westweg-Etappe-5

86

Eine kürzere Variante zum Glaswaldsee

Von Bad Peterstal-Griesbach wandert man zum Parkplatz Freiersberg auf 747 Meter. Hier finden wir das Freiersberger Tor zum Westweg auf dem 5. Abschnitt. Die Hütte an diesem Platz ist manchmal bewirtschaftet und auch mit dem Auto gut erreichbar.

Wir orientieren uns an der roten Raute und gehen zur Wasserscheide Freiersberg, dann leicht ansteigend zum Julius-Brunnen. Von hier geht es steil bergauf bis eine Weggabelung auf 960 Meter kommt. Noch ein Stück von rund einem Kilometer über einen steinigen Weg und wir sind am See.

Beim Seeblick kann eine längere Zwischenpause eingelegt werden.

Mit der Umrundung des Sees sind es etwas mehr wie 5 Kilometer, bei rund 220 Höhenmetern. Das schafft man locker in eineinhalb Stunden, sollte sich aber mehr Zeit lassen und die Natur mitten - im wahrsten Sinne des Wortes - tiefsten Schwarzwald auf sich einwirken lassen.

Ideal ist die Tour im Sommer während heißer Tage, denn der kühlere Wald bietet ausreichend Schatten und lässt die Temperatur wesentlich angenehmer erscheinen.

Außerdem empfehle ich vom Julius-Brunnen einen Abstecher auf den Klagstein, 906 Meter, zu machen. Es ist eine mächtige Felsformation aus Sandstein-Monolithen und von dort bietet sich ebenfalls eine faszinierende Fernsicht auf die Schwarzwaldhöhen.

http://www.bad-peterstal-griesbach.de/wandern-und-aktivurlaub/wandern-auf-premiumwegen/besondere-wandertipps/hoch-hinaus/zum-sagenumwobenen-glaswaldsee.html

87

Achatweg und Aussichtsweg im Schuttertal

Im mineralreichen Schwarzwald darf ein dem Gestein oder den Mineralien gewidmeter Themenweg nicht fehlen.

Wir wandern im hinteren Schuttertal, in der Nähe von Lahr und lernen dabei die Besonderheit des Geisbergs kennen. Der Aussichtsweg und der Achatweg sind durchgehend mit Hinweisschildern gekennzeichnet.

Die Wanderung beginnt in Schweighausen und wir gehen als erstes zum Protasilhof, weiter zum Schwabenberg. Dabei kommen wir schon an markanten Aussichtspunkten vorbei und wandern über Wiesen und Weiden. Informationstafeln erklären uns zwischendurch, was es Sehens- und Wissenswert am Weg zu finden gibt.

Über Schwabenberg kommen wir zum Vorderer Geisberg und wir schwenken dann auf den Achatweg. Vielleicht haben wir Glück und finden unterwegs ein schönes Stück, wenn wir mit offenen Augen durchs das Gelände laufen. Am Klopfplatz kann auch an Funden gearbeitet werden.

Bei so einer Tour hatte ich einen 10-jährigen Buben dabei und der führte doch tatsächlich einen schweren Dachdecker-Hammer im Rucksack mit, damit er Steine klopfen kann.

Die auf dem Geisberg gefundenen, blaugebänderten Achate, gelten unter Mineraliensammlern zu den schönsten der Welt. Eine kleine Aus-

stellung ist im Lesesaal des Rathauses in Schweighausen zu bewun-dern.

Bei unserer Tour umrunden wir den Geisberg, 727 Meter und kommen vorbei am Hoher Haller, stoßen dann wir wieder auf den Aussichtsweg. *Der Hohe Geisberg ist heute weitgehend bewaldet. Früher dagegen war er kahl und wurde als Weide genutzt. Er verbindet das Elztal mit dem Schuttertal und Kinzigtal.*

Von dort gehen wir zum Hinteren Geisberg, zur Robertskapelle und an der Windkraftanlage beim Weißmoos vorbei. Durch das Tal Durenbach kommen wir zum Lieberatsberg und dann zum Jägertonihof mit Müh-le. Eine Besichtigung der Mühle ist nach Anmeldung möglich.

Über die Höhe halten wir uns Richtung Fohrenbühl und Eckle, 520 Me-ter, kommen zu weiteren Aussichtspunkten und dann zum Ausgangs-punkt zurück.

Der Rundweg mit dem Abstecher hat etwa 16 Kilometer und rund 400 Höhenmeter.

http://www.schuttertal.de/Rathaus

http://www.schutterblick.de/ausfluege.html

http://www.schuttertal.de/index.phtml?La=1&ffsn=false&object=tx|
1117.815.1&sub=0

http://www.jaegertonihof.de

Längs und quer über den Kaiserstuhl

88

Querweg von Riegel nach Achkarren

Im Mai 2006 begleitete mich eine größere Gruppe auf dem Winzerweg am Kaiserstuhl. Ausgangspunkt in Riegel waren die Parkplätze der am Ortsrand unübersehbaren Gebäude der Brauerei Riegel, die heute zur Fürstenberg-Gruppe Donaueschingen gehört, aber den Markennamen weiter führt. Der Ort Riegel ist über die A 5 gut zu erreichen und kommt nur wenige hundert Meter nach der Ausfahrt.

Wir folgten dem Zeichen mit der roten Raute und blauer Traube, wanderten zuerst aber zur oberhalb stehenden St. Michaelskapelle, 243 Meter. Die aus dem 12. Jahrhundert stammende Kapelle ist weithin ins Rheintal sichtbar und entsprechend ist von dort auch der Ausblick.

Wieder im Ort zurück, folgten wir nun dem Hinweisschild Winzerweg. Der geht erst durch den Ort, dann kommt ein Hohlweg und wir erreichten eine Anhöhe, wo die Wege durch die Weinberge führen.

Immer leicht aufwärts trafen wir am Waldrandrand auf einen Grillplatz. Hier legten wir eine erste Pause ein und erfreuten uns am Blick über in das östliche Rheintal und hinüber zu den markanten Schwarzwaldbergen.

Über viele Stufen und schmalem Pfad im Wald kam bald der Hinweis Hexenpfädle. Auf der Höhe kommt der Waldparkplatz Bahlinger Eck. Es ist ein Kreuzungspunkt, der auch mit Autos erreichbar ist und deshalb für viele Wanderer Ausgangspunkt für einen kürzeren oder längeren Sparziergang oder Einkehr in der nächst erreichbarer Gaststube.

Von dort hielten wir uns Richtung Katharinenberg, 492 Meter und kamen im schattigen Laubwald, über Magerwiesen und Viehweiden oberhalb Schelingen zur Schönebene, dann zum Katharinenberg.

Weiter, immer dem Katharinenpfad in westlicher Richtung folgend, lag die Schelinger Viehweide vor uns. Hier gingen wir hinunter ins Tal nach Oberbergen, durch die Gassen im Ort hinaus nach Oberrotweil und erneut aufwärts. Über den Berg, zwischendurch mit steilen Aufstiegen und dann wieder flach und gemächlich in den Weinbergen, kam der Achkarrer Schlossberg. Unterhalb sahen wir schon Achkarren, sanft eingebettet ins Tal. Die letzten hundert Meter mussten wir den Hang abwärts gehen und wir erreichten schließlich die ersten Häuser. Unterwegs ging unser Blick immer wieder zum markanten Zeichen des Kaiserstuhls, den Totenkopf mit einem Sendeturm. Wir blickten über sanfte Hügel, weiche Täler und immer in endlose Weinberge berühmter und vielfach prämierter Kaiserstühler Weinlagen.

Der Badberg zieht sich quer durch die Landschaft und bietet auch eine Möglichkeit nach Oberrotweil zu kommen. Zuletzt eröffnete sich uns ein landschaftliches Fenster nach Breisach und in die Vogesen.

Der Weg ist ausgesprochen abwechslungsreich und je nach Jahreszeit findet sich eine überwältigende Vielfalt an Pflanzen und bunten Blumen und Kräutern am Weg.

In Achkarren besteht die Möglichkeit, ein kleines Weinbaumuseum oder auch den Winzerkeller zu besuchen. Wir kehrten aber im Hotel Zur Krone ein, um den Flüssigkeitspegel aufzufüllen und uns Kaffee, Kuchen servieren zu lassen.

Anschließend war noch ein Fußmarsch von 2,5 Kilometer zum Bahnhof notwendig, der etwas weit außerhalb vom Ort ist. Sicher gibt es aber von der Ortsmitte aus auch eine Busverbindung; wir hatten darüber uns aber nicht informiert und nahmen den Weg gerne noch in Kauf.

Mit der Kaiserstuhlbahn und/oder mit dem Linienbus kamen wir über Endingen nach Riegel zurück.

Mit dem Abstecher zur St. Michaelskapelle hatten wir rund 21 Kilometer hinter uns gebracht.

In der Brauereigaststätte folgte unser Abschluss bei guten Speisen, Riegeler Bier oder Kaiserstühler Wein.

http://www.kaiserstuhl.eu/Aktiv/Wandern/wandern-im-kaiser-stuhl.html
http://www.achkarren.com
http://www.hotel-krone-achkarren.de
http://www.riegeler-stammhaus.de

89

Auf dem Neunlindenpfad von Endingen nach Ihringen

Zur ersten Wanderung 2008 im üblichen Kreis starteten wir diesmal in Endingen am Kaiserstuhl.

Treffpunkt mit Parkplätzen war in der Nähe vom Bahnhof, bei einem Supermarkt. Eine gute Alternative bietet sich ebenfalls rund um die Stadthalle am anderen Ende der Stadt. Auch dort finden sich ausreichend Plätze für größere Gruppen.

Unser Weg führte zuerst durch die schön herausgeputzte Altstadt. Das schmucke Rathaus diente als Kulisse im Hintergrund für ein obligatorisches Gruppenfoto.

Anschließend orientierten wir uns an der gelben Raute mit dem zusätzlichen Hinweis: Neunlindenpfad. Dieser verläuft im Grund exakt in Nord-Süd-Richtung über die Höhe nach Ihringen.

Zur großen Gruppe, die sich am Treffpunkt eingefunden hatten, gehörten fünf Teilnehmer aus dem Elsass. Auch sie wandern gerne auf der deutschen Seite und am Kaiserstuhl.

Wir hielten uns stadtauswärts, wechselten bei der Stadthalle nach rechts ins Erlental, vorbei am Erlenweier und kamen in eine Allee hoher Pappeln. Der Waldrand war erreicht und nun mussten wir anfangs erst mäßig aufwärts, dann steiler auf einem Waldweg und schmalem Pfad zur Katharinenkapelle auf 493 Meter. Oben hatten wir schon 300 Höhenmeter hinter uns und eine erste Rast verdient.

Unsere Wanderung war an einem sehr warmen Julitag, deshalb fanden es alle sehr angenehm, dass ein Großteil der Strecke über den Höhenrücken des Kaiserstuhles durch schattigen Wald ging, der sich mit lichten Flächen abwechselte.

Kurzweil machten uns die abwechselnden Ausblicke in sanfte Täler und Dörfer des Kaiserstuhls oder ins Rheintal und zu den Vogesen.

Das Bahlinger Eck kam, es folgten Wege und Pfade am Waldrand entlang und über Wiesen, die etwas später gemäht werden, damit sich im Frühjahr die Orchideen ungehindert entwickeln können.

Zwischendurch zweigt links ein schmaler, steiler Pfad ab, auf dem man zum Eichelspitzturm hoch kommt. Diesen Abstecher ließen wir diesmal aus und auch nur wenige Teilnehmer gingen mit mir zum Neunlindenturm, 556 Meter, auf der höchsten Erhebung des Kaiserstuhls, dem Totenkopf. Die anderen blieben lieber auf dem normalen, bequemeren Weg, bis wir im Ausflugslokal Lenzenberg wieder zusammen kamen.

Am Lenzenberg konnten wir bei einer Rast schon auf den Weinort Ihringen blicken und uns ausmalen, wie weit es noch ist. Kurzweil bot zudem ein Wildgehege mit balzendem Pfau und anderen Tieren.

In den Ort selbst gelangten wir dann im weiten Bogen auf einem Weg durch eine typische Kaiserstühler Hohlgasse. Gemeint ist einer der tief ins Gelände eingegrabenen Lösswege. Vom Ortsrand hatten wir dann noch rund einen Kilometer durch schmucke Gassen zum Bahnhof.

Ihringen am Kaiserstuhl ist nicht nur ein bedeutender Weinort, es soll der wärmste Ort in Deutschland sein. Zu finden sind hier u.a. die seltene Smaragdeidechse und eine besondere, exotische Vogelart, der Bienenfresser.

Mit dem Zug konnten wir nach Endingen zurück fahren und dort wartete das Weingut Schneider mit der Dielbuckschränke; ein uriges Winzerlokal, in dem wir den zünftigen Abschluss machten.

Bei gutem Essen, Wein und anderen Getränken spielte uns der "Franz vom Argental" gekonnt mit der Ziehharmonika auf. Sein Motto: „Brauchst du Stimmung allemal, ruf den Franz vom Argental.“

http://www.endingen.de
http://www.kaiserstuhl.eu/Aktiv/Wandern/Themenpfade/neunlinden-pfad-kaiserstuhl.htm
http://www.lenzenberg.de
www.ihringen.de
http://www.weingut-schneider-endingen.de/diebuckschaenke.html

90

Wanderung auf dem Geo-Pfad bei Eichstetten

Dieser Tipp ist ideal für eine Wanderung im Mai; die Wanderung auf dem Geo-Pfad bei Eichstetten am Kaiserstuhl.

Im Monat Mai deshalb, weil zur dieser Zeit großflächig der Bärlauch in den Wäldern blüht oder an besonderen Stellen der Trockenrasenflächen seltene Orchideen zu finden sind. Dazu blühen prachtvolle, wilde Lilien in den verschiedensten Farben an steilen Hängen.

An 13 Stationen des Geo-Pfades sind geologische und geografische Besonderheiten des Kaiserstuhls zu entdecken. Bei der Station Lösskindel dürfen interessierte Wanderer Kalksteine - so genannte „Lösskindel" - für den eigenen Garten mitnehmen.

Nach ca. 2,5 Kilometer durch den Ort, vom Treffpunkt und Start am Bahnhof gerechnet, trifft man als erstes auf den Samengarten am Ortsrand.

Wer vorbei kommt sollte wirklich in dem Garten einige Minuten verweilen und mit wachen Sinnen durch die Kräuterreihen zu bummeln, schnuppern oder sich sachkundig informieren lassen. Kräuter, wie z.B. den Wiesensalbei und reichlich Bärlauch findet sich später an noch vielen Stellen wildwachsend am Weg, wenn man die rechte Zeit wählt.

Zudem sind im Juni die Kirschen reif und laden zum Naschen ein. Der Kaiserstuhl ist - neben Wein - ein Hauptanbaugebiet für Kirschen.

Doch Vorsicht, es sollte nicht gerade eine Wandergruppe mit 25 Personen an den Zweigen hängen, sonst ist schnell der Baum kahl. Das gilt im Übrigen auch bei Trauben am Stock. Den Paragraph „Mundraub" gibt es im Gesetzbuch schon lange nicht mehr. Ungefragt Früchte vom Baum pflücken ist schlicht und einfach Diebstahl. Wenn an einem viel begangenen Weg pro Woche 1'000 Personen durchlaufen und jeder pflückt sich einfach was er will, dann summiert sich das am Ende zu Tonnen. Das freut keinen Besitzer - aber das ist eine andere Geschichte.

Überall am Themenweg finden sich Informationstafeln, die auf die Besonderheit des Weges eingehen. Eine davon ist ein 35 Meter tiefer

Löss-Stollen, den 1920 eine Winzerfamilie gegraben hat um besser an die oberhalb befindlichen Rebflächen zu gelangen.

Am Aufschluss im Rusental finden wir an einer bewuchsfreien Stelle zwei auf verschiedene Weisen entstandene geologische Gesteinsschichten.

Wir kommen zur Karl-Otto-Hütte und können uns mit Hilfe der Panoramakarte orientieren, welche Landschaft sich vor uns auf tut. Wir blicken von dort ins Elztal und zum Kandel, zum Hinterwaldkopf, Feldberg, Schauinsland und Belchen. Es bietet sich ein beeindruckendes Bild im Raum Freiburg und zu den baumfreien Höhen des Südschwarzwaldes.

Weiter geht es zu den Terrassen im Wald; ein früher bewirtschaftetes Rebengelände, das der Wald zurückerobert hat. Links am Weg passieren wir einen aufgelassenen Steinbruch; kaum noch vor lauter Baumwuchs erkennbar. Danach wechseln wir in die freie Landschaft und gehen durch das Paffental zur Rütti.

Zuvor passieren wir Mauerreste eines römischen Gutshofes aus dem 2. Jahrhundert nach Christus.

Wer weiß, dass einst auch Marmor am Kaiserstuhl abgebaut wurde? Das Gestein findet sich an der Rütti. Allerdings ist zu hoffen, dass der Felsen noch besser vom Wildwuchs frei gelegt wird, damit man diese geologische Besonderheit auch richtig zur Geltung kommt.

Nach längerer Passage treffen wir auf die Tannenlochütte und halten uns dort scharf rechts, bis nach 300 Meter die Robert-Meier-Hütte auftaucht, die wir aber erst einmal noch nicht belagern, sondern wir gehen in einem großen Bogen zum Eichelspitzturm.

Die Station Lothar-Schneise unterhalb vom Turm erinnert an den Orkan der auch hier am 2. Weihnachtstag 1999 verheerend wütete und großflächige Schneisen in den Laubwald schlug. Die Robert-Maier-Hütte, an der wir vor dem Aufstieg zum Eichelspitzturm vorbei gegangen sind, ist danach aus solchem Bruchholz errichtet worden.

Der Eichelspitzturm auf 521 Meter ist ein verzinkter Stahlgittermast, 2006 eingeweiht und dient - neben seiner Aufgabe als Aussichtsturm mit einer in 28 Meter Höhe angebrachten Plattform - als Sender für den Mobilfunk. Zu seinen Füßen wurden die Reste einer Einsiedelei - das Bruderhäusle-Fundament - freigelegt und konserviert.

Von der Turmplattform aus eröffnet sich uns ein gigantischer Panorama-Rundblick weit über den Kaiserstuhl hinaus. Wir sehen ins Rheintal und zu den Vogesen mit dem Grand Ballon, Ballon d'Alsace und anderen im Süden. Der Odilienberg ist weiter im Norden erkennbar oder auf der östlichen Seite die Breigau-Metropole Freiburg und die Gipfeln der über 1'000 Meter hohen Berge des Südschwarzwaldes. Der Blauen im Süden mit einem Sendeturm als Erkennungszeichen rundet das Bild ab. Wenn gute Fernsicht besteht, ist darüber hinaus der Alpenkamm am fernen Horizont zu sehen.

Auf dem Rückweg legten wir die längst verdiente, längere Rast an der Robert-Maier-Hütte ein. Nebenbei fiel uns eine kunstvoll gestaltete Bundsandstein-Säule auf, die eingemeißelt den sinnigen Spruch trägt: „Ruhe ist der Schlüssel zum Geheimnis der Natur". Wohl wahr!

Nach der Rast hielten wir als erstes zur Tannenlochhütte und von dort auf direktem Weg durch Wald und Weinberge, vorbei an rustikalen Geräteschuppen im Gelände, zum Ausgangspunkt im Tal zurück.

Die Gesamtstrecke verläuft bei diesem Themenweg über rund 15 Kilometer und wir überwinden etwa 500 Höhenmeter.

Für den gemütlichen Abschluss bot sich für unsere Wandergruppe das Gasthaus Ochsen an, mit seinem schönen, schattigen Innenhof. Leider ist dieses Haus inzwischen dauerhaft geschlossen worden.

www.eichstetten.de/tourismus

http://www.eichstetten.de/tourismus/geopfad.htm

91

Von Endingen zur Mondhalde

Es ist eine besondere Route in einer der reizvollsten Landschaften überhaupt am Kaiserstuhl. Dabei gilt es ferner zu bedenken, dass der Kaiserstuhl als „die wärmste Region in Deutschland" gilt.

Ausreichend Parkmöglichkeiten finden sich am Treffpunkt und Start bei der Stadthalle am Rande der Altstadt.

Wieder gehen wir zuerst gemächlich durch das grüne Erlental und im Wald aufwärts zum Katharinenberg auf 493 Meter. Dabei erwartet uns schon, auf breiteren und schmalen Pfaden, der erste ordentliche Aufstieg im schattigen Buchenwald. Oben angekommen sind wir auch schon gut warmgelaufen. Bei den vorhandenen Sitzmöglichkeiten am Vorplatz der Kapelle kann der Wanderer sich erholen und an Wochenenden oder manch anderen Tagen finden wir eine Bewirtschaftung.

Auf dem Katharinenpfad kommen wir mit weniger Mühe durch den Wald, unterbrochen durch freie Trockenwiesen und mit schönen Ausblicken. Wir erreichen das Kiechlingsberger Eck und nach einiger Zeit stoßen wir auf die Baßgeigenhütte, wo wieder eine Rast möglich wäre, besonders wenn das Wetter nicht so mitspielt.

Schöner ist aber eine Pause am Aussichtspunkt Mondhalde. Von hier überblickt man weite Bereiche der Westseite des Kaiserstuhls. Wir können Burgheim und andere bekannten Weinort sehen, erkennen Colmar und in dessen Hintergrund die Vogesenberge. Im grünen Band der Ebene lässt sich der Rhein nur erahnen.

Nach dem sinnenfreudigen Zwischenstopp gehen wir nach Oberbergen hinunter, durchqueren den Ort und kommen zum Beginn des Badbergpfades. Eine Infotafel gibt uns dazu nähere Hinweise.

Ab jetzt wird es wieder steiler. Dafür laufen wir einen äußerst abwechslungsreichen Pfad durch die Weinberge, gehen über Wiesen voll blühender Blumen in buntester Farbenpracht und sehen verschiedenste Kräutern. Der Trampelpfad verläuft über sanfte Hügel, immer noch rückwärts Oberbergen und Schelingen im Blick, wir sehen rechts unten Altvogtsburg, kommen am Schelinger Kreuz vorbei und Öhmdsmatten. Wenn wir zur rechten Zeit unterwegs sind - ideal ist Anfang Mai -blühen auf den naturbelassenen Trockenrasen zahlreiche Orchideen, wie das Knabenkraut. An den Hängen wachsen Lilien in vielen Farben und auch die übrigen Wiesenblumen übertreffen sich in ihrer bunten Pracht.

Die Vielfalt erfreut das Auge und wenn wir Glück haben, sehen wir sogar den „Edelstein unter den Vögel", einen Bienenfresser, der gerne seine Höhlen in steile Lösswände gräbt - oder eine Smaragdeidechse huscht über den Weg. Manche Exemplare erreichen eine Länge von mehr als 20 Zentimeter.

Wir treffen auf den Neunlindenpfad – siehe 89 - und von da gibt es ein beschilderten Abzweig zu einem schmalen Pfad, der steil aufwärts zum Eichelspitzturm, 520 Meter führt.

Wir bleiben auf dem Bergrücken, gehen im Wald abwärts zur Robert-Maier-Hütte und treffen wieder auf den Neunlindenpfad. Den gehen wir weiter und kommen zum Parkplatz am Bahlinger Eck, halten uns nun in Richtung Endingen. Dabei orientieren wir uns wieder an der gelben Raute. Nachdem wir den Wald verlassen haben, laufen wir durch Weinberge und bequem das Tal hinaus in den Ort und zum Ausgangspunkt.

In der Nachbarschaft zur Stadthalle lädt das Gasthaus Schützen mit Gartenbewirtschaftng zum obligatorischen Abschluss ein.

Der sehr abwechslungsreiche Weg hat insgesamt 23 Kilometer und 930 Höhenmeter.

http://www.endingen.de
http://www.schuetzen-endingen.de

92

Wandern auf dem Kirschbaumpfad

Der Kaiserstuhl ist neben dem Wein und der Pflege von Nussbäumen für eine weitere Frucht bestens bekannt; die Kirschen. Dem ist ein eigener Themenpfad gewidmet, der sich zudem gut mit dem Neunlindenpfad – siehe 89 – und dem Bienenfresserpfad kombinieren lässt.

Der Kirschbaumpfad beginnt am Bahnhof in Sasbach und verläuft über den Eichert, oberhalb Königschaffhausen. Eine Infotafel informiert, welche Bedeutung der Kirschenanbau für den Kaiserstuhl hat. Wer noch mehr wissen will, hängt einen Schlenker auf dem Obstwanderpfad durch den Ort an.

Wir kommen am Gestühl vorbei, *dem Gewann, das als Taufpate für den Kaiserstuhl gilt, denn hier soll doch König Otto III. im Jahr 996 Gerichtstag gehalten haben*. Ein überdimensionierter Stuhl erinnert an dieses geschichtlich bedeutsame Ereignis. Die Gewanne Eichert und Gestühl sind zudem berühmte Weinlagen und Garant für besondere Qualität.

Auf dem Weg nach Kiechlingsbergen treffen wir auf viele, zum Teil verfallene Lösshöhlen. Sie dienten oft als Lagerstätten und während dem Krieg der Bevölkerung als Schutzbunker. Nach dem Ort geht es aufwärts zum Brandholz und weiter durch den Weinort Amoltern zur Amolterer Heide. Die Amolterer Heide ist angeblich das älteste Naturschutzgebiet am Kaiserstuhl.

Durch die, für den Kaiserstuhl typischen Hohlwege, gelangen wir hinunter nach Endingen, gehen aber am Ort vorbei ins Schambachtal. Wir nähern uns leicht abwärts dem Ort Riegel. Unterwegs finden wir weitere Informationstafeln, die an die Zeit der Römer erinnern, die einst in Riegel und am Kaiserstuhl stationiert waren.

Wer noch gut zu Fuß ist und Lust hat, kann in Riegel zur St. Michaelskapelle hoch gehen und von da aus einen Blick über den Ort und in das weite Rheintal tun – siehe 88.

Der Weg ist - ohne die erwähnten Zugaben - etwa 18 Kilometer lang. Von Riegel kommt man bequem wieder mit der Kaiserstuhlbahn nach Endingen zurück.

Wem das noch zu kurz war, kann durch die sehenswerte, historische Altstadt von Endingen schlendern, durch romantische Winkel und malerische Gässchen und sich mit der Geschichte vertraut machen. *Endingen war schon im 4. und 5. Jahrhundert eine alemannische Siedlung.* Die Stadt Endingen ist übrigens mit Amoltern, Kiechlingsbergen und Königsschaffhausen eine der größten Weinbaugemeinden in Deutschland.

Eine Einkehr ist im Gasthaus Schützen zu empfehlen oder im Weingut Schneider, der Dielbuckschränke.

http://www.kaiserstuhl.eu/Aktiv/Wandern/Themenpfade/kirsch-baumpfad-kaiserstuhl.htm

http://www.frsw.de/kiechlinsbergen.htm#Kirschbaumpfad:%20Von%20Sasbach%20nach%20Riegel

http://www.kaiserstuhl.eu/Wein/Weinlagen/Kaiserstuehler-Weinlage-Gestuehl.htm

93

Wiedehopfpfad und Bienenfresserpfad

Die 12 Kilometer lange Rundstrecke ist eine Paradetour in Deutschlands wärmster Klimazone.

Ausgangspunkt ist der Bahnhof in Ihringen im südlichen Bereich des Kaiserstuhls. Von dort folgen wir der Beschilderung des Kaiserstühler Radwegs in Richtung Breisach. Die Strecke ist mit der gelben Raute und einem roten Pfeil gekennzeichnet.

Durch die Vogesenstraße kommen wir in freies Gelände, wo wir auf einen Querweg stoßen. Vor den Schildern verlassen wir die markierte Trasse und überqueren rechts die Straße. Wir gehen dann auf dem parallel zur Fahrbahn verlaufendem Weg, der in ein ansteigendes Sträßchen mündet.

Beim Riegers-Buck-Stein müssen wir geradeaus an der Kante entlang und wir folgen dabei dem Hinweisschild zum Blankenhornsberg.

Bei der Lindenbühlhütte wechselt die Aussicht und wir haben den Blick frei hinüber zu den Vogesen. In der Ferne erkennen wir Colmar, dahinter den Grand Ballon und andere über 1'000 Meter hohen Berge der südlichen Vogesen.

Beim Blankenhornsberg, 270 Meter, finden wir eine Infotafel, die uns darauf hinweist, dass wir im Vulkanfelsengarten Winklerberg sind.

Von nun gehen wir auf dem Wiedehopfweg sowie Knabenkrautpfad, letzteres benannt nach einer Orchideenart, die im Frühjahr an vielen Stellen am Kaiserstuhl zu finden ist. Die Beschilderung weist uns den Weg zum Hochbuck, 330 Meter, Gute Eck, 338 Meter und Kreuzbuck-Pass an der Straße von Ihringen nach Achkarren.

Hier stoßen wir auf den Bienenfresserpfad. Am Denkmal können wir eine kurze Rast machen. Ab hier gehen wir jetzt auf dem Kaiserstuhlpfad Endingen nach Ihringen. Das Gelände nennt sich Katzensteinbuck und die nächste Station ist Pöppital, wo wir den Bienenfresserpfad wieder verlassen.

An einer scharfen Ecke stoßen wir auf die Fahrstraße, halten uns links, gehen aber nicht gleich wieder rechts in die Weinberge, sondern bleiben auf der Straße, die moderat zum Lenzenberg führt. Wir ersparen uns so den steilen Aufstieg und das Ziel ist das gleiche.

Am Lenzenberg ist die schon einmal erwähnte Gaststätte mit Gartenbewirtschaftung und gleichzeitig ein idealer Aussichtspunkt auf Ihringen, sowie den südlichen Kaiserstuhl. Zudem schafft ein kleiner Tierpark mit Pfau und Strauß etwas Abwechslung.

Am Punkt Himmelburg, 367 Meter finden wir Hinweise zu weiteren Wandermöglichkeiten und holen uns eventuell eine neue Idee.

Zurück gehen wir beim Abstieg nun die alte Lenzenbergstraße; eine Abkürzung nach Ihringen. Auf diesem Weg sind wir in einer für den Kaiserstuhl typische Hohlgasse.

Der meterdick abgelagerte Löss soll am Kaiserstuhl – wie im gesamten Randbereich der Oberrheinebene – während der letzten, weitgehend vegetationsfreien Eiszeit durch Auswehung aus dem Rheinschlamm hierher geweht worden sein. An manchen Stellen ist die Lössschicht bis zu 40 Meter dick.

Im Ort kommt die Scherkhofenstraße und von da sind wir in kurzer Zeit am Ziel.

Vielleicht begegnet uns während unserer Wanderung der farbenprächtige Bienenfresser und wenn wir uns ganz ruhig verhalten, sehen wir möglicherweise eine weitere Rarität, die Smaragdeidechse.

Zur Zeit der Orchideenblüte kommen Fotografen aus ganz Deutschland an den Kaiserstuhl und halten nach den Raritäten Ausschau. Es sind somit mehrere Gründe, hier in diesem Naturparadies zu verweilen und Erholung für Sinne und Geist zu finden.

http://www.kaiserstuhl.eu/Aktiv/Wandern/Themenpfade/
knabenkrautpfad-kaiserstuhl.htm
http://www.ihringen.de
http://www.lenzenberg.de

94

Mit Boot und zu Fuß im letzten Urwald Deutschlands

Das Naturschutzgebiet Taubergießen liegt nördlich dem Kaiserstuhl und ist eines der letzten Paradiese in Deutschland. Zahlreiche vom Aussterben bedrohte Tiere und Pflanzen haben hier ihr Refugium.

Entstanden ist das von Vogesen und Schwarzwald eingeschlossene Gebiet, nachdem der Weg des Rheins durch die Kontinentalverschiebung nicht mehr zur Rhône und somit ins Mittelmeer fließen konnte, sondern bei Basel sich seinen Weg nach Norden bahnte. Da der Taunus im Norden noch ein unüberwindbares Hindernis bildete, entstand in der heutigen, oberrheinischen Tiefebene ein riesiger See, der dann, als der Rhein den Weg durch den Taunus geebnet hatte, wieder abfloss.

Die so entstandene Ebene benutzt der Rhein fortan als Flussbett und schuf somit eine kilometerbreite Stromauenlandschaft. Durch die Gletscherschmelze in den Alpen und Wassermassen, die aus verschiedenen Zuflüssen in den Rhein strömten, kam es in der Oberrheinebene immer wieder zu verheerenden Überschwemmungen, die das Leben in dieser Region bedrohte.

Durch die Rheinbegradigung des badischen Ingenieurs Tulla wurde diesem Problem Abhilfe geschaffen, doch neue Katastrophen folgten. Durch den beschleunigten Abfluss des Rheinwassers senkte sich der Grundwasserspiegel ab, was zur Versteppung der Gegend führte. Viele Tier- und Pflanzenarten starben aus, der Fischreichtum verschwand für immer. Auch die zweite Rheinkorrektur im letzten Jahrhundert führte zu einem weiteren Absinken des Wasserspiegels.

Nur durch die Schlingenlösung konnten solche Gebiete wie der Taubergießen gerettet werden. Die Begradigung durch Tulla und der Bau des Leopoldskanal führten jedoch dazu, dass Teile des Taubergießen vom Rhein abgeschnitten wurden und zunehmend verschlammten. Um dem entgegenzuwirken wurde das Interreg-Projekt "Revitalisierung Taubergießen" gestartet.

Quelle: www.taubergiessen.com

37 Personen nahmen meine Einladung zu einer abwechslungsreichen Tour in diesem einmaligen Taubergießen an. Im Vorfeld hatte ich - entsprechend der gemeldeten Personenzahl - 5 Boote mit Führer bestellt, die uns am Treffpunkt in Kappel-Grafenhausen erwarteten. Pro Boot können maximal 10 Personen zusteigen. Während der Fahrt geben die Führer interessante Informationen zur Flora und Fauna in dieser einzigartigen Wasserlandschaft.

Ein landschaftlicher Störfaktor, die Horchstation in Rheinhausen, liegt direkt am Wasser. Sie ist derzeit im Rahmen des NSA-Skandals in aller Munde. Die riesigen Antennen sind durch weiße Kuppeln kaschiert und niemand aus der Bevölkerung wusste bisher und weiß exakt, was da vor sich geht und wer belauscht wird. Ein Steinwurf entfernt beginnt das riesige Areal des Europa-Parks in Rust; Urwald neben Hightech.

Rund 2 Stunden dauerte die geführte Bootsfahrt durch diese einmalige Urwald-Landschaft und wir wurden dabei von neugierigen Schwänen und Enten eskortiert. Ohne Scheu holten sie sich den einen oder einen Bissen aus der Hand.

Für die Rückwanderung hatte ich einen Service-Point – einen Getränkewagen mit diversen Flüssigkeiten – organisiert, der auf halbem Weg auf uns wartet und wo „getankt" werden konnte. Das war natürlich ein besonderer Gag, den Ritters Weinstube in Kenzingen organisierte.

Der beschilderte Weg geht auf befestigten Wegen durch den sogenannten „Urwald", ist eben und unschwer. Bis zum Parkplatz hatten wir rund 9 Kilometer zu laufen. Dor erwartete uns ein Lotse, der die Fahrzeugkolonne zur Besenwirtschaft Ritter in Kenzingen geleitete.

In der urigen Besenschenke erholten sich alle von der Bootsfahrt und Wanderung. Ein Musiker spielte auf und erhielt gesangliche Unterstützung durch den Ritter-Wirt. Schnell stimmten sangesfreudige Wanderer aus unserem Kreis mit ein.

Das Wetter war günstig, so dass wir uns im überdachten Freisitz aufhalten konnten. Die teils offene Halle ist mit originellen Sammelstücken aus dem bäuerlichen Leben geschmückt und sogar Exponate aus der Schweiz sind dabei. Zu jedem Exponat wusste der Wirt humorvoll eine interessante Anekdote zu erzählen; immer schön dosiert, zwi-

schen den einzelnen Gängen oder hinterher während Pausen des Musikers.
http://www.taubergiessen.com
www.ritters-weinstube.de

Blick im Osten auf das Rheintal und Freiburg...

...und im Westen zu den Vogesen. Links am Bildrand ist der Totenkopf

Alpines Gelände im Südschwarzwald

95

Waldkirch zum Kandel und zurück nach Denzlingen

Hierbei handelt sich um eine sportliche Tour, denn wir wollen auf den 1'241 Meter hohen Hausberg von Waldkirch, den Kandel. Dabei starten wir auf 260 Meter.

Los geht es am Marktplatz in Waldkirch. Wir streben dem Wald zu und folgen immer den Hinweisschildern „K"; dem Kandelhöhenweg.

Zunächst liegt Altersbachtal am Weg und hier lohnt ein kurzer Abstecher zum Altersbacher Wasserfall im Kandelbächle.

Vom Wasserfall geht es links weiter und wir bewegen uns dabei im schönen Mischwald. Über Stock und Stein des schroffen Geländes kommen wir zum Gaisfelsen. Beim Naturfreundehaus Gaisfelsenhütte - auch Alois-Rohrauer-Hütte - quert der Kandelhöhenweg die Kandelstraße.

In einer Linkskehre kommen wir auf den Kandelrücken und erreichen den Wanderparkplatz Kohlplätze. Von da folgen wir dem etwas oberhalb verlaufenden Josef-Seger-Weg halblinks zum aussichtsreichen Heibeerfelsen. Damit machen wir nur einen unwesentlichen Umweg und kommen via Torfelsen direkt auf den Kandel.

Das Berghotel ist leider geschlossen und eine Einkehr ist nicht leider nicht möglich. Wenn wir keine Rucksackverpflegung dabei haben, besteht die Möglichkeit im nicht weit entfernten Berggasthof Kandel einzukehren. Vom Hotelplatz können wir aber den startenden Drachen- und Gleitschirmfliegern zusehen, wenn die Wetterbedingungen einen Start auf dem Hang unterhalb - der dem Rheintal zugewandten Seite - erlauben.

Bis hierher kann man - sowohl von Waldkirch, wie auch von der anderen Bergseite - mit dem Bus weiter fahren, für den Fall, dass uns die Kräfte verlassen haben sollten oder das Wetter nicht mitspielt.

Ein Besuch der Kandel-Pyramide auf dem höchsten Punkt des Berges, die eine fantastische Rundumsicht bietet, ist gewissermaßen ein

„Muss". Vom Berghotel sind es auf gut erkennbarem Weg nur ein paar hundert Meter und es geht gemächlich aufwärts.

Im Rückweg halten wir uns an das Hinweisschild zum Großen Kandelfelsen. Unterwegs kommen wir an einem Skihang vorbei, wo einst tatsächlich alpine Wettfahrten ausgetragen wurden.

Weiter wählen wir die Verbindung auf einem schmalen Pfad zum Zweitälersteig, kommen zur Thomashütte. Sie klebt wie ein Adlernest auf dem Felsen. Wir passieren den Kranzkopf und erreichen die im Wald versteckte Schwarzenburg-Ruine.

Der Kandel galt früher übrigens als „Blocksberg des Schwarzwaldes", vergleichbar mit dem Brocken im Harz.

Bei dieser Rundtour sind etwa 28 Kilometer bei über 1'000 Höhenmeter zu bewältigen. Dafür haben wir an vielen Stellen eine traumhafte Sicht. Es ist eine anspruchsvolle Tagestour, die Geübten aber mit Sicherheit einen absoluten Wandergenuss bietet.

http://www.stadt-waldkirch.de

http://www.touren-schwarzwald.info/de/tour/bergtour/von-waldkirch-auf-den-kandel/1548114/#dm=1

http://www.zweitaelerland.de/Media/Tourenfinder/Zweitaelersteig-Etappe-1

http://www.kandelhof.de

96

Leichter Kandel-Rundweg

Wer es leichter haben will, kann auf dem Kandel, auch „Berg der Kräfte" genannt und 1'241 Meter hoch, eine kurze, leichte Rundwanderung machen, wobei wir die Variante zu den Kandelfelsen nehmen.

Auf den Berg führt sowohl von Waldkirch, wie auch von der anderen Bergseite aus - wie in 95 erwähnt - eine Fahrstraße und die Auffahrt mit dem Auto ist erlaubt. Oben finden sich genügend Parkplätze und die Wegweiser zeigen in alle Richtungen. Eine Busverbindung besteht natürlich auch.

Unser Rundweg beginnt auf dem höchsten Punkt des Berges. Die freie Kuppe mit Pyramide ist vom zurzeit geschlossenen Berghotel zu sehen und es ist nur ein Spaziergang von wenigen hundert Metern dahin.

Von oben bietet sich schon, wie immer wieder während unserer Wanderung, ein genialer Aussicht ins Rheintal, ins Glottertal und wir sehen im Süden den Alpenkamm, im Westen den Grand Ballon und Ballon d'Alsace in den Vogesen.

Am Weg kommen wir bei den mächtigen Kandelfelsen vorbei; einem geradezu mystischer Ort.

Leider ist der obere Teil, die Teufelskanzel, 1981 ausgerechnet in der Walpurgisnacht abgebrochen und 2'000 Kubikmeter Felsbrocken liegen nun unterhalb. Der Tag dieses Ereignisses und die Tatsache, dass im Schutt angeblich ein Reisigbesen gefunden wurde, gaben Anlass zu wilden Spekulationen und tollsten Fantasien.

Die tatsächliche Ursache ist bis heute nicht bekannt. Ein Erdbeben, das im Bereich des Rheingrabens nicht selten ist, konnte ausgeschlossen werden. Vermutlich ist ganz einfach eine Frostsprengung die eigentliche Ursache.

Beim der Rundwanderung braucht man nur der Beschilderung folgen. Diese Genusstour geht etwa 8 Kilometer bei etwa 300 Höhenmetern. Anschließend ist die Einkehr im Berggasthof Kandelhof möglich, das etwas unterhalb vom Pass ist. Wir können auch – wie bei - 95 - erwähnt, kann vom Platz beim Berghotel den Drachen- und Gleitschirmflieger beim Start zugesehen werden, denn die Absprungrampe ist gleich unterhalb am Westhang.

http://www.schwarzwald-tourismus.info/Media/Touren/Kandel-Rundweg-I

97

Große Belchenrunde

Start und Endpunkt ist der Berggasthof Haldenhof, auf dem Pass zwischen dem Münstertal und Kleines Wiesental, oberhalb dem Ort Neuenweg. Beim Haus gegenüber finden sich ausreichend Parkplätze und natürlich kommt man auch mit dem Linienbus von Bad Krozingen oder anderen Orten im Münstertal dort hin.

Unser Wegzeichen ist die blaue Raute und wir gehen zuerst Richtung Nonnenmattweiher - ein Karsee - der nach kurzer Zeit erreicht ist. Hier sollte unbedingt ein kurzer Halt gemacht werden oder, wer gut drauf ist, sogar den Weiher umlaufen. Besonderheit: Mit einer schwimmenden Torfinsel ist er eine Idylle; ein kleines Wunder der Natur.

Auf dem Tannenkopfweg und Zimmerparkplatz kommen wir auf breiten Waldwegen nach Ober-Bürchau, laufen an den hoch oben liegenden Häusern an gepflegten Bauerngärten mit - je nach Jahreszeit - üppigen Blumenpracht vorbei und kommen in den Talgrund nach Bürchau.

Bürchau ist ein Ortsteil im neuen Gemeindeverbund Kleines Wiesental, auf 655 Meter und wurde vor Jahren mit der Goldmedaille „Unser Dorf soll schöner werden" ausgezeichnet.

Hinter der Säge führt der Weg über den Bach und nun etwas steiler aufwärts zum Zeiger auf 900 Meter. Von diesem Punkt im Wald, mit einem Wegkreuz, das in viele Richtungen zeigt, geht es weiter auf Waldwegen, bis wir die Freifläche erreichen und nun schön den Belchen über uns sehen können.

Oberhalb von Neuenweg – noch ein Ortsteil im erwähnten Gemeindeverbund - ist der Parkplatz Hau auf den wir treffen. Hier wäre auch ein Einstieg zur Tour möglich. Der Platz liegt an drei Passstraßen und man kommt von hier nicht nur ins Tal hinaus nach Bürchau und Schopfheim, talaufwärts geht es zum Haldenhof, wor wir gestartet sind, und eine andere Straße geht hinüber ins Große Wiesental.

Am Böllener Eck treffen wir auf die Sternschanze „Hau", eine quadratische Redoute.

Sie gehörte einst zur vorderen Verteidigungslinie im Schwarzwald, bei den Konflikten im 17. Jahrhundert zwischen dem Haus Habsburg und dem Königreich Frankreich.

Wir folgen weiter der blauen Raute auf alpin anmutenden Wegen, immer am Osthang des Berges entlang, bis wir auf dem Belchen, 1.414 Meter sind. Der Weg ist allgemein gut beschildert und ausgesprochen

abwechslungsreich. Kenner sagen: „der Belchen ist die schönste Bergkuppe des Schwarzwaldes".

Nach dem Aufstieg auf alpinen Pfaden, ist die Einkehr ist im legendären Belchenhaus verdient. Das Haus ist gut frequentiert, da einmal
der Westweg vorbei kommt und andererseits auch weniger gehfreudi-
ge Touristen bequem mit der Seilbahn von Schönau im Wiesental auf-
fahren können. Das ganze Jahr über kommen Wanderer und Touristen
und im Winter zusätzlich Massen Skifahrer. Wegen der kurzen Anfahrt
reisen sie aus dem Bereich Karlsruhe, dem Elsass, der Schweiz an und
die Skifahrer finden Abfahrten in allen Schwierigkeitsgraten. Warum
also erst in die Alpen fahren?

Wer es sich bequem machen will und zwei Tage Zeit nimmt, der kann
natürlich auch preisgünstig im Belchenhaus übernachten und dafür
den Rest des Tages auf der Kuppe verbringen oder sie umrunden.

Zur Kuppe sind es von Belchenhaus nur wenige hundert Meter. Sie
ziert sogar ein Gipfelkreuz und von allen Seiten eröffnen sich neue
Sichtperspektiven und Blickwinkel, so dass es nicht langweilig werden
wird.

Wenn es das Wetter zulässt, kann der Wanderer oben im Gras liegen
oder lässt sich am Südhang nieder, um ins Kleines Wiesental zu blicken, zum Blauen oder bei guter Fernsicht zum Alpenkamm. Der weite
Horizont beeindruckt und lässt Raum für Träume und Fantasien.

Wer weiter will, hält sich nun an die rote Raute des Westweges. Wir
befinden uns dabei am Südwesthang des Berges. Über gesicherte Steil-
stellen kommt man zum Hohe-Kehl-Sattel, Heideck und Heilbronner
Eck und schließlich zurück zum Berggasthaus Haldenhof. Dort ist ein
gemütlicher Abschluss durchaus lohnenswert.

Die Rundstrecke misst etwa 30 Kilometer, bei rund 1'000 Höhenmetern.

Diese Strecke zählt eindeutig zu den Schönsten im Schwarzwald, sowohl was die Aussichten, die Flora und Fauna betrifft und auch die An-
forderung an Kondition und Fitness.

http://www.haldenhof-schwarzwald.de

http://www.belchen-seilbahn.de/belchen_belchenhaus-
restaurant.html

Ausblick vom Belchen ins hintere Wiesental

Blick über die Kandel-Hochfläche

98

Wandern im Münstertal

Unsere Anfahrt zu dieser Tour im Südschwarzwald erfolgte über die Autobahn A 5 Richtung Basel bis zur Ausfahrt Bad Krotzingen und über Staufen ins Münstertal. Nach Staufen sehen wir links den Parkplatz und Eisenbahnhaltepunkt Etzenbach.

Hier begann unsere Wanderung mit 26 Teilnehmern und wir gingen am Kroppbach entlang, über den Wilsbacher Kopf, Gabler Eck, Riesterkopf mit 769 Meter und Enggründkopf. Dann hielten wir uns abwärts und betraten das mittelalterlich geprägte Sulzburg im Markgräflerland. Die Länge der Strecke lässt durchaus eine kurze Besichtigung der alten, sehenswerten Kleinstadt zu. Zu einer Einkehr im Restaurant Hirsch, das 2 Michelin-Sterne schmückt, ist Wanderkleidung vermutlich aber weniger geeignet.

Durch das Stadttor hinaus gingen wir am Ortsrand wieder ein kurzes Stück aufwärts Richtung Castellberg, auf dem einst eine Burg stand.

Wir kamen zu schön und aufwendig instandgesetzte Trockenmauern in den Weinbergen und wanderten bequem entlang dem Castellberg. Zwischendurch ging unser Blick weit ins Rheintal, zum Tuniberg und Kaiserstuhl und darüber hinaus zu den Vogesen.

Bald lag der Weinort Ballrechten-Dottingen unter uns. Nach dem Ort lockte ein kurzer Abstecher nach rechts und etwa 150 Meter bergauf. Dort stehen Reste der ehemaligen Berliner Mauer, die ein Sammler als Kunstdenkmal hier mitten in die Landschaft platziert hat.

Vorbei an Grunern und durch das Salenbachtal gelangten wir zum Ausgangspunkt.

Die Gesamtstrecke ist 24 Kilometer und bei einer Höhendifferenz von 680 Meter wenig anstrengend.

Zum Abschluss und Lohn für unsere Leistung dieses Tages kehrten wir im Café Decker ein. Es liegt vis à vis einer sehenswerten Stahlbrücke über das Flüsschen Neumagen und am Rande des historischen Stadtkerns von Staufen. Das Haus hat einen legendären Ruf für Kuchen, Torten und Pralinen.

Die Besichtigung der Altstadt von Staufen war auch noch drin und zu einem Zeitpunkt, da noch nicht die gigantischen Schäden einer durch Wärmebohrung entstandenen Bodenerhebung sichtbar waren.
Heute sind leider mehr wie zweihundert der alten, liebevoll gepflegten Häuser beschädigt und teilweise abbruchreif. Der Boden hebt sich leider immer noch um Zentimeter im Jahr. Man rechnet mit mehr als 50 Millionen Euro für die Schadensbeseitigung. Inzwischen mussten die ersten Häuser abgerissen werden.
http://www.muenstertal-staufen.de/Naturerlebnis/Wandern
http://www.sulzburg.de
http://www.cafe-decker.de

99

Über das Feldbergplateau auf dem Feldbergsteig

Der Feldberg-Steig - ein Premiumwanderweg - ist ein absolutes Highlight für Wanderer im südlichen Schwarzwald und nicht nur, weil der Feldberg mit 1.493 Metern höchster Berg im Schwarzwald und in Baden-Württemberg ist, sondern der Weg durch eines der landschaftlich schönsten Naturschutzgebiete Deutschlands verläuft.

Seitdem der Naturschutz wieder im Vordergrund steht und Ranger streng darüber wachen, dass die Massen sich auf den ausgewiesenen Wegen halten, hat sich die empfindliche Natur wieder weitgehendst erholt und bietet eine beeindruckende Artenvielfalt.

Dort wo im Winter tausende Autos parken, gibt es nach der Wintersaison genügend Parkplätze und alle Wege sind ausnahmslos gut beschildert.

Start ist am Haus der Natur und wir gehen gleich den Hang hoch, auf dem sich in der Saison die Skifahrer tummeln. Wenn wir uns rechts halten, kommen wir zum Bismarck-Denkmal, 1'450 Meter. Tief unter sehen wir schon den Feldsee mit schroffen Hängen auf 1'108 Meter - noch ein Relikt aus der letzten Eiszeit.

Wir bewegen uns ohne Mühe auf dem erlaubten Wanderpfad zum Grüblesattel, bleiben auf der Höhe und halten uns zur höchsten Stelle, dem eigentlichen Gipfelpunkt auf 1'493 Meter. In der Nähe ist auch eine berühmte Wetterstation, die oft im Wetterbericht genannt wird oder es werden in den Medien spektakuläre Bilder aus deren Umgebung gezeigt.

Der Abstieg zur St. Wilhelmer Hütte folgt. Es ist die höchstgelegene Almhütte Deutschlands. Unterwegs erfreut uns immer wieder die weite Sicht, sowohl hoch zum Turm wie auch in die Ebene. Die Übersicht und Weitsicht schafft immer neue Perspektiven.

Nächstes Ziel ist die tiefer liegende Zastler Hütte, 1'262 Meter, auch im Naturschutzgebiet und an einem Naturlehrpfad. Die Baldenweger Hütte 1'321 Meter kommt, die ebenfalls Gäste zu einer Rast und kurzen Trink im Biergarten einlädt. Wir gehen und kommen zum Raimartihof, ein über 300 Jahre alter Hofkomplex mit Höhenlandwirtschaft, mit Galloway-Rindern und Ziegen, sowie dem Gasthaus Zum Feldsee. Die Übernachtung bietet sich in mehreren Häusern. Der Komplex ist ein beliebter Anlaufpunkt sowohl für Wanderer, wie Radfahrer. Dann gehen wir hin zum Feldsee, den wir von oben schon gesehen haben und der jetzt idyllisch im Talkessel vor uns liegt. Im See ist absolutes Badeverbot, meistens ist er aber auch so kalt, dass niemand in Versuchung gerät.

Mehrere Sagen ranken sich um den bis zu 32 Meter tiefen See.

Wer Lust hat, kann den See umrunden. Dies wird rund 10 Minuten Zeit beanspruchen. Der anschließend steile Aufstieg auf dem Karl-Egon-Weg bringt uns zur Talstation der Feldbergbahn und zur Seebuck-Hütte, wo die Abschlusseinkehr möglich ist. Bei schönem Wetter ist allerdings mit riesigem Andrang zu rechen. Man ist zum Glück aber auf Massenabfertigung gut eingerichtet.

Der Feldbergsteig hat 12 Kilometer. Wem dies zu kurz ist, der hat die Möglichkeit mehrere Varianten anzuhängen und zusätzliche Hütten anzusteuern, auf die mit Wegweisern hingewiesen wird.

http://www.feldbergsteig.de

http://www.sankt-wilhelmerhuette.de

http://www.zastler-hütte.de

http://www.raimartihof.de

99.1

Kleine Feldbergrunde

Wer es kürzer haben will, braucht die Kuppe oder Hochebene des Berges quasi nur zu umrunden.

Auch dazu ist der Start am Haus der Natur und wir wandern aufwärts auf den gewiesenen Wegen. Unbedingt sollte man zum alten, aber vor Jahren restaurierte Bismarck-Denkmal gehen und gleichzeitig von dort einen Blick auf den Feldsee unterhalb zu werfen.

Danach geht es in südlicher Richtung zum Sendeturm, der auch eine Aussichtskanzel bietet. Für alle die es bequem wollen, hat der Turm einen engen Fahrstuhl, so dass für niemand ein Hindernis besteht. Der weite Rundumblick ist bei günstigem Wetter phänomenal und begeistert jeden Besucher. Dabei ist es interessant heimlich den Besuchern zuzuhören, wie laut darüber gerätselt wird, was wohl da und dort zu sehen ist.

Wir bleiben auf der Höhe und gehen zum eigentlichen Gipfelpunkt - ein Plateau auf 1'493 Meter - und in dessen Nähe ist eine für den Wetterdienst bedeutende, ganzjährig besetzte Wetterstation.

Nun halten wir uns beim Weg von der westlichen Seite auf die nördliche und kommen oberhalb zu Steilhängen, an denen im Winter auch gerne Lawinen abgehen. Es hat leider schon Todesfälle gegeben. Der Berg hat somit durchaus hochalpinen Charakter.

Auf relativ flachen Wegen kommen wir wieder zur Bergstation der Feldbergbahn zurück und können damit abfahren - oder wir laufen auf einem der Serpentinenpfade zum Gasthaus Seebuck, 1'275 Meter hinunter und kehren ein.

Im Haus der Natur gibt es eine spannende, interaktive Ausstellung. Sie bietet weitere Informationen zum Feldberg und dem einmaligen Gebiet im Südschwarzwald.

http://www.seebuckhuette.de
http://www.naturpark-suedschwarzwald.de
http://www.hochschwarzwald.de/Media/Attraktionen/Haus-der-Natur

100

Von Hinterzarten zum Feldberg

Südlich vom Feldberg kommen wir in den Ort Hinterzarten im Südschwarzwald und er ist auch von Freiburg gut mit dem Zug zu erreichen.

Hinterzarten gilt als Perle des Schwarzwaldes und ist nicht nur für den Beginn des Skifahrens ein Begriff, sondern Heimat einer Legende, Georg -Jörgli - Thoma. Er wurde im Jahr 1960 in Squaw Valley sensationell Olympiasieger in der Nordischen Kombination und blieb seiner Heimat bis heute treu.

Start unserer Wanderung ist beim Bahnhof und wir gehen Richtung Oberzarten, Eckle, Steiertenkopf, 1'073 Meter. Der schon erwähnte Raimartihof liegt am Weg - siehe 99 - und danach kommen wir zum romantischen Feldsee. Nächstens geht es auf dem Karl-Egon-Weg hoch zum Seebuck auf 1'448 Meter. Im Gasthaus Seebuck ist ein Zwischenstopp möglich und dann kommt der letzte, relativ kurze Teil zum Gipfelplateau auf 1'493 Meter.

Wir umrunden die Hochfläche auf den zugewiesenen Wegen. Dabei treffen wir wieder auf den zuvor gegangenen Weg, halten uns nun aber links zum Goldersbach. Dort treffen wir auf den Emil-Thoma-Weg, gehen dann aber Richtung Hummelberg und Windeck, 1'209 Meter, sowie zur Herchenhütte und zurück nach Hinterzarten.

Es sind 32 Kilometer, wenn wir keine Umwege laufen und 800 Höhenmeter.

Dafür lohnen die fantastische Umgebung und Sehenswürdigkeiten; dazu gehören einmal der idyllische Feldsee und andererseits der Flair der Feldbergerhebung. Auf dem Gipfelplateau erfreut uns immer wieder die grandiose Panorama- und Fernsicht.

Wir stehen nicht nur auf dem höchsten Berg im Schwarzwald und Baden-Württemberg, sondern innerlich erhaben über allem. Es sind die Momente, kurze Zeit Sorgen und Alltag weit unter sich oder hinten zu lassen.

http://www.suedsteig.de/wandern/feldberg.html

Oben: Blick über das Feldbergplateau   Unten: Der blaue Feldsee

101

3 Tage auf dem Wii-Wegli von Weil nach Freiburg

Ein würdiger Abschluss für unser Bergsteiger- und Wanderjahr 2010 im Kreis unserer Konditionstruppe der DAV-Sektion war die Wanderung auf dem Wii-Wegli von Weil nach Freiburg. Perfekt organisiert und vorbereitet war unsere aktive Wandergruppe 3 Tage - statt wie üblicherweise 4 Tage - im Markgräflerland unterwegs.

Mit der Bahn erreichten wir von Baden-Baden und Bühl über Basel den Startpunkt am historischen Lindenplatz in Weil. Das Wii-Wegli ist durchgehend gut mit der roten Raute und einer gelben Weintraube beschildert.

Auf der ersten Etappe wanderten wir anfangs durch Schrebergärten und sonnige Weinberge oberhalb von Ötlingen und schon von da hatten wir eine freie Sicht auf Weil und Basel.

Durch geschmückte Dörfer gingen wir gemächlich auf leichten Wegen über die Hügel und an Efringen-Kirchen vorbei nach Bad Bellingen. Der Badeort war Ziel des ersten Wegabschnitts.

Überall am Wege waren zu dieser Zeit die Winzer bei der Lese in den Weinbergen und manche Gutedel -, Grau - und Spätburgunder-Traube diente unseren Teilnehmern als zusätzliche Marschverpflegung.

Nach über 30 Kilometer Wanderstrecke war die Übernachtung im guten Landgasthof Schwanen wohl verdient. Das Essen und der Markgräfler Wein waren vorzüglich und die Stimmung bestens.

Am zweiten Tag war es leider etwas neblig. Trotzdem ließ sich viel Interessantes am Weg erkennen und erfreute das Auge. Den Winzerkeller Schliengen-Müllheim erreichten wir gerade zur Markteröffnung und wir wurden gleich mit neuem Wein und Musik begrüßt.

Nachmittags kamen wir an einer Hochzeitsgesellschaft vorbei und mussten natürlich mit spendiertem Sekt auf das Brautpaar anstoßen.

Besondere und berühmte Weinlagen, wie die der Auggener Schäf wurden durchwandert, bis wir an Müllheim vorbei den Ort Laufen bei Sulzburg erreichten.

Hier war unser zweites Nachtquartier reserviert - diesmal etwas bescheidener und eher gemütlich - im Winzerhof Hug und weil wir eine größere Gruppe waren, auch noch in zwei Gebäuden des Anwesens verteilt.

Zum Abendessen bummelten wir nochmals 2 Kilometer nach Sulzburg, um uns im Rebstock kulinarisch verwöhnen zu lassen. Da es in der Nacht regnete, gönnten wir uns für die Rückkehr allerdings ein Taxi und nahmen dafür bei der Winzerfamilie Hug einen Obstler als Absacker, aus deren eigenem Anbau. Dann wurde es endgültig Zeit für die Betten.

Den 3. Tag starteten wir ebenfalls bei neblig, diesigem Wetter. Dies hinderte nicht sonderlich, denn auf mittlere Entfernung war die Sicht immer noch akzeptabel und es gab genügend Abwechslung am Weg. Selbst Konfuzius konnten wir bemühen: „Der Weg ist das Ziel!"

In der Fauststadt Staufen fehlte dann allerdings die Sicht, die etwas erhaben auf dem Berg befindliche Burgruine zu erkennen. Dafür überzeugten wir uns von den Rissen im Gemäuer vieler historischer Gebäude, mit denen Staufen gerade gewaltige Probleme hat; für die Besitzer eine echte Katastrophe.

Der Weg war bei Gesprächen und Diskussionen sehr kurzweilig. Wir wanderten durch Wald und Wiesen nach Ehrenstetten, dann rund um den Schönberg und über den Batzenberg. Dabei passierten wir weitflächig zusammenhängende Weinberge.

Gegen Mittag kehrten wir zum Essen ein. Hinterher wurde es am Nachmittag zunehmend heller, dann richtig sonnig, so dass wir auf der letzten Etappe alle Farben im goldenen Oktober der bunt gefärbten Weinberge und Laubbäume bewundern durften. Immer wieder schweifte unser Blick auch hinüber zum Tuniberg und zum Kaiserstuhl, der als Vulkanberg mitten aus der Rheinebene heraus ragt.

Auf endlosen Wegen durch die Weinberge kamen wir nach Schallstadt, dann Ebringen. Es folgt ein Aufstieg zum Schloss und in Schleifen zum Waldrand. Nach einem letzten Abschnitt durch den Wald kam Freiburg in Sicht. Spätnachmittags kamen wir in den Stadtteil Freiburg-St.Georgen, dem Endpunkt dieser Mehrtageswanderung.

Mit dem Linienbus ließen wir uns zum Hauptbahnhof bringen und mit dem - am Sonntagabend immer voll besetzten - oder eigentlich überfüllten - Interregio, der nur noch Stehplätze bot, erreichten wir unser Heimatziel.

Mit einigen Nebenwegen und Umwegen hatten wir in 3 Tagen über 90 Kilometer in einer einmaligen, lieblichen Landschaft durchwandert. Das klimatisch begünstigte und milde Markgräflerland im Süden Deutschlands war für eine Herbstwanderung geradezu ideal. Die Höhenmeter haben wir nicht gezählt – sie waren uns unbedeutend.

http://www.wii-wegli.de/index.php
http://www.schwanen-bad-bellingen.de
http://www.rebstock-in-sulzburg.de

102

Wildromantische Wutachschlucht mit Gauchachschlucht

„Es war ein Gefühl wie in der Kinderzeit beim allerersten Lesen des Wilhelm-Hauff-Märchens «Das kalte Herz». Zusammengekauert unter einem mit Moosen und Farnen bedeckten Felsvorsprung, in den Ohren das Tosen des Flusses, in dem das Rauschen des Regens verstummte. Der Wald ringsum scheint fast undurchdringlich, grün eingesponnen, ohne sichtbare Spuren menschlichen Einwirkens", so schilderte einst eine Journalistin ihre Eindrücke einer grandiosen Schlucht im südlichen Schwarzwald.

Die schönste Zeit ist von Mai an, wenn alles grünt und blüht. Die Quellbäche der Wutach «die wütende Ach» kommen mächtig vom Osthang des Feldberges und fließen durch ein 60 bis zu 170 Meter tief eingegrabenes Tal, das ungefähr 33 Kilometer tief in die Landschaft eingeschnitten ist. Die Schlucht ist in vielerlei Hinsicht bemerkenswert und einmalig. Es ist ein Gebiet mit tausend Gesichtern und immer neuen Überraschungen. Ihre geologisch junge, prototypische und anschaulich fortwährende Entstehung bringt eine große Vielfalt an Geo- und Biotopen hervor und ermöglichte einen entsprechenden Reichtum an Tier- und Pflanzenarten.

Wir beginnen mit unserer Wanderung am wohl bekanntesten Einstieg, beim Wanderparkplatz Posthaus, unweit der B 31 zwischen Unadingen und Döggingen.

Zuvor haben wir, entsprechend der Teilnehmerzahl, Autos am Endpunkt parkiert, um so wieder zeitsparend an den Ausgangspunkt zurückzukommen.

Hier ist der Einstieg in die romantische Lothenbachklamm. Wir wandern an Wasserfällen vorbei und kommen zur Schattenmühle, dem Endpunkt des Lothenbachs, der hier in die Wutach mündet. Weiter halten wir uns in Richtung Bad Boll und schon sind wir in der mittleren Wutachschlucht. Jetzt beginnt der eigentlich interessanteste Teil. Wir laufen an hohen Felswänden entlang, begegnen der Wutach mal rechts und mal links. Die Schurhammerhütte lädt zur wohlverdienten Rast ein.

Weiter geht die spannende, fast abenteuerliche Tour über Stege und schmale Wege, mal hoch oben, dann tief unten, mal über Treppen und Felsenwege, immer aber durch eine bizarre Natur. Dazu ist gutes Schuhwerk unbedingt nötig und auch Wanderstöcke sind sinnvoll. Trittsicherheit gehört dazu und es sollte niemand Höhenangst haben. Bei entsprechender Wetterlage ist Regenschutz angesagt, besonders wenn es zuvor geregnet hat und von oben überall Wasser runter tropft und die Wege glitschig und nass sind.

Nächstes kommen wir in den unteren Teil der Schlucht, auch „Wutachflühen" genannt. Bis Grimmelshofen sind es von hier noch 11 Kilometer. Die Wege durch die romantischen Schlucht oder Schluchten sind gut beschildert und abwechslungsreich. Wegen der Länge ist Rucksackverpflegung und ausreichend Flüssigkeit angesagt. Zwischen Schattenmühle und Wutachmühle gibt es keine Einkehrmöglichkeit. Schöne Rastplätze dagegen finden sich dagegen überall an der Strecke.

Unterwegs treffen wir auf eine bekannte, mysteriöse Versickerung, wo das Wasser einfach verschwindet und weiter unten wieder austritt. Wir queren über eine Eisenbrücke den Fluss und wandern ein Stück durch das trockene Flussbett. Es ist also alles dabei, was eine Wanderung spannend und kurzweilig macht.

Im Naturschutzgebiet Wutachschlucht finden wir eine bunte Vogelwelt – und durchaus seltene Spezies. Die Fauna und Flora bietet eine reichhaltige, üppige Fülle, die das Auge fast überfordert. Sogar seltene Orchideen, wie den Frauenschuh sind zu finden.
https://www.bonndorf.de/59-0-Wutachschlucht.html

Tiefe Einschnitte prägen die wilde Wutachschlucht

103

Präger Böden-Tour bei Todtnau

Startpunkt für die Tour in einer speziellen Region, zum Gletscherkessel Präger Böden auf 1'310 Meter, ist im Ort beim Berggasthof Präger Böden. Wir befinden uns schon auf 1'050 Meter und in einem der schönsten Wander- und Wintersportgebiete des Südschwarzwalds.

Wir laufen das geteerte Sträßchen, der Unteren Präger Bödenweg, nach Glashüttenmoos und auf dem Wanderweg Präg Nr. 5 tief hinunter zum Ellenbogen auf 778 Meter. Von da nehmen wir nun den Unterer Schweineweg ¾, queren den Prägbach und gehen hoch zum Präger Eck. Dort sind wir schon wieder auf 1'091 Meter. Weiter geht es auf dem bekannten Westweg zum aussichtsreichen Blößlingsattel und dann hinauf auf den Blößling, 1'310 Meter, einem Aussichtsberge der ohne Frage mit zu den Schönsten im Schwarzwald zählt.

Spätestens wenn man hier oben auf dem baumlosen Gipfelplateau die Aussicht genießt, weiß man, dass sich der Aufstieg gelohnt hat. Der Aussichtsberg von Bernau präsentiert ein herrliches Panorama mit bis zu 300 Kilometer Fernsicht, wenn man Glück hat. Die Sicht reicht vom Belchen, über den Feldberg bis hin zum Herzogenhorn und im Süden zeigt sich bei klarer Sicht die schneebedeckte Alpenkette. Wir sind dem Himmel so nah und in einem irdischen Paradies.

Wir müssen anschließend wieder hinter und über Wacht, auf der Höhe zum Hofeck und dann in westlicher Richtung leicht bergab zum Prägbach. Hier schreiten wir über schöne Waldwiesen im Oberen Prägbachtal, erblicken den Nollenkopf und den Staldenkopf und kommen wieder zum Berggasthaus.

Die Streckenlänge ist über 17 Kilometer und wir überwinden etwa 1'000 Höhenmeter.

Wer es länger will, kann noch den Abstecher zum Herzogenhorn mit 1'415 Meter anhängen und vom Berggasthof den Weg zum Wasserfall nehmen. Empfehlenswert ist diese Zugabe allzumal.

Der anschließende Weg geht zum Hofeck und auf dem Schwarzbrunnenweg zur Gipfelkuppe. Hier oben befinden sich das Leistungszentrum für Sportler und ein Olympiastützpunkt. Vielleicht begegnet uns der eine oder andere zukünftigen Olympiasieger.

Der Gipfelbereich ist waldfrei und bietet eine fantastische Weit- und Rundumsicht.

Zurück geht es hinunter nach Glockenführe, dort wechseln wir das Tal auf den Hinterwaldweg in Hinterwaldweide und Wolfgrüblerweg im Gewann Wolfsgrüble. So kommen wir auf dieser Talseite zum Bernauer Kreuz, dann weiter auf dem Oberen Präger Bödenweg zur Weberhütte, wieder hinunter nach Präger Böden und zurück zum Startpunkt Das sind nochmals 9,1 Kilometer bei 500 Meter Höhenunterschied.

http://www.andorf.com/todtnau-praeger-boeden

http://www.herzogenhorn.info

http://hofeck-ferienwohnung.de.tl

Mit Freunden im Elsass - „Avec des amis sur le tour"

104

Über Le Hohneck im Elsass

Eine mittelschwere Tour machten wir in den Vogesen; über die Hohneck und Col de la Schlucht. Beteiligt war eine größere Gruppe begeisterter Wanderer aus Baden und dem Elsass.

Über Colmar und die D 417 Munster erreichten wir Stosswihr, sowie auf der Route de la Schlucht den Ort Ampfersbach. Im Ort befuhren wir die Rue de Saegmatt bis zum Chemin du Schmelzwasser. Dort konnten wir parken und hier war Treffpunkt und Start zu der von unserem Elsässer Wanderfreund organisierten Runde.

Die ersten Höhenmeter legten wir noch auf einem Fahrweg zurück, der in einen schmalen Pfad mündete ging im Wald aufwärts. Wir kamen zu einem kleinen Wasserfall, überquerten abenteuerlich anmutende Stege und erreichten Rothried und Frankenthal. Noch geschlossene Almhütten lagen am Weg, dafür blühten umso prächtiger die wilden Narzissen.

Wer davon mehr sehen will, sollte im Frühjahr nach Géradmer fahren. Der Ort ist von Colmar und Münster zu erreichen. Den Besucher erwartet da ein Naturschauspiel der besonderen Art. Hänge und Wiesen sind übersät mit wilden, leuchtend gelben Narzissen. Das jährlich stattfindende Narzissenfest ist ein Volksfest, zu dem die Besucher mit Bussen aus allen Richtungen kommen. Natürlich wird nicht nur der ganze Ort geschmückt und Kinder bieten Nazissensträuße an den Straßen an. Überall wird opulentes Essen bei unterhaltsamer Musik dargeboten.

Unserer Wanderung fand am 1. Mai statt und niemand hatte damit gerechnet, dass uns auf der Höhe Schneefall und eisiger Wind erwartet. Nach einem in Baden sonnigen, milden Morgen war es zunehmend windig und auf der Höhe bitterkalt geworden und dann setzte Schneefall ein. Der Schneegraupel kam im starken Wind geradezu quer und peitschte stechend ins Gesicht. So etwas ist zu dieser Jahreszeit unangenehm, in den Hochvogesen aber absolut nicht ungewöhnlich.

Zum Glück hatten einige von uns zusätzliche Jacken im Rucksack dabei und Overalls, um denen auszuhelfen, die auf einen warmen Tag gehofft und unvorsichtig keine wärmenden Sachen hatten.

Auf der Höhe bekam ein Teilnehmer aus unserer Bühler Gruppe überraschend gesundheitliche Probleme. Anscheinend machte sein Kreislauf schlapp und zeitweise ging es ihm überhaupt nicht gut. Woran es lag, konnte sich niemand erklären. Er war ein kräftiger und ausdauernder Mann, hatte aber vielleicht einen schlechten Tag. Ein paar Frauen aus der Gruppe gingen ebenfalls am Limit. Der langgezogene, steile Aufstieg und die vielen Höhenmetern hatten offensichtlich ihren Tribut gefordert. Das bewog uns umzudisponieren und die Wanderung in zwei Gruppen fortzusetzen.

Vorsorglich haben wir immer bei unseren größeren Touren Alternativen eingeplant, wo abgekürzt oder auch nachträglich eingestiegen werden kann. Uns ging und geht es nie um Rekorde, sondern mehr um gesellige Gemeinschaft und Freude am Wandern. Da sollen auch die mithalten können, die allgemein nicht so konditionsstark sind.

So hielten wir es auch diesmal. Etwa die Hälfte der Teilnehmer begleitete unseren angeschlagenen Freund auf dem kürzeren, einfacheren Weg direkt zu einem nicht allzu weit entfernt liegenden Gasthaus. Dort konnten sie die nächsten Stunden in Ruhe verbringen und erholen, bis wir - die größere Gruppe - auf dem längeren Abschnitt nachkamen.

Wir ging somit etwas dezimiert über die Hohneck, 1'361 Meter, einem Gebiet mit hochalpinem Charakter. Auf der Hochfläche schritten wir über Weiden, kamen an einem einsamen Gehöft - Réserve Naturelle Frankenthal-Missheimle - vorbei, das noch verwaist schien. Steil ging es dann einen glitschigen Weg und über glatte Steine abwärts zum tiefer liegenden Schiessrothriedsee - Lac de Schiessrothried - auf 930 Meter.

Auch hier war offiziell um diese Jahreszeit noch geschlossen. Eine liebe Bewohnerin öffnete uns aber extra einen ebenerdigen Raum, in dem wir windgeschützt sitzen konnten. Licht gab es nicht, aber wir waren aus dem Wind und konnten bei geöffneter Tür pausieren.

Einer unserer französischen Freunde hatte zum Essen nicht nur Fromage und Vin Rouge dabei, sondern tatsächlich warme Suppe mit Würstchen in der Tuperschüssel.

Soviel Luxus muss bei den Franzosen auch bei langen Touren unbedingt sein, ebenso wie mindestens eineinhalb Stunden Mittagsrast – ich erwähnte es schon an anderer Stelle. Bei den widrigen Bedingungen waren sie an diesem Tag aber auch mit einer etwas kürzeren Pause einverstanden – man war ja flexibel.

Die Rast und Stärkung hatten gutgetan, so konnte es wieder weiter gehen, in Serpentinen aufwärts zur Ferme Auberge Schiessroth, wo uns die anderen längst erwarteten. Vereint gingen wir gemächlich nach Le Gaschney. Nach längerem Marsch auf Fahrwegen und durch den Le Silberwald erreichten wir schließlich den Ausgangspunkt.

Die Gesamtstrecke betrug etwa 18 Kilometer, wir hatten aber weit über 1'000 Höhenmetern hinter uns gebracht.

Den anstrengenden und nichtsdestotrotz abwechslungsreichen Tag ließen wir abends in einem typischen Elsässer Lokal ausklingen. Der gesellige Teil erfolgte im Caveau-Restaurant Saint Hubert in Gunsbach. Das Essen hatten wir uns an diesem Tag redlich verdient. Zwischendurch wurden Lieder gesungen; die Stimmung stieg und alles ließ schnell die Müdigkeit vergessen. Für Blasen gab es ja Pflaster und für die schmerzenden Muskeln zu Hause ein wärmendes Bad.

http://www.hikr.org/dir/Le_Hohneck_9213
http://www.outdooractive.com/de/wanderung/rund-um-den-lac-de-schiessrothried/1481604

105

Von Thann über den Hardmannswillerkopf

Auf einer mittelschweren Tour im südlichen Elsass waren wir 2003 mit unseren Konditionswanderern der DAV Sektion Baden-Baden unterwegs. Nach der langen Anfahrt auf der elsässischen Autobahn erreichten wir Thann, wenige Kilometer hinter der Automobilstadt Mulhouse, und von da aus starteten wir zu dieser anspruchsvollen Runde.

Der erste, steile Aufstieg brachte uns zu einem schönen Aussichtspunkt oberhalb der Stadt, von dem wir das südelsässische Städtchen überblicken konnten. Dabei galt es den ersten Schweiß von der Stirn zu wischen.

Über den Schlossweg erreichten das Château de Engelsbourg mit dem sogenannten „Hexenauge", einem riesigen Mauerteil vom Turm, das senkrecht steht, anstatt waagrecht zu liegen. Es kommt dem Betrachter wie ein von einer Riesenhand aufgestelltes Bauklötzchen vor und niemand weiß anscheinend, wie dies entstanden ist. Ob es ein Riese war, der das überdimensionale Mauerteil senkrecht stellte?

Wir wanderten über den Becherkopf, 791 Meter zum Le Molkenrain, 906 Meter, überschritten die 1'000-Meter-Marke am Col du Silberloch und querten die Route des Crêtes am Hartmannswillerkopf, 956 Meter. Dieser Berg ragt auf der französischen Seite hoch über dem Rheintal und bietet eine ungehinderte Sicht in ein weites Umfeld.

Das weitläufige Bergplateau beherbergt heute eine Gedenkstätte für mehr als 30'000 im 1.Weltkrieg gefallener deutsche und französische Soldaten.

Heute ist es kaum noch zu begreifen, wie verblendete Politiker zigtausende Soldaten jahrelang sinnlos um ein paar Hügel an diesem Berg kämpfen ließen, nur weil man von hier oben ein großes Gebiet im Rheintal überblicken konnte, er also allenfalls strategisch wichtig war. Wegen dieser irrwitzigen Ideologie starben so viele junge Männer auf beiden Seiten. Denen wurde dieses Monument gewidmet.

Nebenbei lädt in der Nachbarschaft ein Restaurant zur Einkehr ein, wir hatten jedoch Rucksackverpflegung für die Mittagsrast dabei und besichtigten hinterher die weitläufige Anlage.

Anschließend gingen wir durch die Schützengräben und an Kasematten vorbei abwärts. Manchen schauderte beim Gedanken, was hier die Soldaten in der sommerlichen Hitze und bei Kälte im Winter durchmachen mussten. Da gab es Soldaten, so hörten wir, „die hier Monate und sogar Jahre im Schlamm und Dreck verbringen mussten".

Der weitere Weg wechselte mal in den Wald, mal auf Fahrwege oder Teerstraßen. Nächster Punkt war der Hirtzenstein, 571 Meter, sowie über Wattwiller, Steinbach in die Rue du Silberthal, ins Bruderthal und noch einmal über einen Bergrücken erreichten wir den Ausgangspunkt. Unterwegs hatte eine urige Ferme Auberge geöffnet. Inzwischen war Kaffeezeit, deshalb gönnten sich einige mit mir einen doppelten Espresso und wir ließen uns einen Heidelbeerkuchen schmecken. Der Heidelbeerkuchen ist in dieser Region legendär. Unsere Käsefreaks kauften natürlich noch im Haus selbst hergestellter Käse und verstauten ihn im Rucksack.

Wer genügend Zeit hat und einmal vor Ort essen will, dabei Käse liebt, der sollte unbedingt gebackenen Camembert direkt beim Erzeuger probieren.

Nur, den äußerst delikaten, intensiv riechenden, aromatischen Münsterkäse sollte man bei einer Wanderung nicht gerade einkaufen und mitnehmen. Der duftet aus der geschlossenen Tuperschüssel auch noch aus dem Kühlschrank. Wer jedoch mit dem Auto einmal hierher kommt, sollte die Spezialität zumindest probieren.

Bis zum Endpunkt waren wir über 40 Kilometer unterwegs und brachten weit über 1'000 Höhenmeter hinter uns. Dafür sind Konditionstouren schließlich da und hinterher gehört ein Muskelkater dazu.

http://www.elsass-geniessen.de/orte/Thann
http://www.outdooractive.com/de/wanderwege/auf-den-hartmanns-willerkopf/1489657/
wikipedia.org/wiki/Hartmannswillerkopf

106

Wanderung zur Burgruine Nideck, Schneeberg

Leider regnete es am Pfingstmontag 2013 schon bei der Anfahrt zu unserer DAV-Konditionstour und das blieb ohne Unterbrechung so den ganzen Tag über. Trotzdem trafen sich 25 Personen in Oberhaslach, im Tal hinter Obernai, beim vereinbarten Startpunkt.

Vom Dorfplatz, wo die Fahrzeuge geparkt werden konnten, zweigt 100 Meter weiter am Ortsausgang der Weg halbrechts ab und geht durch

Laubwald aufwärts, bis ein romantischer Wasserfall kommt - Cascade du Nideck. Selbst bei Regen bot er ein beeindruckendes Schauspiel – oder vielleicht gerade deshalb.

Etwas oberhalb befindet sich eine Aussichtsplattform ohne Geländer, so dass es ein wenig Nervenkitzel verursachte, von da in die Tiefe zu blicken.

Kurz darauf kamen wir auf steilen, ausgetretenen und glitschigen Treppenstufen zur Burgruine Nideck oder Château du Nideck. Die Überreste stammen aus dem 13. Jahrhundert.

Die Gebrüder Grimm ließen die Burg mit der Sage vom Riesenspielzeug in die Literatur eingehen: „Burg Nideck ist im Elsass der Sage wohlbekannt…".

Weiter bergauf bewegten wir uns mehr in Bächen wie auf Wegen und gegen Mittag standen wir auf dem höchsten Punkt, dem 1'020 Meter hohen Schneeberg. Und in der Tat flockte es leicht, zudem war es unangenehm kalt und windig. Der Dauerregen war in leichten Schnellfall übergegangen. Der Gipfel unserer Wanderung zeigte sich somit wenig einladend. Kaum jemand hatte ein Auge für die wuchtigen, mehrschichtigen Felsplatten, die zu einem Aufstieg einluden und wir hielten auch nicht nach der Schutzhütte Ausschau, die allgemein einen schönen Blick ins kleine Dorf Wangenbourg ermöglicht.

Zwischendurch musste aber eine Essenspause sein, wenn auch die Temperatur dazu nicht gerade einladend war, länger wie nötig sitzen zu bleiben. Jeder aß kurz ein Brot und trank warmen Tee oder Wasser aus der Flasche. Dann zog die Karawane im Gänsemarsch auf einem schmalen, glitschigen Pfad bergab.

Kurz unterhalb des Rastplatzes riss es mir auf dem glatten Untergrund urplötzlich die Füße weg und reflexartig wollte ich mich im Fallen mit der linken Hand abfangen. Die heftigen Schmerzen im Oberschenkel und eine großflächig, blutende Schürfwunde - wohl von einem Ast im morastigen Untergrund herrührend, der ein monatelang sichtbarer Bluterguss hinterließ - waren nur das kleinere Probleme. Die linke Hand stand unnatürlich seitlich ab und mir war sofort klar, das sieht nicht gut aus!

Nachdem ich mich einigermaßen berappelt hatte, kam ich auch nicht sonderlich weit. Mir wurde es schwarz vor den Augen und ich musste mich auf dem klitschnassen Boden nieder lassen. Zum meinem Glück war eine Zahnärztin dabei, die Kreislauftropfen im Gepäck hatte und eine Apothekerin, die mir starke Schmerztabletten geben konnte. Ein Dreieckstuch stabilisierte etwas den Arm. Dank kameradschaftlicher Hilfe war es mir möglich, die restlichen 15 Kilometer und 4 Stunden weiter zu laufen.

Vom Unglücksort ging es erst einmal auf Waldwegen und über Wiesen ins Wolfsthal, von dort zum Breitberg und immer auf und ab zum Parkplatz zurück.

Ich konnte bis wir bei den Autos waren durchhalten und ein Hubschraubereinsatz war nicht nötig. Es zeigt auch, wie wichtig es ist, bei größeren Wanderungen immer ein Dreieckstuch im Rucksack zu haben. Und zumindest ein Erste-Hilfe-Set und Schmerztabletten wiegen auch nicht viel. Die ärztliche Erstversorgung und später notwendige Operation erfolgte dann im Bühler Krankenhaus.

Die Rundstrecke hatte etwa 24 Kilometer
http://de.wikipedia.org/wiki/Burg_Nideck
http://www.elsass-geniessen.de/themen/Burg+Nideck

107

Rund um den Odilienberg oder Mont St. Odile

Zu einer von unserem Wanderfreund aus dem Elsass organisierten Tour kamen sage und schreibe 65 Personen zum Treffpunkt, nahe Obernai; die Meisten aus dem Elsass. Das sind für eine anspruchsvolle, längere Wanderung viel zu viele Personen. In jedem Abschnitt braucht es gut und gerne die doppelte oder gar dreifache Zeit. So blieb nicht aus, dass unterwegs umdisponiert werden musste.

Ausgangspunkt war der untere Parkplatz am Kloster des Mont St. Odile, zu erreichen über Barr, die D 854 und D 426.

Der Weg war mit einem gelben Andreaskreuz markiert und ging überwiegend aufwärts im Wald. Zuerst kamen wir zum Männelstein, von
wo aus wir schon eine erste, gute Aussicht hatten.

Bald tauchte die sagenumwobene Heidenmauer «Sentier du Mur pai-
en» vor uns auf, deren genauer Ursprung und Sinn heute noch im Ver-
borgenen liegt und einst wohl eine keltische Burganlage war.

Weiter gingen wir an der Heidenmauer entlang in Richtung „Grotte
des Druides". Die gesamten 10 Kilometer dieser Anlage sind wir allerdings nicht abgelaufen, obwohl der Weg überwiegend auf Pfaden
durch den Wald geht und mit einer kleineren Gruppe durchaus zu
empfehlen ist.

*Sehr emotional war unser kurzer Halt am Monument zum Gedenken an
82 Tote, die im Jahr 1992 an diesem Platz bei einem Flugzeugabsturz
ums Leben kamen. Ein Airbus war im Landeanflug auf Straßburg bei
Nebel an diesem Punkt am Berg zerschellt und nur 9 Personen haben
überlebt.*

Viele von uns sind aktive Sänger/Sängerinnen im Kirchenchor und so
stimmten wir zwei Gedenklieder an und gedachten der vielen Toten.
Das ging doch sehr zu Herzen; alle waren tief ergriffen und nicht
wenige hatten feuchte Augen.

Dann kamen wir zur burgähnlichen Klosteranlage und rasteten erst
einmal innerhalb dem weitläufigen Gelände. Im Restaurant wäre auch
eine Einkehr möglich oder es können dort zumindest Getränke
erworben werden. Andere besichtigten währenddessen lieber die
sehenswerten Buntglasfenster in einer kleinen Kapelle.

*Papst Johannes Paul II war 1988 hier und ehrte diese geistliche
Hochstätte mit seinem Besuch. Zahlreiche berühmte Schriftsteller,
Dichter und Maler ließen sich vom Ort und seiner Magie inspirieren.
Viele Pilger suchen den Odilienberg auf; er ist aber gleichfalls bei
Wanderern ein beliebtes Ziel. Die exponierte Lage und traumhafte
Aussicht von der umlaufenden Terrasse trägt sicher wesentlich mit
dazu bei.*

Mir schlossen sich eine Gruppe an, ein Abstecher zur rund 500 Meter
unterhalb fließenden, legendären Odilienquelle zu machen.

Der Sage nach begegnete der Heiligen Odilia einst ein Blinder. Odilia klopfte an den Felsen, aus dem plötzlich Wasser floss. Der Blinde benetzte seine Augen mit dem Wasser und konnte wieder sehen. Augenkranke besuchen auch heute noch gerne diese Stelle und nehmen Wasser in der Flasche mit. Der Glaube hat eben schon oft geholfen.

Wieder zurück bleib Zeit genug, an den Felswänden in Ruhe die monumentalen, in angenehmen Farben gehaltenen Gemälde des Kreuzweges zu betrachten. Andere ruhten sich derweil im Gras aus und genossen auf diese Weise die Zeit des Aufenthalts.

Der geneigte Leser mag sich die Frage stellen, warum bei einer Wanderung so viel Zeit für die Rast genommen wurde. Die Antwort ist einfach. Die Mehrheit der Teilnehmer kam aus dem Elsässer oder sind echte Franzosen. Da mussten wir uns an deren Gepflogenheit halten, mindestens eineinhalb Stunden Mittagspause einzulegen.

Die Essenspause ist – wenn es das Wetter zulässt – unseren Freunden aus dem Nachbarland heilig.

Bei so einer großen Teilnehmerzahl mussten wir die geplante Strecke deutlich abkürzen. Wir nahmen den Weg nach Ottrott im Tal und fanden nach längerem Suchen ein Lokal, wo uns exklusiv der Nebensaal geöffnet wurde. Hier wurde uns Flammkuchen satt serviert. Trotz der Änderung war es ein erlebnisreicher Tag. Zufrieden konnten wir über Obernai und Straßburg die Heimfahrt auf die deutsche Seite antreten.

http://de.wikipedia.org/wiki/Odilienberg
http://www.odilienberg.net/odilienberg/de

108

Sieben-Burgen-Tour von der Pfalz in die Nordvogesen

Noch eine Wanderung im Nordelsass wurde im Sommer 2014 mit der Konditionsgruppe des DAV Baden-Baden gemacht.

Bei der Staustufe Iffezheim überquerten wir den Rhein und auf der weniger befahrenen Autobahn auf der französischen Seite erreichten wir Lauterbourg an der deutsch-französischen Grenze und zur Pfalz.

Wir blieben aber auf der französischen Seite, bogen links ab, fuhren auf der Verbindungsstraße über Wissenbourg nach Lembach und von da über die offene Grenze auf deutsches Gebiet.

Die Route begannen wir in Schönau in der Pfalz, auf der deutschen Seite und nach einem kurzen Aufstieg auf einer Fahrstraße kamen wir zur Ruine Wegelnburg, der ersten Burg von insgesamt sieben bei dieser Tour.

Zur Ruine Hohenburg gab es etwas Orientierungsprobleme, nach einem Umweg von etwa 2 Kilometer fanden wir dann aber doch den richtigen Weg. Dritte Station war die Ruine Löwenstein. Dabei handelt sich um weitläufige Anlagen mit Aussichtspunkten, die teilweise über steile, ausgewaschene Treppenstufen zu erreichen sind.

Weiter wanderten wir zur Ruine Fleckenstein. Hier gönnten wir uns etwas Zeit für die Mittagsrast. Der Landgasthof nebenan bietet neben Essen auch Getränke, wenn man sich nicht aus dem Rucksack bedienen will.

In den Sommermonaten demonstriert ein Köhler auf dem Areal die alte Technik der Kohlenherstellung. Wer Glück hat, sieht den Meiler rauchen und Infotafeln erklären die Zusammenhänge.

Entlang dem Fuchsberg kamen wir zur Froensburg. *Hier soll der Sage nach ein Riese gehaust haben, der mit gespreizten Beinen über dem Tal stehen konnte.*

Der Wasigenstein war nächster Anlaufpunkt. *Um diese Burg rankt sich die Sage von Walther und Kunigunde und Walthers Kampf mit Hagen von Trontje und König Gunter von Worms, wie es im Waltharilied niedergeschrieben ist.*

Als letzte Burgruine lag Blumenstein am Weg und dann ging es um den Dachsberg das Tal hinaus nach Schönau.

So ganz nebenbei erhielten wir überall auf den Infotafeln interessante geschichtliche Hintergrund-Informationen. Wir bewegten uns auf einem sehr geschichtsträchtigen Gebiet.

Die Burgen auf den hohen Sandsteinpfeilern und trutzigen Felsen boten einst den Raubrittern uneinnehmbaren Schutz. Sie hatten die Handelswege von Metz, Saarbrücken, Zweibrücken über Bitch nach

Wissenbourg und ins Rheintal im Auge hatten und forderten Zoll oder erpressten gleich Lösegeld.

Unabhängig davon sind - sowohl in diesem Bereich - wie auch auf der nicht weit entfernten Pfälzer Seite bei Dahn, Bad Bergzabern und anderen Orten, die bizarren Felsformationen ein Bild der unendlich schöpferischen Gestaltungskraft der Natur und nicht wenige Pfeiler sind ein Eldorado für ambitionierte Kletterer.

Der große Vorteil für sie ist, das Gebiet ist relativ nahe den Ballungszentren Mannheim, Frankfurt oder sogar Köln und schnell zu erreichen.

Die Rundtour zu den Burgruinen hatte eine Gesamtlänge von 28 Kilometern bei 1'000 Höhenmeter und überwiegend bewegten wir uns im schattigen Wald.

Direkt am Parkplatz und an der Straße nebenan fanden wir das Landhaus Mischler, das uns in der überdachten Gartenterrasse vorzügliche regionale Speisen auf hohem Niveau bot.

http://www.landhaus-mischler.de/index.html

http://www.suedwestpfalz-touristik.de/ touristik/de/Willkommen/ Allgemeine%20Infos/Urlaubsregionen/Dahner%20Felsenland

Direkt in die Felsen wurden die Burgen integriert

109

Von Owen rund um die Burg Teck

Nach der längeren Anfahrt auf der Autobahn A 8, Ausfahrt Kirchheim, starteten wir in Owen wir bei der Teckhalle. Sonntags gibt es da keine Parkplatzprobleme. Das rote Dreieck des Schwäbischen-Alb-Nordrand-Weges HW 1 gab die Richtung; erst auf dem Weg durch den Ort und durch Streuobstwiesen, dann im Zickzack durch den Wald, waren wir in etwa 1,5 Stunden auf der Burg Teck. Zuerst besuchten wir aber noch die unterhalb liegende Sibyllenhöhle (Sibyllenloch). Dabei ist eine Stirnlampe ganz hilfreich.

Wegen des weiten Anfahrtsweges lud die Gaststätte der Burg zu einem zweiten Frühstück ein und der Turm wollte auch bestiegen sein. Die Aussicht auf den Ort und in die Weiten dieser Albregion ist traumhaft und der geringe Obolus für den Zutritt zum Turm ist es wert.

Auf dem Plateau der Ruinenfläche gibt es zudem eine Informationssäule, die akustisch Wissenswertes zu der schon zu Kaiser Barbarossa Zeiten erwähnten Burg und deren Geschichte vermittelt.

Auf Waldpfaden und schmalen Wegen kamen wir zum Gelben Felsen, zur Veronikahöhle und dann am Sattelbogen zur Burgruine Rauber.

Unser Rundweg auf der Höhe des sogenannten Albtrauf geht von Felsformation zu Felsformation und immer öffnen sich fantastische Aussichten ins weite Land. Selbst herausfordernde Kletterfelsen liegen am Weg, die geübte Kletterer gerne nützen aber auch Können und Geschick erfordern, wie an den Gedenkkreuzchen feststellbar ist.

Wir folgten dem „Y" nach Unterlenningen und sahen uns die Ruine Sulzburg an. Anschließend mussten wir wieder steil bergauf in Richtung Erkenbrechtsweiler. Dort trafen wir auf keltische Mauern und den Heidengraben.

Vom Friedrichfelsen und Bruckerfelsen hatten wir erneut schöne Aussichten auf den Albtrauf und auf Owen, das tief unterhalb liegt. Auf

Wirtschaftswegen und durch gepflegte Streuobstwiesen ging es wieder das Tal hinaus und dem Ausgang zu.

Insgesamt sind es rund 25 Kilometer, bei etwa 1000 Höhenmetern.

Den Abschluss machten wir im Restaurant Zum Adler. Nebenbei kann hochprozentige Spezialitäten aus Ernten von den Streuobstwiesen um den Ort gekauft werden und eine Besonderheit: Alblinsen, die neuerdings in dieser Region wieder angebaut werden.

Samen für diese früher hier weit verbreitet angebaute, robuste und dem Klima angepasste Sorte fand man in einer Samenbank in St. Petersburg. Die Finder bekamen eine Handvoll Samen, züchteten sie und zwischenzeitlich wird die Alblinse wieder biologisch auf Flächen in der Region mit Erfolg angebaut.

Der Ort Owen spricht sich „Auen" und es gibt den Spruch: „Die schlauen sagen Auen und die Doofen sagen Owen!"

http://www.owen.de

http://www.burg-teck-alb.de

http://www.zum-adler-owen.de

109.1

Von Bissingen zum Breitenstein

Eine andere Variante erwanderten wir von Bissingen aus, ein Nachbarort zu Owen unter der Teck. Start war bei den Parkplätzen hinter der Kirche.

Wir gingen durch Felder und an Kirschbäumen vorbei und zuletzt über blumenübersäte Magerwiesen zum Hörnle, dem ersten Aussichtspunkt auf einer Anhöhe über dem Ort.

Über den leicht abfallenden Höhenrücken hielten wir uns zum Wald, querten einen Parkplatz, um dann im Wald schmale Pfade zur Burg Teck hinauf zu gehen. Im Innenhof der Burg pausierten wir kurze Zeit, bevor wir weiter zur Ruine Rauber gingen. Dieser Weg ist identisch wie – 109. Dann hielten wir uns aber Richtung Zentrum Dieboldsburg. Auf dem Gelben Felsen am Weg HW 1 konnten wir mutigen Kletterern

zusehen und waren erstaunt zu sehen, dass hier auf der Hochfläche
seit 1934 ein Flugplatz betrieben wurde. Die Flugzeuge hat man de-
montiert vom Ort hoch getragen oder hochgezogen und dann mittels
Seil gestartet. Nach 1946 wurde der Flugbetrieb eingestellt.
Durch den Wald und auf freien Wiesenflächen mit Wachholderhecken
näherten wir uns auf fast flachem Weg dem Breitenstein.
Die Felsen wurden wohl vor längerer Zeit vom Bewuchs freigelegt und
es soll sich eine Flora erhalten haben, die bis in die Eiszeit zurückreicht.
Das Felsplateau bietet heute jedenfalls eine weite, freie Sicht ins Umland und der Platz drum herum ist ideal für eine Rast. Selbst mit Grill
hatte sich in der Nähe eine größere Gruppe platziert, die wohl ein He-
ckenfest veranstalteten.
In der Fortsetzung unseres Wegs kamen wir zum Randecker Maar, an
der Maarstube vom Hof Ziegelhütte vorbei, wo wir nachmittags zu Kaffee und Kuchen einen Halt einlegten. Ein Teil von uns nützte die Zeit
um im Hofladen Käse einzukaufen. Zuletzt kamen wir ins Zipfeltal,
hoch auf den Auchert und zum Ausgangspunkt zurück.
Bei dieser Variante hatten wir 24 Kilometer bei knapp 1'000 Höhenmeter zurückgelegt.
http://planetoutdoor.de/touren/wandern/von-bissingen-ueber-den-
breitenstein-zur-burg-teck
http://schwaebischealbnatur.blogspot.de/2010/05/aussicht-vom-brei-
tenstein-bei-bissingen.html

110

Höhlenschau bei Aalen
Start für diese spezielle Tour ist in Heubach beim Rathaus. Von da geht
es über die Beurener Straße und dem Bach entlang. In reizvoller Hang-
lage kommen wir aufwärts zum Beurener Kreuz. Auf dem weiteren
Weg treffen wir irgendwann auf ein Naturfreundehaus. Hier kann eine
erste Rast gemacht oder Getränke nachgetankt werden.
Weiter geht es zum Bargauer Kreuz und auf dem Gmünder Weg zur
Wegspinne Festplatz.

Wir folgen dabei immer dem Wegweiser Rote Gabel. Weitere Abzweige könnten gewählt werden, die zu wählenden Entfernungen sind variabel. Das Rosenstein-Felsmassiv kommt und wir folgen dann einfach der Beschilderung zur Ruine.

Auf dem Rundweg können mehrere spektakuläre Höhlen besichtigt werden, unter anderem die Kleine Scheuer. Wir kommen zum Lärmfelsen, zur Schönen Aussicht und dann folgt ein Abstecher zu der imposanten Höhle Große Scheuer mit zwei mächtigen Portalen.

Wieder geht es auf dem Rundweg steil bergauf, bis wir zum Sedelfelsen, Uzenberg kommen und den Scheuelberg passieren.

Bei der Ruine Rosenstein können wir die Aussicht durch stehen gebliebenen Fenster oder oberhalb von den begehbaren Mauerresten aus betrachten. In der Nähe ist die Waldschenke Rosenstein, die zur Einkehr einlädt und auch regionale Spezialitäten anbietet.

Zuletzt gehen wir über eine eiserne Bogenbrücke, die eine kleine Schlucht überspannt und dann noch an steilen Felswänden vorbei, bis es abwärts geht und wir zum Ausgangspunkt kommen.

Gutes Schuhwerk ist auch in der Schwäbischen Alb wichtig und für die Höhlen empfiehlt sich eine Stirnlampe dabei zu haben.

Am Ende hatten wir 18 Kilometer zurückgelegt und den nach so einer Tour obligaten Abschluss hatten wir zuvor schon in der Waldschenke Rosenstein gemacht.

http://www.heubach.de
http://www.schwaebischealb.de/Zeitreisen/Eiszeitkunst-Erdgeschichte2/Hoehlen
http://www.waldschenke-rosenstein.de

111

Kurze Rundwanderung bei Neuffen

Ausgangs- und Startpunkt dafür ist der Bahnhof in Neuffen, eine Stadt im Biosphärengebiet Schwäbische Alb.

Unser Rundweg führt durch Streuobstwiesen, gepflegte Wachholderheiden und sattgrünen Buchenwälder. Es ist eine über Jahrhunderte gewachsene Kulturlandschaft mit besonderem Reiz. In Sichtweite ist der 743 Meter hohe Hohenneuffen, der wie ein Bergsporn auf dem Albtrauf hervorragt.

Das Gebiet wurde sicher aus diesem strategischen Grund schon im 1. Jahrhundert vor Christus von den Keltern besiedelt.

Vom Bahnhof halten wir uns rechts und gehen die Stuttgarter Straße, am Feuerwehrmagazin vorbei nach Linsenhof. Hier müssen wir in die Mühltobelstraße abbiegen und kommen zum Lechenberg. Bei einer Wegkreuzung nach links halten und am Waldrand entlang immer geradeaus in Richtung Kohlberg. Dort ist die L 1210 zu überqueren und bei der nächsten Möglichkeit wieder links abbiegen, ebenso bei der folgenden Straßengabelung.

Jetzt gehen wir nach 100 Meter auf dem Gaisweg weiter und kommen zurück nach Neuffen. Auf der Reutlinger Straße treffen wir rechts auf den Lindenplatz und nach links, dann sind wir wieder beim Bahnhof.

Die wenig anstrengende Rundstrecke hat eine Länge von etwa 8,5 Kilometern. Dabei kann man sich so viel Zeit lassen und in aller Ruhe die Natur genießen.

Wer will kann noch die 5 Kilometer zum Hohenneuffen auf 743 Meter, anhängen und dazu ist eigentlich sehr zu raten.

Die Burg ist „die größte Burgruine Süddeutschlands". Von oben hat man einen ausgesprochen weiten Blick ins Land und, wenn es möglich ist die Turmplattform zu betreten, eine Bilderbuch-360-Grad-Panoramasicht, wie sie schon selten ist.

Dann gehört ein Besuch in der Burggaststätte dazu, die schon viele berühmte Gäste sah und Geschichte geschrieben hat.

Im Jahr 1952 gab es eine „Dreiländerkonferenz", bei der das Land Baden Württemberg - der Südweststaat - entstanden ist.

http://www.neuffen.de
http://www.schoener-suedwesten.de/Touren/Schwaebische-Alb/
Wanderungen/Hohenneuffen-Albtrauf-Wanderung.html
http://www.schwaebischealb.de/Aktiv/Wandern
http://hohenneuffen.de

Fantastische Ausblicke und bizarre Felsformationen bietet der Albtrauf

Weitere Bücher des Autors zu Reisen:

Aufwärts ist längst nicht oben

Paperback, 356 Seiten, 32 Farbbilder, ISBN 978-3-7357-3905-6
€ 26,90 inkl. MwSt. – E-Book € 12,99

Über Grenzen gehen

Paperback, 292 Seiten und 9 Farbabbildungen, ISBN 978-3-7347-4692-5
€ 16,99 und als E-Book € 4,99

Lightning Source UK Ltd.
Milton Keynes UK
UKHW020636260820
368857UK00011B/753